南京统计年鉴

STATISTICAL YEARBOOK OF NANJING

2010

南　京　市　统　计　局
国家统计局南京调查队　编

南京出版社

图书在版编目(CIP)数据

南京统计年鉴. 2010 / 南京市统计局编. -- 南京 ：南京出版社，2010.8
ISBN 978-7-80718-635-9

Ⅰ. ①南… Ⅱ. ①南… Ⅲ. ①统计资料—南京市—2010—年鉴 Ⅳ. ①C832.531-54

中国版本图书馆 CIP 数据核字(2010)第 156467 号

南京统计年鉴—2010

作　　者/ 南京市统计局
责任编辑/ 陆永辉
责任校对/ 李　昂
出版发行/ 南京出版社
通信地址/ 南京市成贤街 43 号
邮　　编/ 210018
电　　话/ (025)83283871(营销)　83283883(编务)
印　　刷/ 南京凯德印刷有限公司
经　　销/ 新华书店
开　　本/ 890×1240 毫米　1/16
字　　数/ 78 万字
印　　张/ 27.5 印张
版　　别/ 2010 年 9 月第 1 版
版　　次/ 2010 年 9 月第 1 次印刷
书　　号/ ISBN 978-7-80718-635-9
定　　价/ 300.00 元

南京市统计局网址:http://www.njtj.gov.cn

《南京统计年鉴/2010》编委会和编辑人员

编辑委员会

编　辑　部

编 者 说 明

一、《南京统计年鉴—2010》以大量的统计数据，全面、系统地反映了2009年南京经济和社会等各方面的发展情况，是一本数据信息密集、内容广泛的资料性工具书。

二、全书内容分为18个篇目，即：1. 综合；2. 国民经济核算；3. 人口和就业；4. 人民生活；5. 价格指数；6. 农业；7. 工业和能源；8. 交通运输和邮电通迅业；9. 固定资产投资和建筑业；10. 批发和零售业、住宿和餐饮业；11. 对外经济贸易和旅游业；12. 财政、金融和保险；13. 科技和教育；14. 文化、卫生和体育；15. 司法、社会福利与其他社会活动；16. 城市建设与环境保护；17. 区县社会经济；18. 附录。为便于读者正确地使用资料，各篇目还附有主要统计指标解释。

三、"区县社会经济"中由我局统计的经济类指标为评价口径。即对坐落在各区县行政区域范围内的所有经济活动单位进行全面统计的基础上，扣除部分因跨区域不便分割，以及经研究暂不纳入本区县评价的单位数据。

从2009年起，浦口区包含高新技术开发区的数据、栖霞区包含新港经济开发区的数据、六合区包括南京化学工业园的数据。

为了全面反映区县经济发展的整体情况，从2009年开始，在原有的按评价口径计算区县地区生产总值数据的基础上，增加按在地口径计算的区县地区生产总值数据。

四、为避免读者使用年鉴发生理解歧义，本年鉴对来自部门统计的数据尽量说明数据来源和取得范围。

五、本年鉴部分数据合计数或相对数由于单位取舍不同产生的计算误差均未作机械调整。

六、读者在使用统计资料时，凡与本年鉴有出入的，均以本年鉴为准。

七、本年鉴中符号使用说明："—"或"空格"表示数据不详或无该项数据；

"#"表示其中的主要项；

"*"表示另有注解。

八、由于全国第二次R&D资源清查工作没有结束，年鉴中相关科技类的表格暂时取消，该数据将在下一年度的年鉴中刊出。

九、《南京统计年鉴》公开出版以来，受到社会各界的关注和支持，对年鉴的内容和编辑工作提出了许多宝贵的意见，对此，我们深表谢意。欢迎读者继续对年鉴的不足之处给予批评指正，帮助我们进一步提高编辑水平，以期更好地为广大读者服务。

《南京统计年鉴》编辑部

2010年7月

南京市户籍人口总数示意图

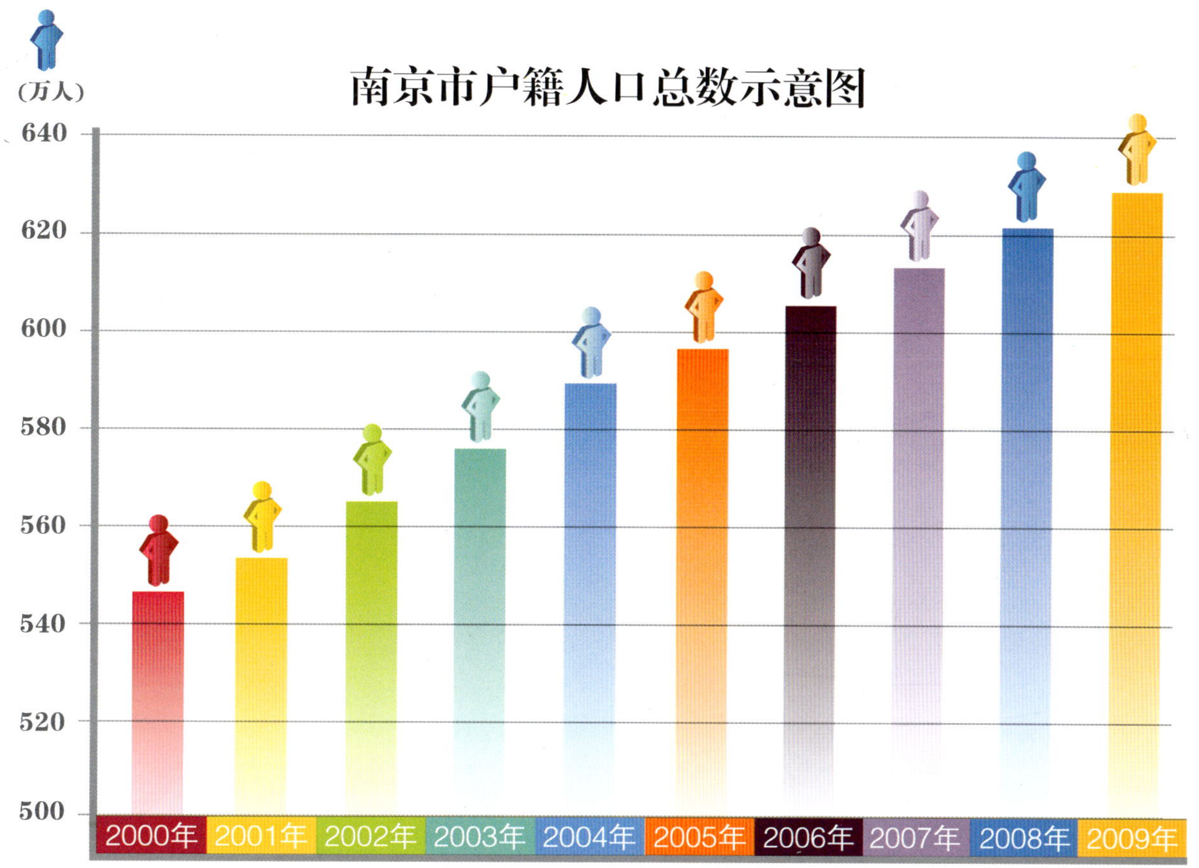

南京人均地区生产总值（按户籍人口计算）示意图

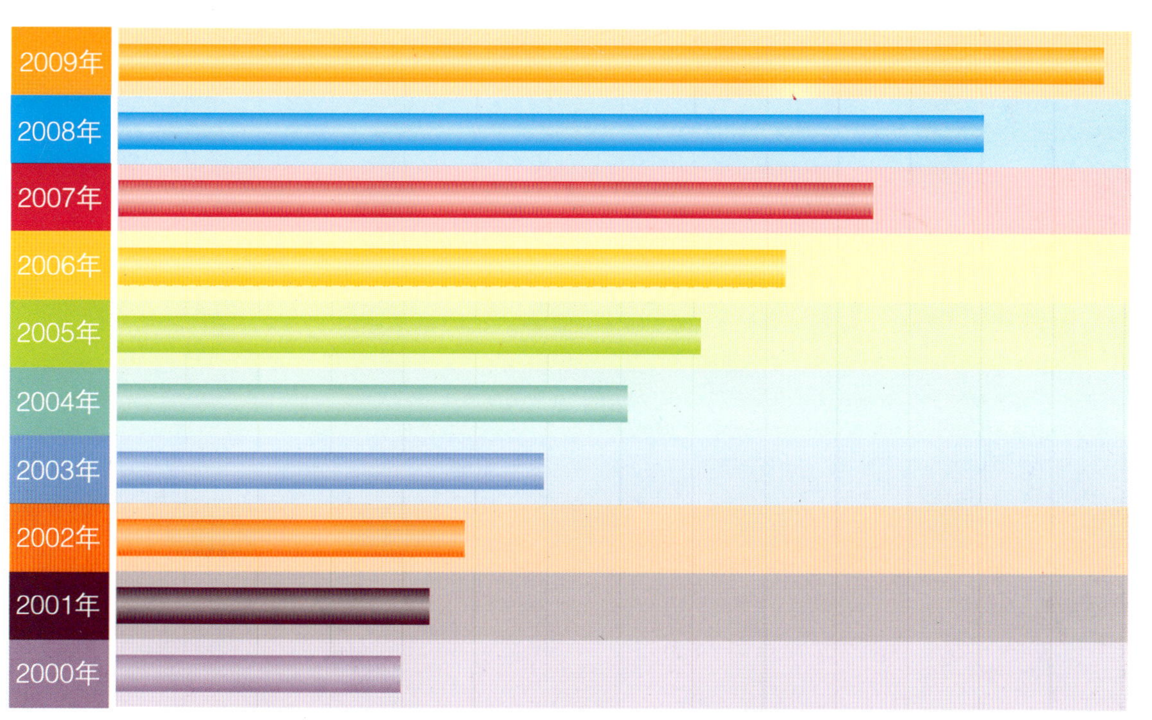

南京市地区生产总值示意图

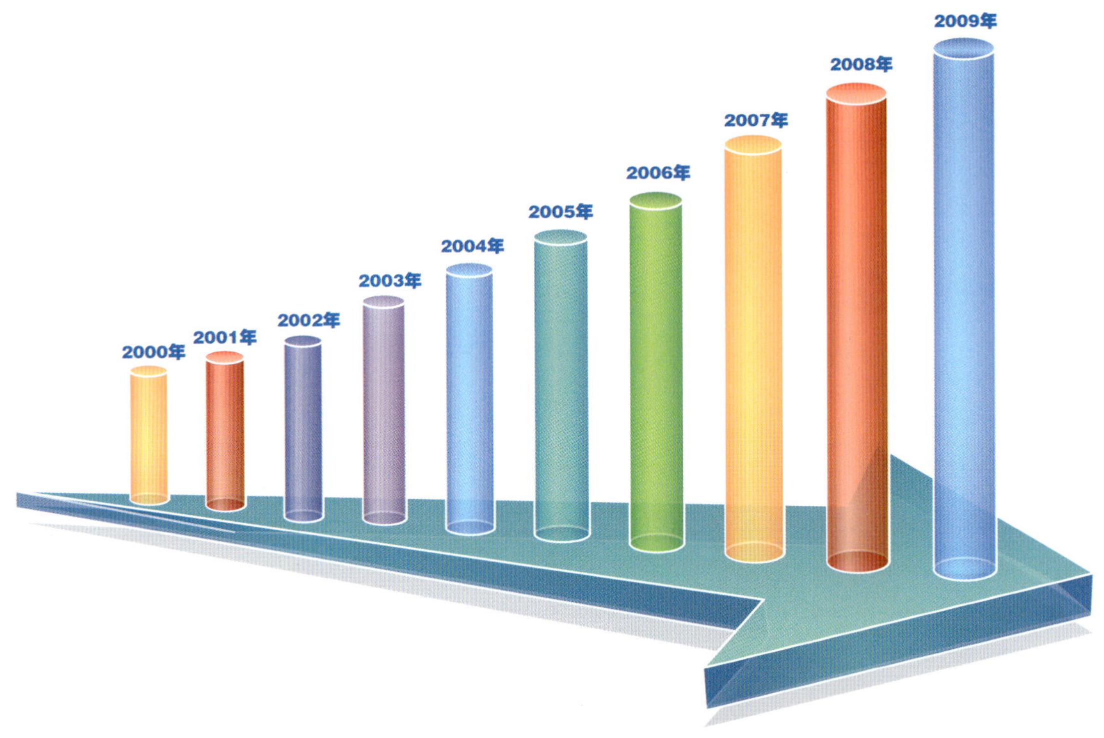

南京市第三产业占地区生产总值比重示意图

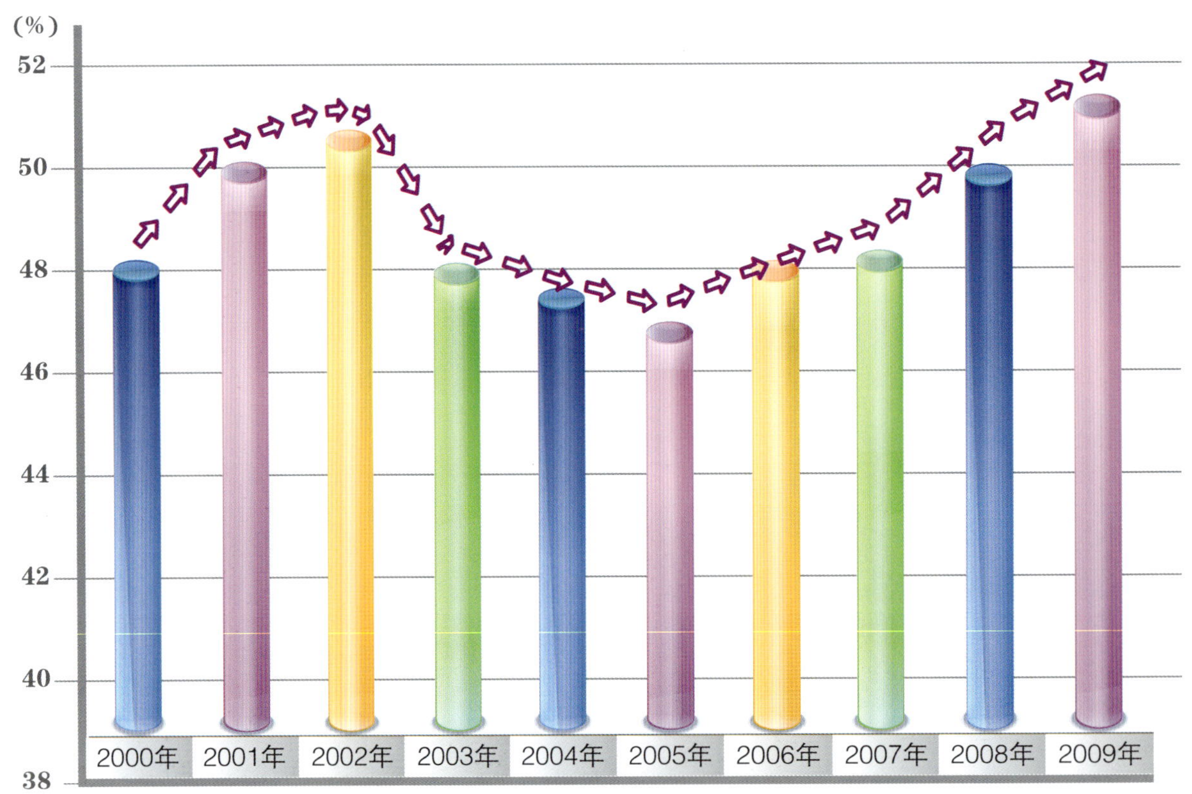

南京市财政收入示意图

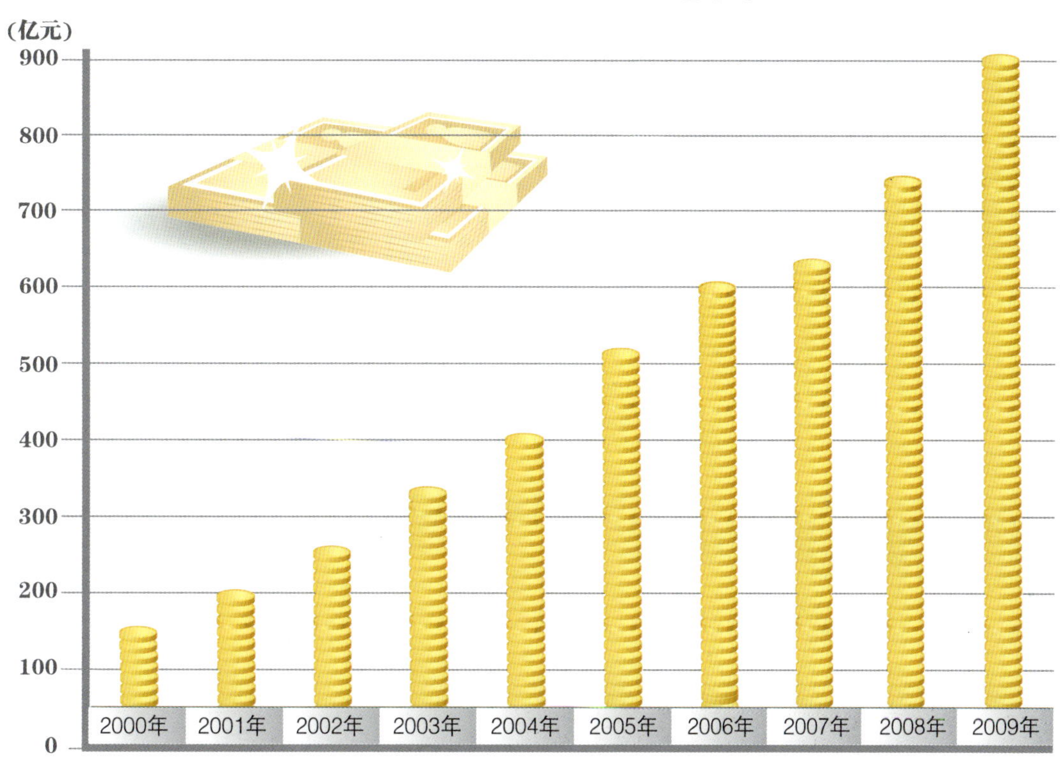

南京全社会固定资产投资完成额示意图

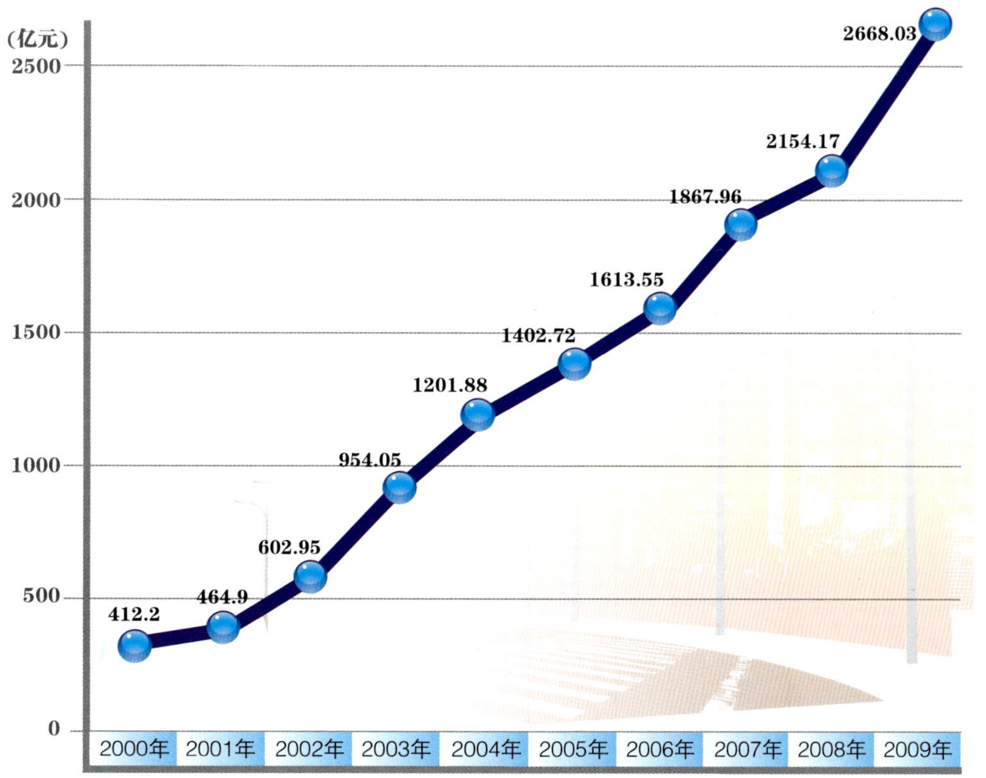

南京社会消费品零售总额示意图

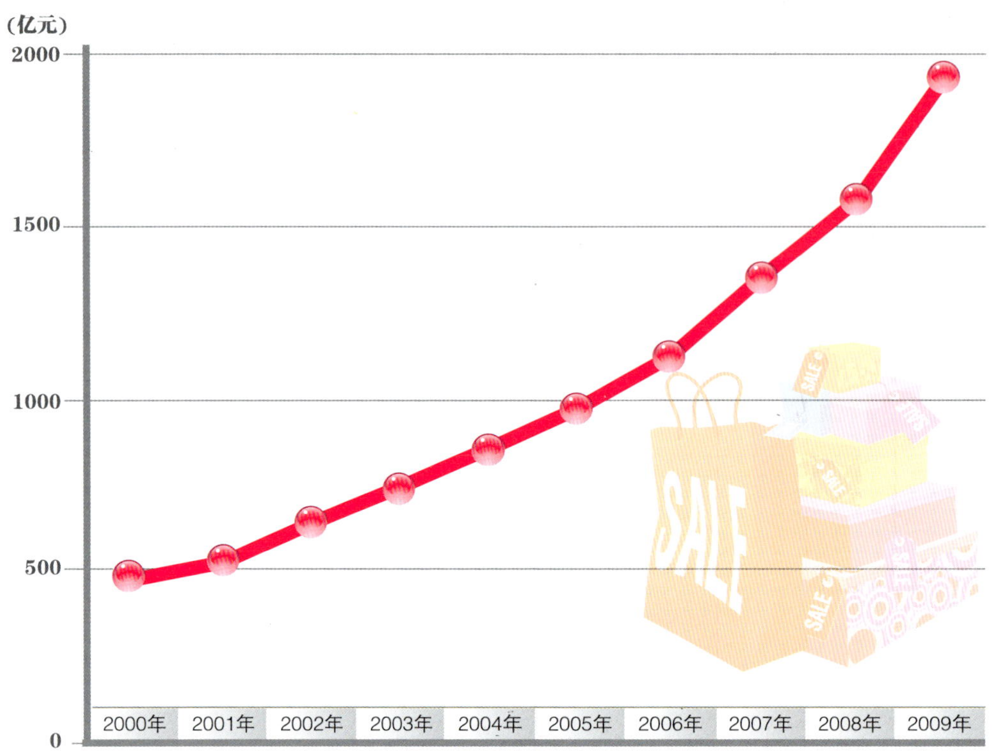

南京外贸出口总额

南京工业增加值示意图

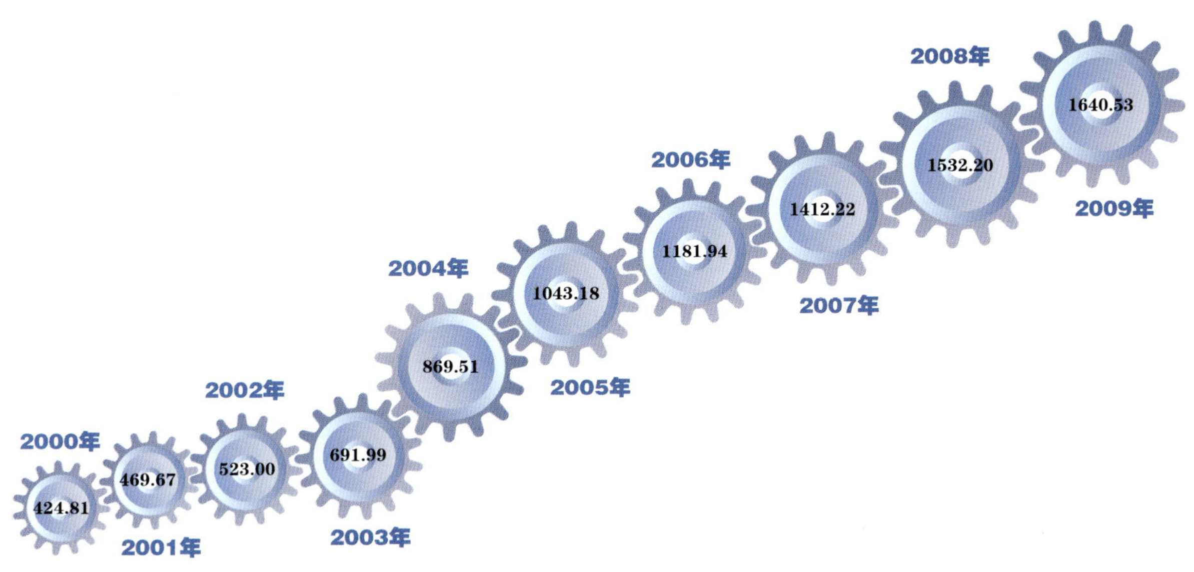

南京市规模以上工业企业利税总额示意图

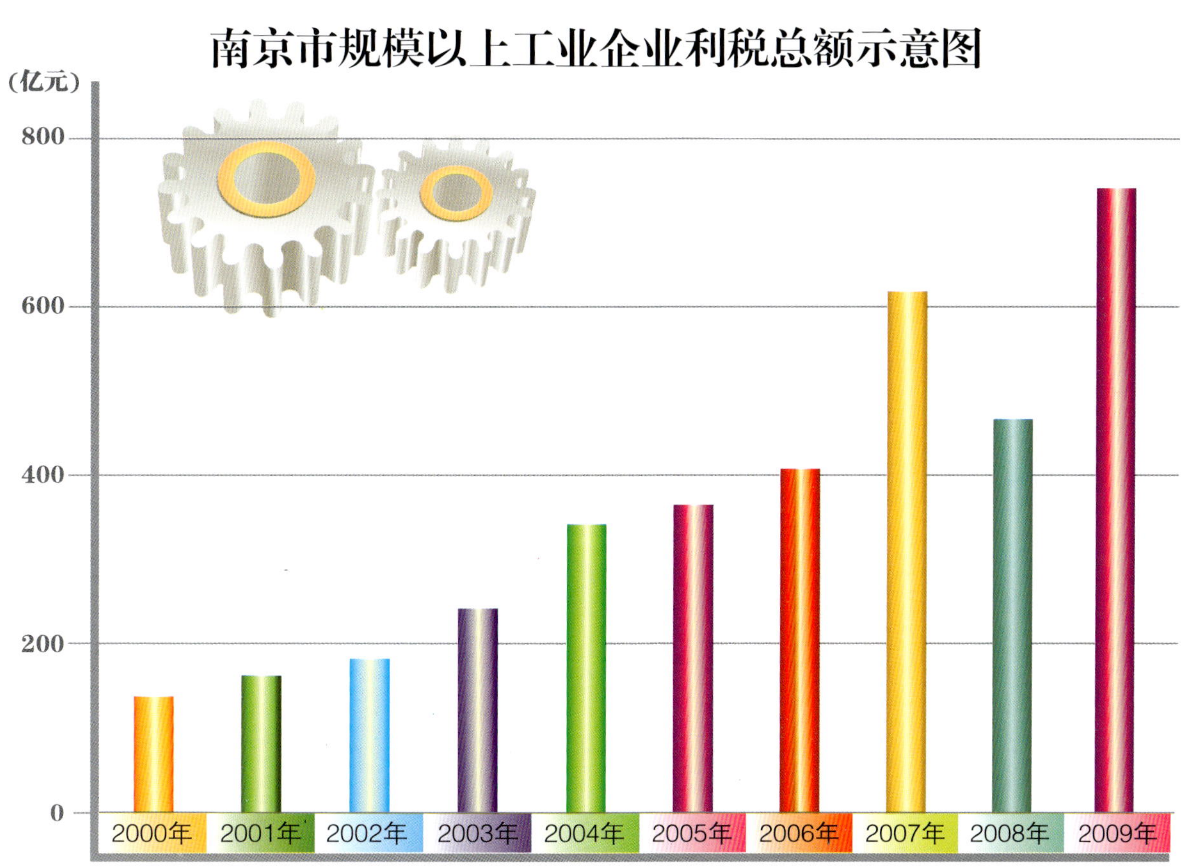

南京市农林牧渔总产值（现价）示意图

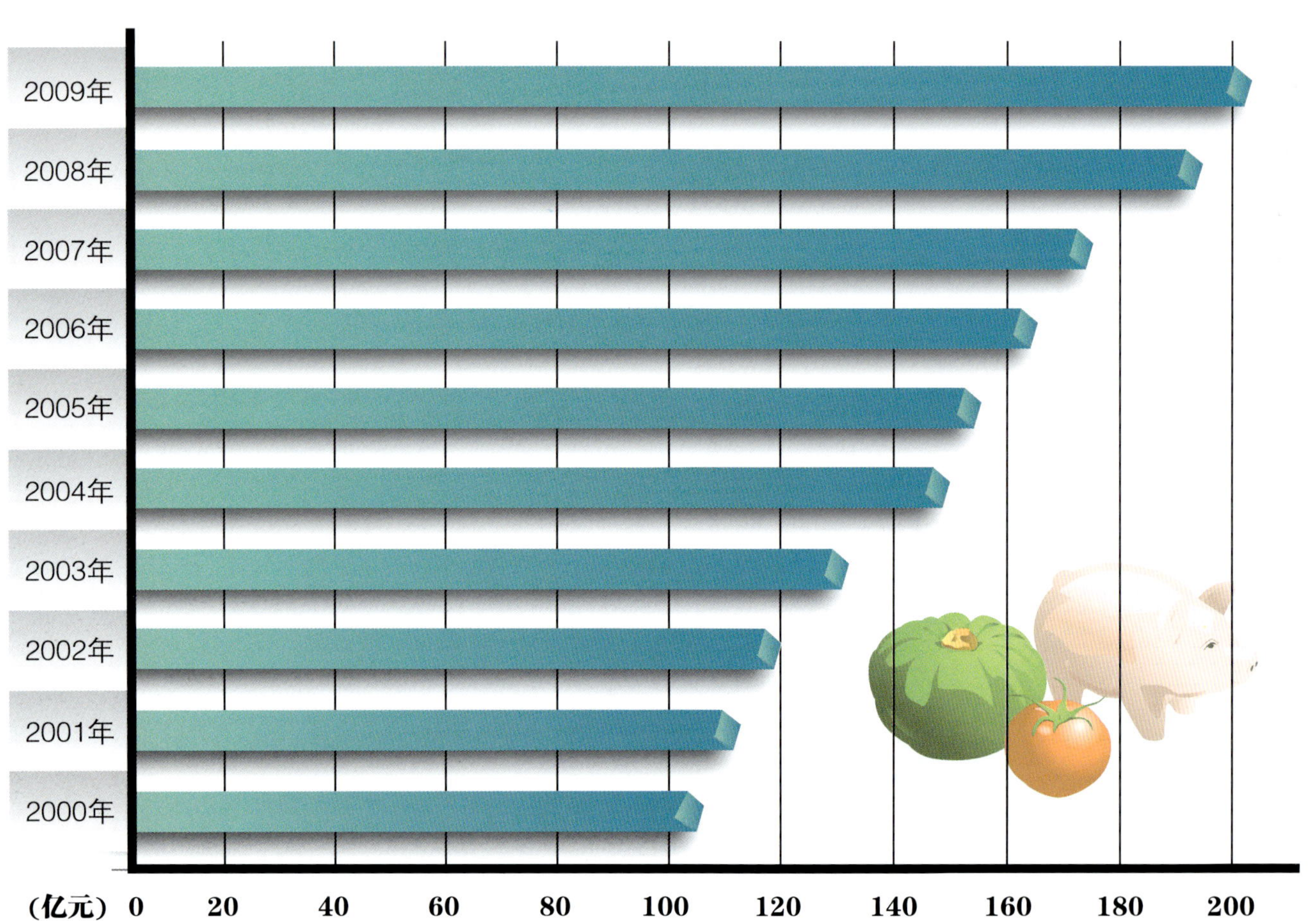

南京市普通高校在校学生人数示意图

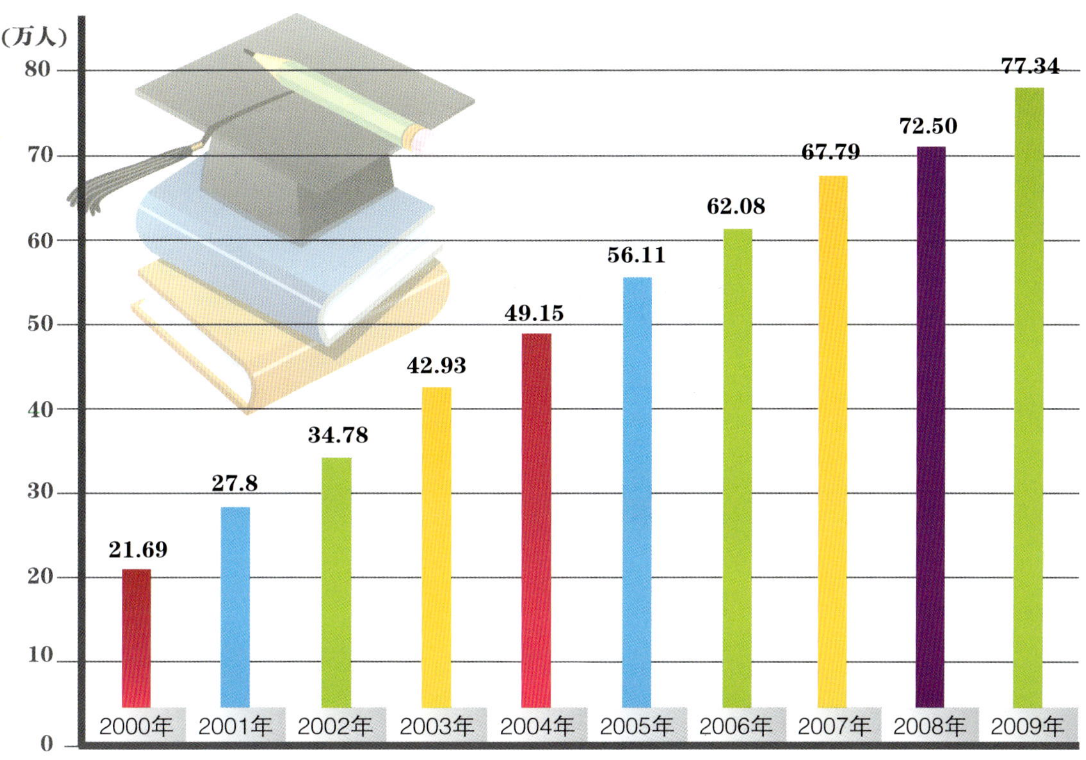

南京市人均绿地面积示意图

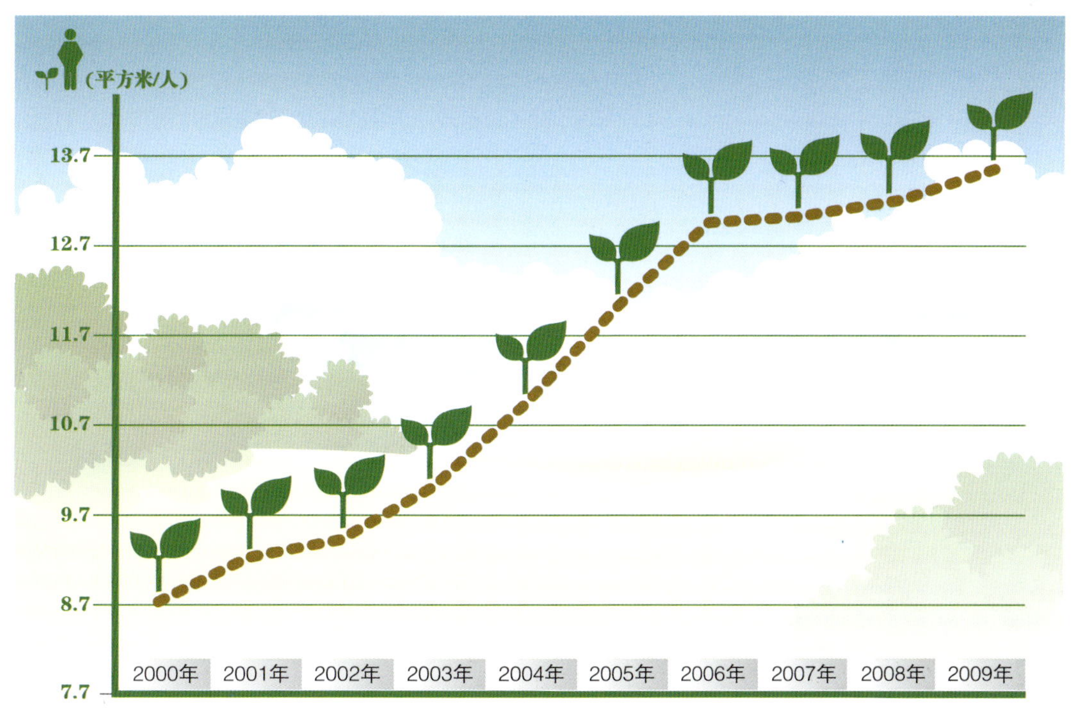

南京市城市居民人均可支配收入示意图

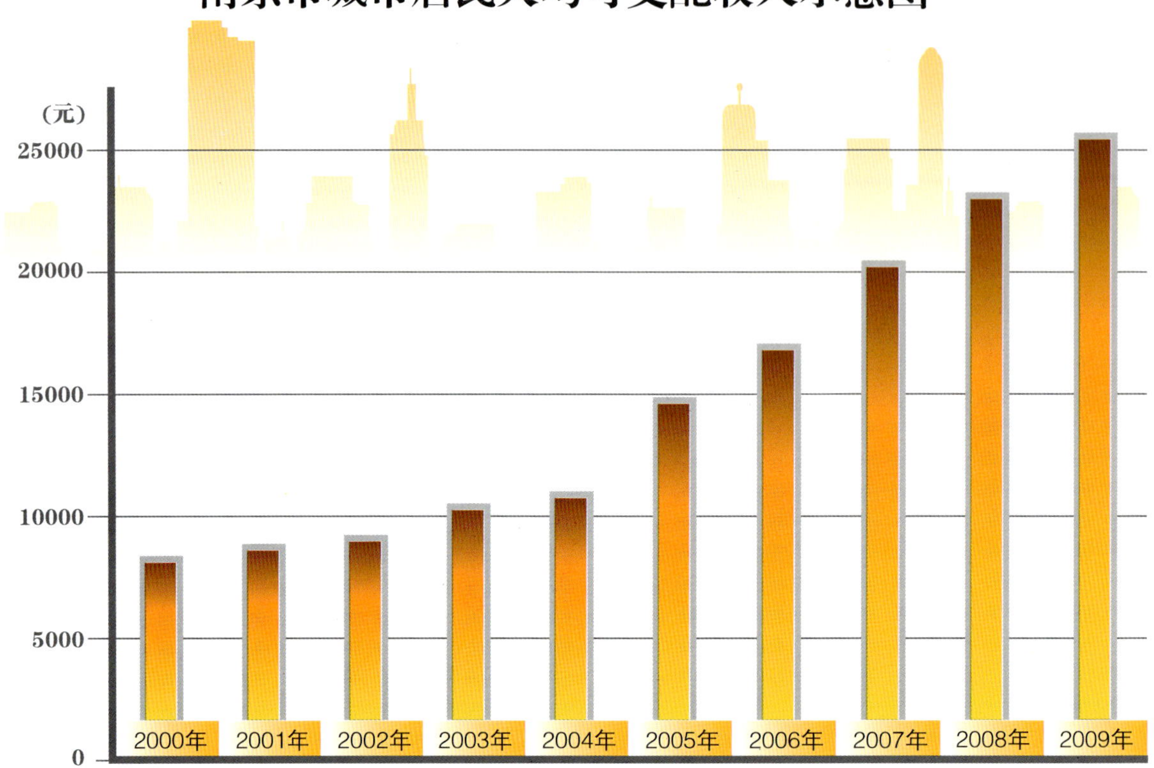

南京市农民人均纯收入示意图

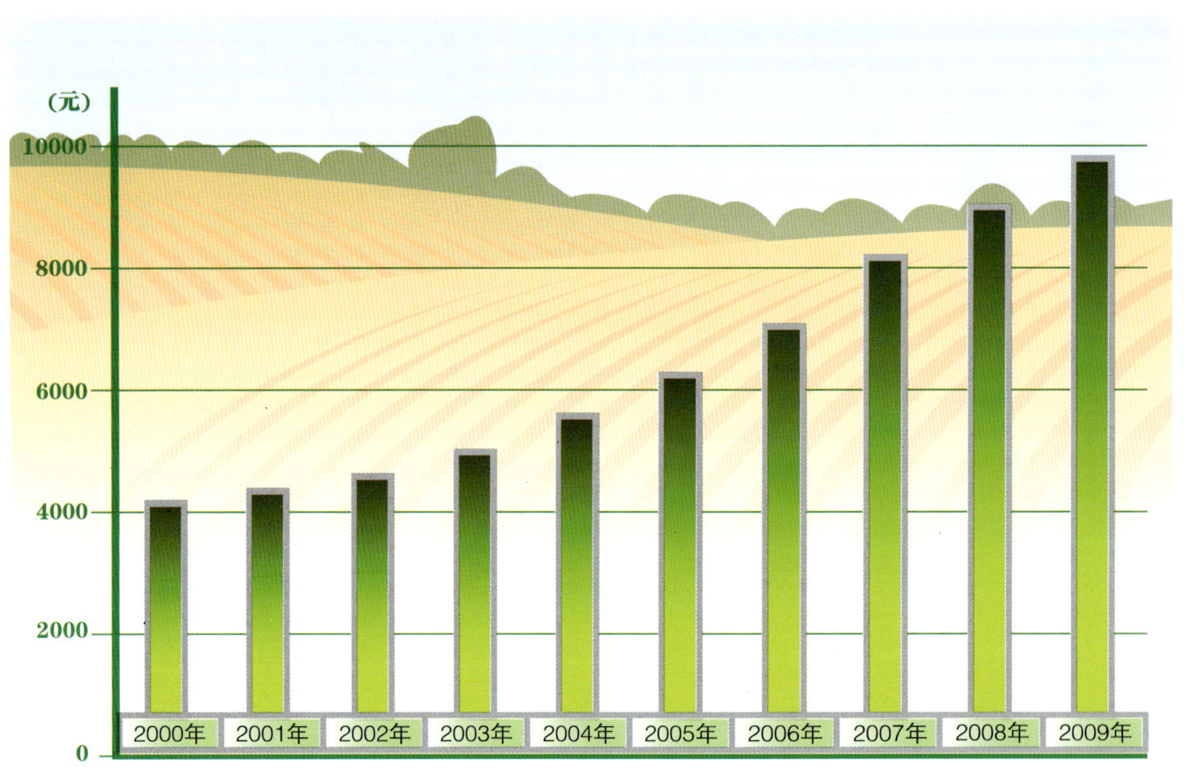

2010 年统计年鉴目录

CONTENTS ON STATISTICAL YEARBOOK—2010

（一）综合

General Survey

（二）国民经济核算

National Accounts

(三) 人口和就业
Population And Employment

(四) 人民生活
People's Livelihood

（五）价格指数
Price Indices

（六）农业
Agriculture

（七）工业和能源
Industry and Energy

(八) 交通运输和邮电通讯业
Transportation, Post and Telecommunication Services

(九) 固定资产投资和建筑业
Investment in Fixed Assets and Construction

(十) 批发和零售业、住宿和餐饮业

Wholesale and Retail Trade, Accommodations and Catering

（十一）对外经济贸易和旅游业
Foreign Trade and Economic Cooperation，Tourism

（十二）财政、金融和保险
Finance, Banking and Insurance

（十三）科技和教育

Science and Technology, Education

（十四）文化、卫生和体育

Culture, Public Health and Sports

(十五) 司法、社会福利与其他社会活动
Judicature, Social Welfare and Others

(十六)城市建设与环境保护
Urban Construction and Environmental Protection

(十七)区县社会经济
Social Economy by District and County

（十八）附录
Appendix

（一）综合

CHAPTER 1
GENERAL SURVEY

表1—1 行政区划与行政区域土地面积(2009年)

计量单位:个、平方公里

地　区	行政区划				行政区域土地面积
	街道办事处	社区居民委员会	镇人民政府	村民委员会	
总　计	79	763	32	573	6582.31
市　区	79	738	16	348	4723.07
城　区	40	324	0	31	260.05
玄　武	8	62	0	4	75.17
白　下	7	57	0	0	26.46
秦　淮	5	47	0	6	22.69
建　邺	7	38	0	18	82.66
鼓　楼	7	64	0	3	24.77
下　关	6	56	0	0	28.30
郊　区	39	414	16	317	4463.02
浦　口	7	71	4	62	912.33
栖　霞	9	74	0	35	376.09
雨花台	7	51	0	10	134.60
江　宁	9	125	0	77	1572.87
六　合	7	93	12	133	1467.12
县	0	25	16	225	1859.24
溧　水	0	15	8	91	1067.26
高　淳	0	10	8	134	791.98

注:本表中行政区划数据由市民政局提供,截止日期为2009年12月31日;土地面积数据由市国土资源局地籍管理处提供,截止日期为2008年12月31日。

表 1—2　区、县所辖街道办事处、镇名称（2009 年）

地　区	街道办事处
玄武区	梅园新村、新街口、玄武门、后宰门、锁金村、孝陵卫、玄武湖、红山
白下区	洪武路、五老村、大光路、瑞金路、月牙湖、光华路、朝天宫
秦淮区	夫子庙、双塘、中华门、秦虹、红花
建邺区	滨湖、南湖、南苑、兴隆、双闸、沙洲、江心洲
鼓楼区	华侨路、宁海路、湖南路、中央门、挹江门、江东、凤凰
下关区	热河南路、阅江楼、建宁路、宝塔桥、小市、幕府山
浦口区	泰山、顶山、沿江、江浦、桥林、汤泉、盘城
栖霞区	尧化、迈皋桥、燕子矶、马群、龙潭、栖霞、仙林、靖安、八卦洲
雨花台区	雨花新村、宁南、西善桥、板桥、铁心桥、赛虹桥、梅山
江宁区	东山、秣陵、淳化、汤山、禄口、江宁、谷里、湖熟、横溪
六合区	山潘、西厂门、卸甲甸、葛塘、长芦、雄州、龙池

表 1—2　续表

地　区	镇
浦口区	永宁、星甸、石桥、乌江
六合区	冶山、瓜埠、东沟、竹镇、马集、龙袍、程桥、八百桥、横梁、玉带、马鞍、新篁
溧水县	永阳、柘塘、洪蓝、石湫、东屏、白马、和凤、晶桥
高淳县	淳溪、固城、东坝、椏溪、漆桥、阳江、砖墙、古柏

表 1—3 耕地面积情况

计量单位:千公顷

指　　标	2009 年	2008 年
一、年初耕地面积	242.09	242.81
二、年内增加耕地面积	0.30	0.01
三、当年经批准减少耕地面积	0.32	0.73
# 国家基建占地	0.30	0.73
四、年末耕地面积	242.07	242.09

注:本表数据来源于市国土资源局。

表 1—4 气候(2009 年)

月　份	平均气温(摄氏)	月平均气温(摄氏)		月降水量合计(毫米)
		最高	最低	
全　年	16.4	20.9	12.8	1363.5
一　月	2.2	7.0	-1.2	32.2
二　月	7.3	10.8	4.6	112.8
三　月	9.8	14.6	5.8	48.3
四　月	16.6	22.1	11.7	59.2
五　月	21.9	28.2	16.8	56.0
六　月	26.6	32.0	22.4	168.7
七　月	28.0	31.9	24.7	485.4
八　月	27.2	30.9	24.5	102.7
九　月	23.4	27.0	21.0	102.9
十　月	20.1	25.4	16.0	3.2
十一月	8.6	12.9	5.6	113.7
十二月	4.5	8.3	1.6	78.4

附:极端最低气温　-7.8℃　1 月 24 日
极端最高气温　37.0℃　7 月 17 日
全年日照　1863.2　小时

表1—5　社会经济主要指标

指　　标	2009年	2008年
行政区域土地面积（平方公里）	6582.31	6582.31
户籍总人口（万人）	629.77	624.46
常住人口（万人）	771.31	758.89
居民平均期望寿命（岁）	76.60	76.72
地区生产总值（亿元）	4230.26	3814.62
规模以上工业总产值（亿元）	6799.77	6635.74
全社会固定资产投资（亿元）	2668.03	2154.17
# 房地产开发投资	595.68	508.17
社会消费品零售总额（亿元）	1961.58	1651.82
实际使用外资（亿美元）	23.92	23.72
海关进出口总额（亿美元）	337.45	405.92
# 出口总额	184.59	235.97
接待国内外旅游人数（万人次）	5633.36	5089.52
国际旅游创汇收入（亿美元）	8.37	8.73
财政总收入（亿元）	901.15	742.40
# 地方财政一般预算收入	434.51	386.56
地方财政一般预算支出（亿元）	461.27	404.67

表 1—5　续表

指　　标	2009 年	2008 年
城市居民消费价格指数(以上年为 100)	100.1	106.2
城镇登记失业率(%)	2.7	3.16
城镇基本养老保险参保人数(万人)	181.19	179.5
城镇失业保险参保人数(万人)	182.00	170.8
城镇职工基本医疗保险参保人数(万人)	251.78	229.5
个人轿车拥有量(万辆)	36.10	27.02
计算机互联网用户(万户)	142.10	107.08
专业技术人员数(万人)	75.08	71.23
高新技术工业总产值(亿元)	2444.76	2563.44
专利申请量(件)	14220	11692
普通高校在校学生数(万人)	77.34	72.50
普通中学在校学生数(万人)	26.11	27.27
小学在校学生数(万人)	28.32	28.56
公共图书馆总藏量(万册)	1297.9	1252.6
传染病发病率(1/10 万)	138.78	126.21
5 岁以下儿童死亡率(‰)	4.69	5.99
执业(助理)医师(人)	16593	16060
单位地区生产总值能源消费总量(吨标准煤/万元)	1.12	1.18
城市绿化覆盖率(%)	44.3	46.0
森林覆盖率(%)	24.0	22.6
环境空气质量良好以上天数(天)	315	322

表1—6　按人口平均的社会经济主要指标

指　　标	2009年	2008年
人均地区生产总值(元)＊	67455.00	61445.00
人均固定资产投资(元)＊	42544.17	34699.34
人均财政收入(元)＊	14369.66	11958.57
人均地方财政一般预算支出(元)＊	7355.37	6518.42
居民人均储蓄存款(元)＊	49830.97	41330.36
职工年平均工资(元)	40134.00	36092.00
城市居民人均可支配收入(元)	25504.12	23122.69
城市居民人均消费支出(元)	16339.10	15132.73
农村居民人均纯收入(元)	9858.00	8951.00
农村居民人均生活消费支出(元)	7588.00	7033.00
城市居民人均住房建筑面积(平方米)	27.04	26.91
农村居民人均钢筋、砖木结构住房面积(平方米)	48.85	47.07
人均日生活用水量(升)	257.23	248.39
人均生活用电(千瓦小时)＊	721.31	670.41
年末每万人拥有医疗床位数(张)＊	47.65	44.73
年末每万人拥有执业医师、助理医师(人)＊	26.46	25.87
每百万人口拥有公共文化设施数(个)	11.02	11.2
每万人口拥有收养性社会福利单位的床位数(张)	29.87	27.42
交通、火灾死亡人口比率(1/10万)	7.00	7.19
每万人拥有公共交通车辆(标台)	16.14	14.85
人均拥有道路面积(平方米)	19.30	18.69

注:本表中加“＊”号指标均按户籍平均人口计算。

表 1—7 用电量

计量单位:万千瓦小时

指　　标	2009 年	2008 年	2009 年为上年%
全社会用电量	3370545	3107922	108.5
＃农业用电	16264	15350	106.0
工业用电	2237473	2077025	107.7
城乡居民生活用电	452346	416202	108.7
＃乡村生活用电	93197	83782	111.2

注:农业用电量指农、林、牧、渔、水利用电量。

表 1—8 个体经营户注册登记情况（2009 年）

指　　标	年末户数(户)	从业人数(人)	资金数额(万元)
合　计	215995	423243	1426284
农、林、牧、渔业	2956	7011	60458
采矿业	75	428	1414
制造业	11226	30006	97892
电力、燃气及水的生产和供应业	25	36	125
建筑业	1483	4645	20951
交通运输、仓储和邮政业	7848	11710	69720
信息传输、计算机服务和软件业	887	1837	4960
批发和零售业	139102	236115	770569
住宿和餐饮业	20096	59861	174762
金融业	7	9	98
房地产业	650	1362	4934
租赁和商务服务业	2854	5813	25218
科学研究、技术服务和地质勘查业	166	356	1086
水利、环境和公共设施管理业	62	232	998
居民服务和其他服务业	24814	55741	165763
教育	28	78	196
卫生、社会保障和社会福利业	397	1015	3243
文化、体育和娱乐业	3153	6706	23192
其他	166	282	704

注:本表数据来自市工商局。

表1—9　私营企业注册登记情况（2009年）

指　　标	年末户数（户）	从业人数（人）	注册资金（万元）
合　　计	123961	1267112	17960091
农、林、牧、渔业	981	9661	148554
采矿业	105	4751	136063
制造业	18518	345239	3732144
电力、燃气及水的生产和供应业	117	2689	107421
建筑业	10553	159067	1828236
交通运输、仓储和邮政业	3045	35778	498564
信息传输、计算机服务和软件业	5837	41211	603755
批发和零售业	49858	356381	4814040
住宿和餐饮业	2096	37920	194291
金融业	234	2677	197849
房地产业	3395	41163	2046419
租赁和商务服务业	16886	118923	2397096
科学研究、技术服务和地质勘查业	5751	50972	772952
水利、环境和公共设施管理业	429	4501	84953
居民服务和其他服务业	4822	43186	261381
教育	54	626	5463
卫生、社会保障和社会福利业	220	3425	19579
文化、体育和娱乐业	1045	8878	111267
其他	15	64	67

注：本表数据来自市工商局。

表 1—10 人民币市场汇率（年末中间价）

年 份 Year	美 元 US Dollar （100）	欧 元 EURO （100）	日 元 Japanese Yen （100）	港 币 Hong Kong Dollar （100）	英 镑 Pound （100）
1981	174.55		0.79	30.80	
1982	192.27		0.82	29.80	
1983	198.09		0.85	25.30	
1984	257.55		1.13	35.90	
1985	320.15		1.59	40.79	
1986	372.21		2.33	47.68	
1987	372.21		3.01	47.90	
1988	372.21		2.98	47.61	
1989	472.21		3.29	60.48	
1990	522.21		3.87	67.00	
1991	543.42		4.32	69.42	
1992	575.18		4.61	74.31	
1993	580.00		5.21	75.09	
1994	844.62		8.48	109.14	
1995	831.74		8.05	107.96	
1996	829.84		7.20	107.24	
1997	827.96		6.35	106.99	
1998	827.87		7.17	106.78	
1999	827.93		8.09	106.51	
2000	827.81		7.24	106.06	
2001	827.66		6.30	106.06	
2002	827.73	863.60	6.90	106.11	
2003	827.67	1033.83	7.73	106.57	
2004	827.65	1126.27	7.97	106.37	
2005	807.02	957.97	6.87	104.03	
2006	780.87	1026.65	6.56	100.47	
2007	730.46	1066.69	6.11	93.64	1458.07
2008	683.46	956.90	7.57	88.19	987.98
2009	682.82	979.71	7.38	88.05	1097.80

主要统计指标解释

可比价格 指在不同时期的价值指标对比时，扣除了价格变动的因素，以确切反映物量的变化。按可比价格计算有两种方法：一种是直接用产品产量乘某一年的不变价格计算；另一种是用价格指数换算。

不变价格 指以同类产品某年的平均价格作为固定价格，来计算各年产品价值。按不变价格计算的产品价值消除了价格变动因素，不同时期对比可以反映生产的发展速度。新中国成立后，随着工农业产品价格水平的变化，国家统计局先后五次制定了全国统一的工业产品不变价格和农业产品不变价格，从 1949 年到 1957 年使用 1952 年工（农）业产品不变价格，从 1957 年到 1971 年使用 1957 年不变价格，从 1971 年到 1981 年使用 1970 年不变价格，从 1981 年到 1990 年使用 1980 年不变价格，从 1990 年开始使用 1990 年不变价格。

平均增长速度 我国计算平均增长速度有两种方法：一种是习惯上经常使用的“水平法”，又称几何平均法，是以间隔期最后一年的水平同基期水平对比来计算平均每年增长（或下降）速度；另一种是“累计法”，又称代数平均法或方程法，是以间隔期内各年水平的总和同基期水平对比来计算平均每年增长（或下降）速度。在一般正常情况下，两种方法计算的平均每年增长速度比较接近；但在经济发展不平衡、出现大起大落时，两种方法计算的结果差别较大。

本《年鉴》内所列的平均增长速度，除固定资产投资用“累计法”计算外，其余均用“水平法”计算。从某年到某年平均增长速度的年份，均不包括基期年在内。如建国四十三年以来的平均增长速度是以 1949 年为基期计算的，则写为 1950—1992 年平均增长速度，其余类推。

三次产业 根据社会生产活动历史发展的顺序对产业结构的划分，产品直接取自自然界的部门称为第一产业，对初级产品进行再加工的部门称为第二产业。为生产和消费提供各种服务的部门称为第三产业。它是世界上通用的产业结构分类，但各国的划分不尽一致。

我国的三次产业划分是：

第一产业是指农、林、牧、渔业。

第二产业是指采矿业，制造业，电力、燃气及水的生产和供应业，建筑业。

第三产业是指除第一、二产业以外的其他行业。

企业（单位）登记注册类型 是以在工商行政管理机关登记注册的各类企业为划分对象，以工商行政管理部门对企业登记注册的类型为依据，将企业登记注册类型分为内资企业、港澳台商投资企业和外商投资企业三大类。内资企业包括国有企业、集体企业、股份合作企业、联营企业、有限责任公司、股份有限公司、私营公司和其他企业；港澳台商投资企业和外商投资企业分别包括合资经营企业、合作经营企业、独资经营企业和股份有限公司。对不在工商行政管理部门进行登记注册的行政机关、事业单位和社会团体，主要按其经费来源和管理方式进行划分。

法人单位 指具备以下条件的单位：(1) 依法成立，有自己的名称、组织机构和场所，能够独立承担民事责任；(2) 独立拥有和使用（或授权使用）资产，承担负债，有权与其他单位签订合同；(3) 会计上独立核算，能够编制资产负债表。法人单位包括企业法人、事业单位法人、机关法人、社会团体法人和其他法人。

法人单位所属产业活动单位 （简称：产业活动单位）是指具备有以下条件的单位：(1) 在一个场所从事一种或主要从事一种社会经济活动；(2) 相对独立组织生产经营或业务活动：(3) 能够掌握收入和支出等业务核算资料。产业活动单位是指经过法定程序批准建立的、不能独立承担民事责任的单位。包括由各级工商行政管理机关核准登记，领取《营业执照》的分支机构或经营单位；由各级登记主管机关备案，或依据相关法律法规由各级主管部门批准建立的事业单位分支机构和社会团体分支机构。未经法定程序批准在法人内部建立的机构，具备产业活动单位条件的认定为产业活动单位。产业活动单位分为单产业法人单位和多产业法人单位。

（二）国民经济核算

CHAPTER 2
NATIONAL ACCOUNTS

表 2—1　全市地区生产总值（2009 年）

计量单位:亿元

指　　标	2009 年	2009 年为上年%（按可比价计算）	占地区生产总值比重%
地区生产总值	4230.26	111.5	100.0
第一产业	129.18	104.1	3.1
第二产业	1930.66	110.1	45.6
工业	1640.53	109.3	38.8
建筑业	290.13	116.0	6.8
第三产业	2170.42	113.5	51.3
交通运输、仓储和邮政业	218.17	110.7	5.2
批发和零售业	447.22	107.1	10.6
住宿和餐饮业	81.85	109.2	1.9
金融业	342.06	110.5	8.1
房地产业	317.85	155.1	7.5
其他服务业	763.27	108.7	18.0
附:按户籍平均人口计算的人均地区生产总值(元)	67455	110.4	—
按常住平均人口计算的人均地区生产总值(元)	55290	109.4	—

表2—2 市区地区生产总值（2009年）

计量单位:亿元

指　　标	2009年	2009年为上年%（按可比价计算）	占地区生产总值比重%
地区生产总值	3839.75	111.1	100.0
第一产业	93.16	103.9	2.4
第二产业	1694.4	109.1	44.1
工业	1445.61	108.4	37.6
建筑业	248.79	115.5	6.5
第三产业	2052.19	113.3	53.5
交通运输、仓储和邮政业	174.84	108.6	4.5
批发和零售业	420.99	106.9	11.0
住宿和餐饮业	76.67	108.6	2.0
金融业	341.98	110.5	8.9
房地产业	305.98	156.6	8.0
其他服务业	731.73	108.4	19.1
附:按户籍平均人口计算的人均地区生产总值(元)	70328	110.1	—
按常住平均人口计算的人均地区生产总值(元)	55931	109.3	—

表2—3　按支出法计算的全市地区生产总值（2009年）

计量单位:亿元

指　　标	2009年	2009年为上年%（按可比价计算）
支出法地区生产总值	4230.26	111.5
一、最终消费支出	1977.86	112.4
1. 居民消费支出	1297.09	113.0
农村居民	152.22	109.9
城镇居民	1144.87	113.4
2. 政府消费支出	680.77	111.1
二、资本形成总额	2278.31	112.1
1. 固定资本形成总额	2129.34	112.3
2. 存货增加	148.97	108.4
三、货物和服务净流出	-25.91	—

注:从2008年开始本表发展速度按可比价计算。

表2—4　居民消费水平

指　　标	2009年	2009年为上年%
一、当年价格居民消费水平(元/人)	16952.99	111.1
农村居民	8671.03	108.5
城镇居民	19419.06	111.4
二、常住居民年平均人口(万人)	765.11	102.0
农村居民	175.55	101.3
城镇居民	589.56	102.2

注:本表发展速度为按现价计算。

表 2—5　最终消费（2009 年）

计量单位:亿元

指　　标	2009 年	2009 年为上年 %（按现价计算）
最终消费支出	1977.86	113.2
一、居民消费支出	1297.09	112.3
（一）农村居民	152.22	109.8
1. 食品类支出	49.34	106.5
2. 衣着类支出	9.38	107.0
3. 居住类支出	18.50	115.1
4. 家庭设备、用品及服务类支出	8.22	110.5
5. 医疗保健类支出	6.05	113.7
6. 公共医疗消费支出	0.72	133.3
7. 交通和通信类支出	14.82	108.6
8. 文教娱乐用品及服务类支出	24.36	110.5
9. 金融中介服务虚拟支出	8.32	108.1
10. 金融机构实际服务消费支出	0.92	108.2
11. 保险服务消费支出	0.16	123.1
12. 自有住房服务虚拟支出	8.90	119.3
13. 商品和服务类支出	2.53	109.5
（二）城镇居民	1144.87	112.6
1. 食品类支出	353.57	110.8
2. 衣着类支出	80.39	113.5
3. 居住类支出	63.14	92.5
4. 家庭设备、用品及服务类支出	71.19	107.8
5. 医疗保健类支出	80.94	122.4
6. 公共医疗消费支出	30.86	224.2
7. 交通和通信类支出	127.25	124.9
8. 文教娱乐用品及服务类支出	152.67	103.5
9. 金融中介服务虚拟支出	48.14	108.0
10. 金融机构实际服务消费支出	5.46	107.9
11. 保险服务消费支出	0.96	124.7
12. 自有住房服务虚拟支出	81.08	119.3
13. 实物消费支出	15.08	125.2
14. 其它商品和服务类支出	34.14	103.7
二、政府消费支出	680.77	109.7

注:本表的发展速度为按现价计算。

表 2—6 主要年份地区生产总值

计量单位：亿元

年 份	地区生产总值	第一产业	第二产业	#工业	第三产业	人均地区生产总值（元）（按户籍平均人口计算）
1990	176.52	17.26	96.03	87.40	63.23	3538
1993	355.25	25.28	191.67	172.93	138.30	6933
1994	472.17	34.85	248.26	227.99	189.06	9142
1995	584.59	44.97	297.46	258.38	242.16	11242
1996	682.78	45.93	339.49	286.12	297.36	13041
1997	773.78	49.85	379.86	323.13	344.07	14665
1998	850.24	51.72	406.18	341.89	392.34	16010
1999	937.89	53.53	432.86	368.44	451.50	17535
2000	1073.54	57.56	491.87	424.81	524.11	19838
2001	1218.51	61.94	544.66	469.67	611.91	22196
2002	1385.14	65.73	610.65	523.00	708.76	24816
2003	1690.77	69.51	802.24	691.99	819.02	29780
2004	2067.18	75.27	1003.99	869.51	987.92	35770
2005	2451.94	102.00	1199.48	1043.58	1150.46	41579
2006	2822.80	109.55	1359.94	1181.94	1353.31	46928
2007	3340.05	115.28	1607.22	1412.22	1617.55	54558
2008	3814.62	119.4	1771.28	1532.20	1923.94	61445
2009	4230.26	129.18	1930.66	1640.53	2170.42	67455

注：本表数据均为现价。

表 2—7　主要年份地区生产总值发展速度

计量单位：%

年　份	地区生产总值	第一产业	第二产业	# 工业	第三产业	人均地区生产总值（按户籍平均人口计算）
1990	109.2	97.2	105.1	111.8	121.8	107.7
1993	117.3	103.7	118.5	123.5	116.8	116.4
1994	115.6	98.6	119.2	120.6	112.8	114.7
1995	112.4	115.6	113.0	108.7	110.8	111.6
1996	113.0	108.9	113.6	111.1	112.8	112.2
1997	113.3	109.6	113.3	113.9	114.1	112.4
1998	111.8	104.5	111.9	111.3	112.6	111.1
1999	110.6	107.4	109.7	111.0	112.6	109.8
2000	112.3	108.1	112.1	112.8	113.1	111.0
2001	111.1	108.3	109.0	108.1	113.8	109.5
2002	112.8	106.8	112.3	111.2	114.0	110.9
2003	115.0	105.1	118.7	118.4	112.5	113.1
2004	117.3	105.9	120.7	123.0	114.9	115.2
2005	115.1	102.7	117.9	118.0	113.4	112.8
2006	115.1	104.0	115.4	115.9	115.7	112.8
2007	115.7	103.6	115.9	117.6	116.4	113.7
2008	112.1	102.7	109.6	109.9	115.3	110.5
2009	111.5	104.1	110.1	109.3	113.5	110.4

注：本表的发展速度均按可比价计算。

主要统计指标解释

地区生产总值 是按市场价格计算的地区生产总值的简称。它是一个国家（地区）所有常住单位在一定时期内生产活动的最终成果。地区生产总值有三种表现形态，即价值形态、收入形态和产品形态。从价值形态看，它是所有常住单位在一定时期内所生产的全部货物和服务价值超过同期投入的全部非固定资产货物和服务价值的差额，即所有常住单位的增加值之和；从收入形态看，它是所有常住单位在一定时期内所创造并分配给常住单位和非常住单位的初次分配收入之和；从产品形态看，它是最终使用的货物和服务减去进口货物和服务。在实际核算中，地区生产总值的三种表现形态表现为三种计算方法，即生产法、收入法和支出法。三种方法分别从不同的方面反映地区生产总值及其构成。

支出法地区生产总值 指一个国家（地区）所有常住单位在一定时期内用于最终消费、资本形成总额，以及货物和服务的净出口总额，它反映本期生产的地区生产总值的使用及构成。

最终消费 指常住单位在一定时期内对于货物和服务的全部最终消费支出，也就是常住单位为满足物质、文化和精神生活的需要，从本国经济领土和国外购买的货物和服务的支出；不包括非常住单位在本国经济领土内的消费支出。最终消费分为居民消费和政府消费。

居民消费 指常住住户对货物和服务的全部最终消费支出。居民消费按市场价格计算，即按居民支付的购买者价格计算。购买者价格是购买者取得货物所支付的价格，包括购买者支付的运输和商业费用。居民消费除了直接以货币形式购买货物和服务的消费之外，还包括以其他方式获得的货物和服务的消费支出，即所谓的虚拟消费支出。居民虚拟消费支出包括以下几种类型：单位以实物报酬及实物转移的形式提供给劳动者的货物和服务；住户生产并由本住户消费了的货物和服务，其中的服务仅指住户的自有住房服务；金融机构提供的金融媒介服务；保险公司提供的保险服务。

政府消费 指政府部门为全社会提供公共服务的消费支出和免费或以较低价格向住户提供的货物和服务的净支出。前者等于政府服务的产出价值减去政府单位所获得的经营收入的价值，政府服务的产出价值等于它的经常性业务支出加上固定资产折旧；后者等于政府部门免费或以较低价格向住户提供的货物和服务的市场价值减去向住户收取的价值。

资本形成总额 指常住单位在一定时期内获得的减去处置的固定资产加存货的变动，包括固定资本形成总额和存货增加。

固定资本形成总额 指常住单位购置、转入和自产自用的固定资产，扣除固定资产的销售和转出后的价值，分有形固定资产形成总额和无形固定资产形成总额。有形固定资产形成总额包括一定时期内完成的建筑工程、安装工程和设备工器具购置（减处置）价值，以及土地改良、新增役、种、奶、毛、娱乐用牲畜和新增经济林木价值。无形固定资产形成总额包括矿藏的勘探、计算机软件、娱乐和文学艺术品原件等获得减处置。

存货增加 指常住单位存货实物量变动的市场价值，即期末价值减期初价值的差额。存货增加可以是正值，也可以是负值；正值表示存货上升，负值表示存货下降。它包括生产单位购进的原材料、燃料和储备物资等存货，以及生产单位生产的产成品、在制品等存货等。

货物和服务净出口 指货物和服务出口减货物和服务进口的差额。出口包括常住单位向非常住单位出售或无偿转让的各种货物和服务的价值；进口包括常住单位从非常住单位购买或无偿得到的各种货物和服务的价值。由于服务活动的提供与使用同时发生，因此服务的进出口业务并不发生出入境现象，一般把常住单位从国外得到的服务作为进口，非常住单位从本国得到的服务作为出口。货物的出口和进口都按离岸价格计算。

（三）人口和就业

CHAPTER 3 POPULATION AND EMPLOYMENT

表 3—1　人口主要指标

指　　标	2009 年	2008 年	2009 年为上年%
一、户籍人口情况			
总户数(户)	2056372	2008827	102.4
总人口(人)	6297730	6244613	100.9
按性别分:			
男	3191601	3173837	100.6
女	3106129	3070776	101.2
性别比(以女性为 100)	102.75	103.36	
迁入人口(人)	189027	202471	93.4
市区	181307	195627	92.7
县	7720	6844	112.8
迁出人口(人)	149201	144714	103.1
市区	145052	139799	103.8
县	4149	4915	84.4
出生人口(人)	49327	50335	98.0
出生率(‰)	7.87	8.11	—
死亡人口(人)	35654	34781	102.5
死亡率(‰)	5.69	5.60	—
自然增长人口(人)	13673	15554	87.9
自然增长率(‰)	2.18	2.51	—
二、全市常住人口(万人)	771.31	758.89	101.6

注:本表户籍资料根据市公安局提供的数据编制。

表 3—2　计划生育情况（2009 年）

计量单位：人

指　　标	数　值
一、出生人数	42087
一孩	39124
二孩	2886
三孩及三孩以上	77
二、计划内生育	41982
三、育龄妇女人数	2105593
四、已婚育龄妇女人数	1563590
五、现家庭只有一个孩子的妇女人数	1267892

注：本表根据市人口和计划生育委员会提供的资料编制。

表 3—3　结婚及离婚登记情况

指　　标	2009 年	2008 年
结婚登记（对）	74178	64227
# 内地居民登记结婚	74178	64227
涉外及华侨、港澳台居民登记结婚	0	0
内地居民登记结婚初婚人数（人）	120036	107886
内地居民登记结婚再婚人数（人）	28320	20568
内地居民恢复结婚对数（对）	2946	2154
离婚登记（对）	18316	15971
# 内地居民登记离婚	18316	15971
港澳台、华侨居民登记离婚	0	0

注：本表根据市民政局提供的资料编制。涉外及华侨、港澳台居民登记结婚、离婚对数在省民政厅统计。

表 3—4 收养登记情况

计量单位:人

指 标	2009 年	2008 年
一、收养人合计	190	210
1. 国内公民	190	210
# 港澳同胞、台湾公民	0	0
华侨	0	0
2. 外国人	0	0
二、被收养人合计	190	210
1. 社会福利机构抚养的孤儿	0	0
# 被外国人收养	0	0
2. 社会福利机构抚养的弃婴	47	68
# 被外国人收养	0	0
3. 社会弃婴	140	141
4. 父母无力抚养的儿童	0	0
5. 其他	3	1

注:本表数据为市属口径,由市民政局提供。

表 3—5 全市从业人员

计量单位:万人

指 标	2009 年	2008 年
从业人员	407.70	374.60
# 专业技术人员	75.08	71.23
从业人员按三次产业分组		
第一产业	45.80	45.84
第二产业	168.79	154.33
#工业	118.97	96.84
第三产业	193.11	174.43

表3—6 全市城镇单位从业人员情况（2009年）

计量单位：人

指 标	单位从业人员	其中			离开本单位仍保留劳动关系的人员
		女性从业人员	在岗职工	其他从业人员	
全 市	1176580	443601	1100851	75729	117717
按注册登记类型分组					
国有经济	489466	175412	457419	32047	48167
城镇集体经济	52912	18929	49337	3575	13175
其他单位合计	634202	249260	594095	40107	56375
内资	391185	131248	366059	25126	50669
港澳台商投资	79719	36927	75395	4324	3532
外商投资	163298	81085	152641	10657	2174
按国民经济行业分组					
农、林、牧、渔业	4207	1762	3947	260	568
采矿业	7008	2151	6969	39	1256
制造业	436953	171505	416028	20925	61448
电力、燃气及水的生产和供应业	15633	4240	14865	768	573
建筑业	91970	12254	82962	9008	11082
交通运输、仓储及邮政业	87859	24408	79375	8484	11103
信息传输、计算机服务和软件业	12577	4320	11824	753	166
批发和零售业	81392	43610	78069	3323	11892
住宿和餐饮业	38477	20569	31790	6687	2388
金融业	26175	12838	24750	1425	625
房地产业	18879	6970	17731	1148	4683
租赁和商务服务业	38703	9701	36700	2003	6076
科学研究、技术服务和地质勘查业	38379	11719	35821	2558	1564
水利、环境和公共设施管理业	17654	7342	13924	3730	726
居民服务和其他服务业	2615	776	2558	57	988
教育	115222	54736	109962	5260	412
卫生、社会保障和社会福利业	45560	28055	41891	3669	545
文化、体育和娱乐业	16565	6417	16059	506	508
公共管理和社会组织	80752	20228	75626	5126	1114

表 3—7 全市城镇单位分行业职工人数及构成（2009 年）

计量单位：人

指　　标	全　　市	国有单位	城镇集体单位	其他类型单位
总　计	1218568	505586	62512	650470
按企业、事业、机关分组				
企业	928451	225138	55044	648269
事业	220762	211701	7039	2022
机关	64903	64474	429	
其他	4452	4273		179
按国民经济行业分组				
农、林、牧、渔业	4515	4141	176	198
农业	873	825		48
林业	2140	2077		63
牧业	199	44	68	87
渔业	370	370		
农、林、牧、渔服务业	933	825	108	
采矿业	8225	4459	178	3588
制造业	477476	63258	23500	390718
电力、燃气及水的生产和供应业	15438	10097	107	5234
电力、热力的生产和供应业	8470	5729		2741
燃气生产和供应业	2127	205	24	1898
水的生产和供应业	4841	4163	83	595
建筑业	94044	18492	14869	60683
房屋和土木工程建筑业	68292	7579	14453	46260
建筑安装业	18286	10240	36	8010
建筑装饰业	3581	189	347	3045
其他建筑业	3885	484	33	3368

注：在岗职工＋离开本单位仍保留劳动关系的人员＝城镇单位职工人数。

表 3—7　续表 1

指　　标	全　　市	国有单位	城镇集体单位	其他类型单位
交通运输、仓储及邮政业	90478	65623	3716	21139
铁路运输业	28910	26556	2343	11
道路运输业	13353	5299	964	7090
城市公共交通业	16005	11708		4297
水上运输业	15813	10241	203	5369
航空运输业	5873	5826		47
管道运输业	145			145
装卸搬运和其他运输服务业	3841	957	206	2678
仓储业	2271	863		1408
邮政业	4267	4173		94
信息传输、计算机服务和软件业	11990	2269	32	9689
电信和其他信息传输服务业	5032	2058	32	2942
计算机服务业	1638	200		1438
软件业	5320	11		5309
批发和零售业	89961	13386	3586	72989
批发业	40542	8281	1140	31121
零售业	49419	5105	2446	41868
住宿和餐饮业	34178	8541	703	24934
住宿业	19810	7095	569	12146
餐饮业	14368	1446	134	12788
金融业	25375	9538	1881	13956
银行业	20274	7673	1860	10741
证券业	711	489		222
保险业	4223	1322		2901
其他金融活动	167	54	21	92

表 3—7　续表 2

指　　标	全　　市	国有单位	城镇集体单位	其他类型单位
房地产业	22414	6522	1404	14488
# 房地产开发经营	9865	1659	100	8106
物业管理	6898	2397	553	3948
房地产中介服务	150	82		68
租赁和商务服务业	42776	22423	4784	15569
租赁业	603	342	45	216
商务服务业	42173	22081	4739	15353
科学研究、技术服务和地质勘查业	37385	30121	236	7028
研究与试验发展	18312	17345		967
自然科学研究与试验发展	6955	6759		196
工程和技术研究与试验发展	8747	8152		595
农业科学研究与试验发展	1621	1621		
医学研究与试验发展	700	524		176
社会人文科学研究与试验发展	289	289		
专业技术服务业	13879	7727	214	5938
# 气象服务	400	400		
地震服务	243	243		
海洋服务	3	3		
测绘服务	1845	750	21	1074
技术检测	1896	1414	52	430
环境监测	370	370		
工程技术与规划管理	8042	3767	141	4134
科技交流和推广服务业	1311	1166	22	123
地质勘查业	3883	3883		
水利、环境和公共设施管理业	14650	11896	990	1764
水利管理业	1817	1708	82	27

表3—7 续表3

指标	全市	国有单位	城镇集体单位	其他类型单位
环境管理业	5938	4865	645	428
公共设施管理业	6895	5323	263	1309
居民服务和其他服务业	3546	765	259	2522
居民服务业	1921	403	114	1404
其他服务业	1625	362	145	1118
教育	110374	107199	889	2286
#初等教育	20026	20016	10	
中等教育	30274	29279	16	979
高等教育	53636	53146		490
卫生、社会保障和社会福利业	42436	35627	4959	1850
卫生	38004	31438	4724	1842
社会保障业	2762	2537	217	8
社会福利业	1670	1652	18	
文化、体育和娱乐业	16567	14616	116	1835
新闻出版业	3642	2329		1313
广播、电视、电影和音像业	7532	7505		27
文化艺术业	2946	2844	66	36
体育	1733	1731	2	
娱乐业	714	207	48	459
公共管理和社会组织	76740	76613	127	
中国共产党机关	2886	2886		
国家机构	71619	71495	124	
人民政协和民主党派	687	687		
群众团体、社会团体和宗教组织	1548	1545	3	

表 3—8 主要年份户籍人口数及自然变动情况

年份	年末户籍总人口（万人）	按农业、非农业分		按性别分		出生率（‰）	死亡率（‰）	自然增长率（‰）
		非农业人口	农业人口	男	女			
1949	256.70	102.02	154.68	136.68	120.02	30.45	17.36	13.09
1950	256.70	101.05	155.65	135.53	121.17	31.20	15.56	15.64
1952	256.18	96.99	159.19	133.82	122.36	34.40	14.57	19.83
1955	280.34	115.25	165.09	147.57	132.77	32.78	12.84	19.94
1957	304.85	133.83	171.02	160.03	144.82	42.75	9.60	33.15
1960	322.59	159.53	163.06	171.34	151.25	20.68	20.45	0.23
1962	322.55	149.10	173.45	166.56	155.99	36.87	8.27	28.60
1965	345.29	153.25	192.04	178.28	167.01	32.07	6.49	25.58
1970	360.53	132.47	228.06	185.69	174.84	26.04	5.28	20.76
1975	392.99	145.62	247.37	203.54	189.45	15.23	5.70	9.53
1978	412.38	156.37	256.01	213.65	198.73	14.50	5.66	8.84
1980	435.87	183.33	252.54	225.11	210.76	13.91	5.83	8.08
1985	465.77	226.70	239.07	241.64	224.13	10.16	5.60	4.56
1990	501.82	236.22	265.60	260.08	241.74	14.77	5.59	9.18
1995	521.72	259.04	262.68	270.77	250.95	8.56	5.94	2.62
1997	529.82	270.11	259.71	274.28	255.54	8.01	5.85	2.16
1998	532.31	276.23	256.08	275.41	256.90	7.12	6.12	1.00
1999	537.44	287.03	250.41	278.14	259.30	7.54	5.53	2.01
2000	544.89	309.52	235.37	281.66	263.23	10.17	7.69	2.48
2004	583.60	418.39	165.21	299.74	283.86	7.73	5.44	2.29
2005	595.80	—	—	305.25	290.55	7.69	5.35	2.34
2006	607.23	—	—	310.40	296.83	7.33	5.15	2.18
2007	617.17	—	—	314.70	302.47	8.40	5.56	2.84
2008	624.46	—	—	317.38	307.08	8.11	5.60	2.51
2009	629.77	—	—	319.16	310.61	9.27	6.70	2.57

注：从 2002 年开始出生率、死亡率、自然增长率采用市公安局的数据。

主要统计指标解释

人口数 指一定时点、一定地区范围内的有生命的个人的总和。

年度统计的年末人口数指每年 12 月 31 日 24 时的人口数。年度统计的全国人口总数内未包括台湾省和港澳同胞以及海外华侨人数。

城镇人口和乡村人口 其定义有三种口径：

第一种口径 （按行政建制）城镇人口是指市辖区内和县辖镇的全部人口；乡村人口是指县辖乡人口。

第二种口径 （按常住人口划分）城镇人口是指设区的市的区人口和不设区的市所辖的街道人口以及不设区的市所辖镇的居民委员会人口和县辖镇的居民委员会人口，乡村人口是除上述两种人口以外的全部人口。

第三种口径 城乡人口的划分是按照国家统计局 1999 年发布的《关于统计上划分城乡的规定（试行）》计算的。

1952—1989 年数据为第一种口径的数据，1990—1999 年的数据为第二种口径的数据，2000 年人口普查和 2000 年以后数据是按照国家统计局 1999 年发布的《关于统计上划分城乡的规定（试行）》计算的。

出生率 （又称粗出生率）指在一定时期内（通常为一年）一定地区的出生人数与同期内平均人数（或期中人数）之比。一般用千分率表示。

本资料中的出生率指年出生率，其计算公式为：出生率＝年出生人数/年平均人数×1000

公式中：出生人数指活产婴儿，即胎儿脱离母体时（不管怀孕月数），有过呼吸或其他生命现象。年平均人数指年初、年底人口数的平均数，也可用年中人口数代替。

死亡率 （又称粗死亡率）指在一定时期内（通常为一年）一定地区的死亡人数与同期内平均人数（或期中人数）之比，一般用千分率表示。

本资料中的死亡率指年死亡率，其计算公式为：死亡率＝年死亡人数/年平均人数×1000

人口自然增长率 指在一定时期内（通常为一年）人口自然增加数（出生人数减死亡人数）与该时期内平均人数（或期中人数）之比，一般用千分率表示。

计算公式为：人口自然增长率＝（本年出生人数-本年死亡人数）/年平均人数×1000

常住人口 是指具有中华人民共和国国籍并在中华人民共和国境内常住的人。时间标准为半年，空间标准为乡镇街道。即只要一个人在某乡镇街道居住半年以上，即为该地的常住人口。

从业人员 指从事一定社会劳动并取得劳动报酬或经营收入的全部劳动力。包括：（1）全部城镇单位从业人员；（2）城镇私营企业从业人员；（3）个体劳动者；（4）社会劳动者；（5）其他社会劳动者。这一指标反映了一定时期内全部劳动力资源的实际利用情况，是研究我国基本国情国力的重要指标。

城镇单位从业人员　指在各级国家机关、政党机关、社会团体及企业、事业单位中工作，取得工资或其他形式的劳动报酬的全部人员（在岗职工＋其他从业人员），不包括村办、乡办、私营、个体从业人员和离开本单位仍保留劳动关系的职工。其中：（1）在岗职工是指在城镇单位工作并由单位支付工资的人员。（2）其他从业人员包括：再就业的离退休人员、民办教师以及在各单位中工作的外方人员和港澳台方人员、兼职人员、借用的外单位人员和第二职业者等，反映了各城镇单位实际参加生产或工作的全部劳动力。

城镇单位职工　指在城镇及镇以上的国有经济、集体经济、联营经济、股份制经济、外商和港、澳、台商投资经济、其他经济（不含个体、私营和乡办、村办企业）等各种经济类型单位及其附属机构工作，并由其支付工资的各类人员，包括在岗职工和不在岗职工。

离岗职工　指由于各种原因，已经离开本人的生产或工作岗位，但仍与用人单位保留劳动关系的职工。

（四）人民生活

CHAPTER 4
PEOPLE'S LIVELIHOOD

表 4—1 城市居民家庭生活基本情况

指 标	2009 年	2008 年	2009 年为上年%
调查户数(户)	800	800	100.0
平均每户家庭人口(人)	2.68	2.69	99.6
平均每户就业人员(人)	1.29	1.32	97.7
每一就业者负担人口(包括本人)(人)	2.08	2.04	102.0
平均每户就业面(%)	48.1	49.07	98.0
平均每人年总收入(元)	28278.32	25317.86	111.7
平均每人年消费性支出(元)	16339.1	15132.73	108.0
人均住房建筑面积(平方米)	27.04	26.91	100.5

表 4—2 城市居民家庭全年人均收入

计量单位:元

指 标	2009 年	2008 年	2009 年为上年%	比重%	
				2009 年	2008 年
一、家庭总收入	28278.32	25317.86	111.7	100.0	100
# 可支配收入	25504.12	23122.69	110.3	90.2	91.3
(一) 工薪收入	17991.33	16601.45	108.4	63.6	65.6
1. 工资及补贴收入	17762.88	16414.26	108.2	62.8	64.8
2. 其他劳动收入	228.45	187.19	122.0	0.8	0.7
(二) 经营净收入	1060.38	887.53	119.5	3.7	3.5
(三) 财产性收入	229.94	193.13	119.1	0.8	0.8
(四) 转移性收入	8996.68	7635.75	117.8	31.8	30.2
# 赡养、赠送收入	463.89	436.07	106.4	1.6	1.7
二、出售财物收入	142.03	12.9	1101.0	—	—
三、借贷收入	5143.56	4000.84	128.6	—	—
# 提取储蓄存款	4861.39	3866.11	125.7	—	—

表 4—3　城市居民家庭按人均收支水平分组情况（2009 年）

指　　标	全市调查户合计	按收入水平分组						
		最低收入户（占 10%）	低收入户（占 10%）	中等偏下户（占 20%）	中等收入户（占 20%）	中等偏上户（占 20%）	高收入户（占 10%）	最高收入户（占 10%）
调查户数(户)	800	80	80	160	160	160	80	80
平均每户家庭人口(人)	2.68	2.99	3.08	2.74	2.63	2.57	2.57	2.23
平均每户就业人口(人)	1.29	1.41	1.53	1.28	1.11	1.31	1.47	1.23
每一就业者负担人口(包括本人)(人)	2.08	2.12	2.01	2.14	2.37	1.96	1.75	1.81
一、家庭总收入(元)	28278.32	9892.02	14076.02	18756.6	24150.7	33957.39	46524.98	73654.86
# 可支配收入	25504.12	7763	11928.5	16823.77	22161.59	30791.36	42397.15	67535.9
（一）工薪收入	17991.33	7274.03	9398.27	10808.41	12533.12	21540.62	35021.38	48455.78
1. 工资及补贴收入	17762.88	7034.3	9246.58	10695.52	12329.39	21247.7	34582.35	48175.36
2. 其他劳动收入	228.45	239.72	151.69	112.89	203.73	292.91	439.04	280.42
（二）经营净收入	1060.38	307.85	437.25	904.41	1268.23	2002.38	324.98	1479.83
（三）财产性收入	229.94	11.11	22.87	92.99	180.26	427.67	408.72	617.76
（四）转移性收入	8996.68	2299.04	4217.63	6950.79	10169.09	9986.71	10769.89	23101.49
二、出售财物收入(元)	142.03	85.29	0.90	1.00	1.13	674.3	1.39	8.86
三、借贷收入(元)	5143.56	849.45	1466.98	3351.46	2419.16	4882.64	12422.68	19727.26
四、家庭总支出(元)	23222.18	9072.24	12327.61	16724.81	19259.52	25308.29	39438.45	60833.18
# 消费支出	16339.1	6741.77	8912.32	12539.39	14670.95	18795.19	24623.98	38519.11
1. 食品	5997.23	3115.15	4017.7	5211.82	6123.73	6498.88	7630.94	11421.53
2. 衣着	1363.54	358.34	724.31	966.57	1174.61	1620.00	2332.35	3399.85
3. 居住	1070.92	497.86	592.65	856.87	962.35	1463.63	1194.2	2274.92
4. 家庭设备用品及服务	1207.44	315.47	553.39	853.82	914.07	1427.34	2021.48	3522.3
5. 医疗保健	1372.92	669.15	463.21	1076.18	1682.97	1187.63	2144.43	3218.99
6. 交通和通讯	2158.34	509.4	789.2	1258.86	1401.77	2648.00	4355.89	6812.54
7. 教育文化娱乐服务	2589.57	1156.49	1575.28	1807.88	1957.75	3314.33	3979.12	6202.83
8. 其它商品和服务	579.14	119.91	196.58	507.39	453.71	635.38	965.56	1666.17

表 4—4 城市居民家庭全年人均消费支出

计量单位:元

指　　标	2009 年	2008 年	2009 年为上年%	各项费用占消费支出比重(%)	
				2009 年	2008 年
消费支出合计	16339.10	15132.73	108.0	100.0	100
一、食品	5997.23	5533.51	108.4	36.7	36.6
二、衣着	1363.54	1228.41	111.0	8.3	8.1
三、居住	1070.92	1184.10	90.4	6.6	7.8
# 房租	31.61	23.10	136.8	0.2	0.2
水费	105.38	93.05	113.3	0.6	0.6
电费	394.08	378.75	104.0	2.4	2.5
四、家庭设备用品及服务	1207.44	1145.58	105.4	7.4	7.6
五、医疗保健	1372.92	1146.76	119.7	8.4	7.6
六、交通和通讯	2158.34	1766.83	122.2	13.2	11.7
七、教育文化娱乐服务	2589.57	2556.54	101.3	15.8	16.9
八、其它商品和服务	579.14	571	101.4	3.5	3.8

表4—5 城市居民家庭平均每百户年末耐用消费品拥有量

指 标	2009年	2008年	2009年为上年%
摩托车(辆)	4.38	3.75	116.8
家用汽车(辆)	13.5	12.50	108.0
洗衣机(台)	101	100.38	100.6
电冰箱(台)	101.38	100.63	100.7
彩色电视机(台)	161.75	159.50	101.4
家用电脑(台)	88.88	84.75	104.9
组合音响(套)	32	31.38	102.0
摄像机(架)	14	13.38	104.6
照相机(架)	71.88	70.63	101.8
中高档乐器(件)	7.88	8.00	98.5
微波炉(台)	97	96.5	100.5
空调器(台)	200.63	197.5	101.6
淋浴热水器(台)	102.38	101.75	100.6
消毒碗柜(台)	19.25	18.50	104.1
洗碗机(台)	1.63	1.63	100.0
健身器材(套)	5.75	5.5	104.5
普通电话(部)	95.5	95.88	99.6
移动电话(部)	186.63	183.5	101.7

表 4—6　农民家庭基本情况

指　　标	2009 年	2008 年
平均每户常住人口(人)	3.56	3.56
平均每户整半劳动力(人)	2.64	2.64
平均每人年总收入(元)	11611	10917
平均每人年总支出(元)	10091	9664
平均每人年纯收入(元)	9858	8951
平均每人年生活消费支出(元)	7588	7033
平均每人年末住房面积(平方米)	48.85	47.07
#钢筋混凝土结构面积	33.99	29.41
砖木结构面积	14.64	17.54
平均每户年末生产性固定资产(元)	7458	6972
附:平均每户年内出售和自宰肥猪(公斤)	24.96	28.37
平均每户出售粮食(原粮)(公斤)	867.28	759.00
平均每户出售油料(公斤)	64.76	60.47
平均每户出售蔬菜(公斤)	261.29	330.65
平均每户出售水产品(公斤)	54.97	63.85
平均每户经营耕地面积(公顷)	0.22	0.22
平均每户经营山地面积(公顷)	0.01	0.01
平均每户经营水面面积(公顷)	0.06	0.06

表 4—7　农民人均纯收入构成

计量单位：元

指　　标	2009 年	2008 年
全年纯收入	9858	8951
一、工资性收入	6141	5487
1. 在非企业组织中劳动得到的收入	764	677
2. 在本地企业中劳动得到的收入	3942	3482
3. 常住人口外出从业得到的收入	1435	1328
二、家庭经营收入	3061	2905
1. 农业收入	1040	1014
2. 林业收入	20	15
3. 牧业收入	164	235
4. 渔业收入	332	246
5. 工业收入	124	150
6. 建筑业收入	233	197
7. 交通运输和邮电业收入	477	518
8. 批发、零售贸易、餐饮业收入	444	340
9. 社会服务业收入	157	130
10. 文教卫生业收入	62	42
11. 其他家庭经营收入	9	18
三、财产性收入	285	255
# 利息收入与集体分红	86	59
租金收入	58	52
转让承包土地经营权收入	88	73
四、转移性收入	371	304
# 家庭非常住人口寄回或带回的收入	15	14
农村外部亲友赠送	14	9
离退休、养老金	148	105

表 4—8　农民家庭人均全年支出构成

计量单位:元

指　　标	2009 年	2008 年
平均每人全年支出	10091	9664
一、生活消费支出	7588	7033
(一) 食品消费总支出	2810	2673
# 主食	329	324
副食	2180	2084
在外饮食	294	257
(二) 衣着消费总支出	534	506
# 服装	368	344
衣着材料	3	3
(三) 居住消费总支出	1054	927
# 住房	519	461
电费	159	141
燃料	84	100
(四) 家庭设备、用品及服务支出	468	429
# 耐用消费品	266	264
家庭日杂用品	192	154
(五) 医疗保健消费总支出	345	307
# 医疗卫生保健用品	107	101
医疗保健服务费	238	206
(六) 交通和通讯消费总支出	844	787
# 交通工具	278	195
通讯工具	87	127
交通费	79	91
交通、通讯修理费	23	21

表4—8　续表

指　　标	2009年	2008年
（七）文教娱乐用品及服务总支出	1387	1271
＃ 文化教育娱乐用品	356	328
文娱用机电消费品	237	226
书报杂志	36	34
纸张文具	17	16
文化教育娱乐服务	1031	943
学杂费	297	314
技术培训费	47	37
文娱费	320	260
（八）其他商品和服务消费总支出	144	133
＃ 商品性支出	95	90
服务支出	49	43
二、家庭经营支出	1312	1584
三、税费支出	54	75
四、购置生产性固定资产	202	158
五、财产性支出	29	12
六、转移性支出	906	802
七、建造生产性固定资产雇工支出	0	0

表4—9　农民家庭人均主要消费品消费量

指　标	2009年	2008年
粮食(公斤)	177.1	185.3
蔬菜(公斤)	135.1	153.6
食用植物油(公斤)	8.5	9.2
豆制品(公斤)	4.6	4.4
猪牛羊肉(公斤)	19.9	16.9
家禽(公斤)	15.8	15.8
蛋类(公斤)	9.2	8.8
鱼虾(公斤)	10.8	12.1
食糖(公斤)	1.3	1.0
酒类(公斤)	13.4	13.4
# 白酒	5.9	5.8
啤酒	7.3	7.5
水果(公斤)	12.9	12.8
卷烟(盒)	38.5	40.0
煤炭及煤制品(公斤)	7.4	15.0
化肥(公斤)	106.4	121.8

表4—10 每百户农民家庭年末主要耐用消费品拥有量

指　　标	2009年	2008年
自行车(辆)	168	157
# 电动自行车	56	40
摩托车(辆)	71	73
电视机(台)	155	152
# 彩色	145	139
微波炉(台)	51	45
照相机(架)	13	14
热水器(台)	83	78
固定电话(部)	84	86
移动电话(部)	191	179
洗衣机(台)	85	82
电冰箱(台)	91	87
影碟机(台)	49	50
抽油烟机(台)	42	37
家用电脑(台)	38	32
空调机(台)	84	73

表 4—11 全市城镇单位职工工资总额及离岗职工生活费（2009 年）

指 标	职工工资总额（千元）	在岗职工工资总额	离岗职工生活费	职工年平均人数（人）	职工年人均工资（元）
全 市	48945461	47688886	1256575	1219540	40134
按企业、事业、机关分组					
企业	32313395	31141259	1172136	930660	34721
事业	11201889	11125849	76040	219835	50956
机关	5091386	5084406	6980	64605	78808
其他	338791	337372	1419	4440	76304
按国民经济行业分组					
农、林、牧、渔业	90753	87096	3657	4521	20074
采矿业	310782	295281	15501	8556	36323
制造业	14455500	13860514	594986	481537	30020
电力、燃气及水的生产和供应业	932424	918982	13442	15718	59322
建筑业	2806215	2684789	121426	93454	30028
交通运输、仓储及邮政业	3896510	3730562	165948	89999	43295
信息传输、计算机服务和软件业	589725	586727	2998	10692	55156
批发和零售业	3104820	2988061	116759	90076	34469
住宿和餐饮业	804894	788561	16333	34682	23208
金融业	2559235	2538806	20429	24793	103224
房地产业	839340	805797	33543	22804	36807
租赁和商务服务业	1087972	1040210	47762	42568	25558
科学研究、技术服务和地质勘查业	2293174	2268586	24588	36933	62090
水利、环境和公共卫生设施管理业	525301	510279	15022	14703	35727
居民服务和其他服务业	91468	86587	4881	3451	26505
教育	5711435	5701949	9486	110092	51879
卫生、社会保障和社会福利业	2033461	2021678	11783	42001	48415
文化、体育和娱乐业	1069548	1055684	13864	16629	64318
公共管理和社会组织	5742904	5718737	24167	76331	75237

表4—12 全市城镇单位国有单位职工工资总额及离岗职工生活费（2009年）

指　标	职工工资总额（千元）	在岗职工工资总额	离岗职工生活费	职工年平均人数（人）	职工年人均工资（元）
全　市	25713687	25153520	560167	509325	50486
按企业、事业、机关分组					
企业	9411282	8932289	478993	230032	40913
事业	10890641	10817866	72775	210834	51655
机关	5076759	5069779	6980	64189	79091
其他	335005	333586	1419	4270	78456
按国民经济行业分组					
农、林、牧、渔业	81126	78184	2942	4149	19553
采矿业	205761	196122	9639	4708	43705
制造业	1973053	1776688	196365	65334	30199
电力、燃气及水的生产和供应业	629843	625469	4374	10329	60978
建筑业	814080	776135	37945	21309	38204
交通运输、仓储及邮政业	3082072	2969456	112616	64846	47529
信息传输、计算机服务和软件业	87964	87470	494	1384	63558
批发和零售业	636432	603733	32699	13837	45995
住宿和餐饮业	186724	182119	4605	8791	21240
金融业	820095	805379	14716	9515	86190
房地产业	258164	247569	10595	6646	38845
租赁和商务服务业	533388	491993	41395	22720	23477
科学研究、技术服务和地质勘查业	1855318	1832031	23287	29982	61881
水利、环境和公共卫生设施管理业	440157	428106	12051	12018	36625
居民服务和其他服务业	38212	38142	70	721	52999
教育	5594902	5585609	9293	106920	52328
卫生、社会保障和社会福利业	1790310	1781190	9120	35246	50795
文化、体育和娱乐业	949685	935891	13794	14666	64754
公共管理和社会组织	5736401	5712234	24167	76204	75277

表 4—13 全市城镇单位集体单位职工工资总额及离岗职工生活费（2009 年）

指　　标	职工工资总额（千元）	在岗职工工资总额	离岗职工生活费	职工年平均人数（人）	职工年人均工资（元）
全　　市	1420144	1326138	94006	61148	23225
按企业、事业、机关分组					
企业	1185766	1094916	90850	53776	22050
事业	219751	216595	3156	6956	31592
机关	14627	14627		416	35161
按国民经济行业分组					
农、林、牧、渔业	6229	5967	262	175	35594
采矿业	1765	1615	150	183	9645
制造业	338937	283825	55112	24021	14110
电力、燃气及水的生产和供应业	2237	2219	18	99	22596
建筑业	337213	334536	2677	12767	26413
交通运输、仓储及邮政业	92037	78432	13605	3748	24556
信息传输、计算机服务和软件业	1317	805	512	33	39909
批发和零售业	65582	56910	8672	3687	17787
住宿和餐饮业	20614	19984	630	893	23084
金融业	129254	126312	2942	1848	69943
房地产业	45300	41182	4118	1471	30795
租赁和商务服务业	144212	141571	2641	4740	30424
科学研究、技术服务和地质勘查业	7719	7719		237	32570
水利、环境和公共卫生设施管理业	19693	18621	1072	960	20514
居民服务和其他服务业	7008	6987	21	259	27058
教育	21603	21519	84	878	24605
卫生、社会保障和社会福利业	169160	167708	1452	4900	34522
文化、体育和娱乐业	3761	3723	38	122	30828
公共管理和社会组织	6503	6503		127	51205

表4—14 全市城镇单位其他各种类型单位职工工资总额及离岗职工生活费（2009年）

指 标	职工工资总额（千元）	在岗职工工资总额	离岗职工生活费	职工年平均人数（人）	职工年人均工资（元）
全 市	21811630	21209228	602402	649067	33605
按企业、事业、机关分组					
企业	21716347	21114054	602293	646852	33572
事业	91497	91388	109	2045	44172
机关					
其他	3786	3786		170	22271
按国民经济行业分组					
农、林、牧、渔业	3398	2945	453	197	17249
采矿业	103256	97544	5712	3665	28174
制造业	12143510	11800001	343509	392182	30964
电力、燃气及水的生产和供应业	300344	291294	9050	5290	56776
建筑业	1654922	1574118	80804	59378	27871
交通运输、仓储及邮政业	722401	682674	39727	21405	33749
信息传输、计算机服务和软件业	500444	498452	1992	9275	53956
批发和零售业	2402806	2327418	75388	72552	33118
住宿和餐饮业	597556	586458	11098	24998	23904
金融业	1609886	1607115	2771	13430	119872
房地产业	535876	517046	18830	14687	36486
租赁和商务服务业	410372	406646	3726	15108	27163
科学研究、技术服务和地质勘查业	430137	428836	1301	6714	6466
水利、环境和公共卫生设施管理业	65451	63552	1899	1725	37943
居民服务和其他服务业	46248	41458	4790	2471	18716
教育	94930	94821	109	2294	41382
卫生、社会保障和社会福利业	73991	72780	1211	1855	39887
文化、体育和娱乐业	116102	116070	32	1841	63065
公共管理和社会组织					

表 4—15　全市城镇单位在岗职工工资总额及平均工资（2009 年）

指　　标	在岗职工 工资总额(千元)	在岗职工 年平均人数(人)	在岗职工 年人均工资(元)
全　　市	47688886	1093238	43622
按登记注册类型分组			
国有单位	25153520	458347	54879
城镇集体单位	1326138	47454	27946
其他单位	21209228	587437	36105
内资经济	14484791	362085	40004
港澳台商投资单位	1793587	74303	24139
外商投资单位	4930850	151049	32644
按企业、事业、机关分组			
企业	31141259	808653	38510
事业	11125849	215940	51523
机关	5084406	64306	79066
其他	337372	4339	77753
按国民经济行业分组			
农、林、牧、渔业	87096	3976	21905
采矿业	295281	7116	41495
制造业	13860514	415000	33399
电力、燃气及水的生产和供应业	918982	15108	60828
建筑业	2684789	81652	32881
交通运输、仓储及邮政业	3730562	78397	47586
信息传输、计算机服务和软件业	586727	10514	55804
批发和零售业	2988061	77399	38606
住宿和餐饮业	788561	32202	24488
金融业	2538806	24030	105652
房地产业	805797	17880	45067
租赁和商务服务业	1040210	35914	28964
科学研究、技术服务和地质勘查业	2268586	35315	64239
水利、环境和公共卫生设施管理业	510279	13949	36582
居民服务和其他服务业	86587	2412	35898
教育	5701949	109603	52024
卫生、社会保障和社会福利业	2021678	41410	48821
文化、体育和娱乐业	1055684	16092	65603
公共管理和社会组织	5718737	75269	75977

表 4—16 城镇单位主要年份全市职工工资总额及人均工资

年份	工资总额（万元）	# 国有经济单位	# 城镇集体经济单位	人均工资（元）	# 国有经济单位	# 城镇集体经济单位
1955	10448	10448	—	571	571	—
1960	23800	23800	—	548	548	—
1965	23054	23054	—	646	646	—
1970	23164	23164	—	582	582	—
1975	40954	30648	10306	546	587	452
1978	54649	41693	12956	560	615	441
1980	80362	58272	22090	730	785	616
1985	156556	104749	40143	1131	1193	996
1990	334781	253640	74359	2349	2514	1917
1995	1043754	800055	162415	7016	7589	5024
1997	1280823	1004362	166228	8847	9516	6004
1998	1343146	1016523	164861	9449	10059	6134
1999	1440432	941202	144030	10295	10779	6324
2000	1576409	1027036	134553	11897	12512	6815
2004	2357499	1379585	86435	22180	23315	10922
2005	2716059	1482115	87548	25215	27922	12783
2006	3123258	1670430	89867	28439	32553	14018
2007	3439839	1838467	99769	31905	36721	16620
2008	4076177	2209308	120106	36092	44880	20134
2009	4894546	2571369	142014	40134	50486	23225

表4—17 主要年份人民生活主要指标

年份	城市居民人均可支配收入（元）	农村居民人均纯收入（元）	居民储蓄存款（万元）
1949	—	—	—
1952	—	—	1280
1957	—	—	4298
1962	—	—	4412
1965	—	—	7341
1970	—	—	8515
1975	—	—	14506
1978	—	—	21141
1979	—	—	28982
1980	487	—	37998
1985	823	530	137193
1990	1591	970	554614
1995	4996	2471	2681784
1997	6497	3533	4397445
1998	7018	3724	5052485
1999	7694	3862	5680472
2000	8233	4062	5966974
2005	14997	6225	16774919
2006	17538	7045	19131200
2007	20317	8020	20103100
2008	23123	8951	25658300
2009	25504	9858	31250000

注:从2002年起城乡储蓄存款余额包括外币。

主要统计指标解释

城市居民家庭总收入 指城镇调查户中生活在一起的所有家庭成员在调查期得到的工薪收入、经营净收入、财产性收入、转移性收入的总和，不包括借贷收入。收入的统计标准以实际发生的数额为准，无论收入是补发还是预发，只要是调查期得到的都应如实计算，不作分摊。

城市居民家庭可支配收入 指调查户可用于最终消费支出和其他非义务性支出以及储蓄的总和，即居民家庭可以用来自由支配的收入。它是家庭总收入扣除交纳的个人所得税、个人交纳的社会保障费以及调查户的记帐补贴后的收入。

计算公式为：可支配收入＝家庭总收入-交纳个人所得税-个人交纳社会保障支出-记帐补贴

城市居民家庭消费性支出 指调查户购买商品和用于服务的全部支出，分八大类：食品；衣着；家庭设备、用品及服务；医疗保健；交通和通讯；娱乐、教育、文化服务；居住；杂项商品和服务。购买商品支出是指从商店、集市、饮食业、工作单位以及直接从工厂和农村购买各种商品的支出，包括自用的和赠送亲友的在内；服务支出是指调查户用于社会提供的各种文化和生活服务方面的支出，包括各种修理费、加工费、洗理美容费、保姆费、劳务费等。

农村居民家庭纯收入 指农村常住居民家庭总收入中，扣除从事生产和非生产经营费用支出、缴纳税款和上交承包集体任务金额以后剩余的，可直接用于进行生产性、非生产性建设投资、生活消费和积蓄的那一部分收入。农村居民家庭纯收入包括从事生产性和非生产性的经营收入，在外人口寄回带回和国家财政救济、各种补贴等非经营性收入；既包括货币收入，又包括自产自用的实物收入。但不包括向银行、信用社和向亲友借款等属于借贷性的收入。

农村居民家庭生活消费支出 指农村常住居民家庭用于日常生活的全部开支，是反映和研究农民家庭实际生活消费水平高低的重要指标。

城乡居民储蓄存款余额 指某一时点城乡居民存入银行及农村信用社的储蓄金额，包括城镇居民储蓄存款和农民个人储蓄存款，不包括居民的手存现金和工矿企业、部队、机关、团体等单位存款。

职工工资总额 指各单位在一定时期内直接支付给本单位全部职工的劳动报酬总额。工资总额包括计时工资、计件工资、奖金、计件超额工资、各种津贴和补贴、加班加点工资、特殊情况下支付的工资（其他工资）等。

工资总额的计算原则应以直接支付给职工的全部劳动报酬为依据。各单位支付给职工的劳动报酬以及其他根据有关规定支付的工资，不论是计入成本的还是不计入成本的，不论是按国家规定列入计征奖金税项目的，还是未列入计征奖金税项目的，不论是以货币形式支付的还是以实物形式支付的，均包括在工资总额内。即凡是单位以各种名义发放的现金和实物，只要属于劳动报酬性质并且现行统计制度未明确规定不统计为工资的都应作为工资统计。

职工平均工资 指城镇企业、事业、机关单位的职工在一定时期内平均每人所得的工资额。它表明一定时期职工工资收入高低程度，是反映职工工资水平的主要指标。

计算公式为：职工平均工资＝报告期实际支付的全部职工工资总额÷报告期全部职工平均人数

（五）价格指数

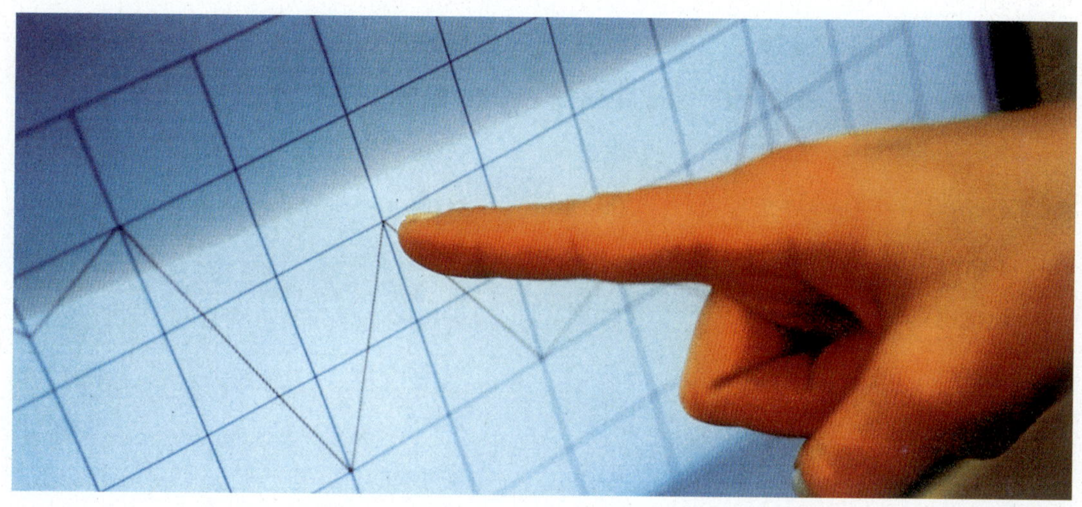

CHAPTER 5
PRICE INDICES

表 5—1　工业品出厂价格指数

指　　标	2009 年（以上年价格为 100）	2008 年（以上年价格为 100）
全部工业品	90.8	105.5
# 轻工业	94.1	99.1
重工业	88.7	109.9
# 生产资料	89.1	106.1
生活资料	100.1	102.3
按工业行业大类分		
黑色金属矿采选业	100.3	103.6
有色金属矿采选业	86.8	72.4
非金属矿采选业	98.7	104.1
农副食品加工业	99.9	116.8
食品制造业	101.6	110.9
饮料制造业	98.3	100.5
烟草制品业	105.2	100.1
纺织业	98.5	100.5
纺织服装、鞋、帽制造业	100.5	100.4
皮革、毛皮、羽毛(绒)及其制品业	100.6	107.8
木材加工及木、竹、藤、棕、草制品业	99.3	105.6
家具制造业	100.0	103.7
造纸及纸制品业	98.5	105.3
印刷业和记录媒介的复制	99.0	101.3
文教体育用品制造业	99.4	101.8
石油加工、炼焦及核燃料加工业	88.9	120.6

表 5—1　续表

指　　标	2009 年 （以上年价格为 100）	2008 年 （以上年价格为 100）
化学原料及化学制品制造业	84.9	101.9
医药制造业	101.8	103.8
化学纤维制造业	91.5	96.4
橡胶制品业	100.8	103.7
塑料制品业	88.5	100.8
非金属矿物制品业	99.8	107.1
黑色金属冶炼及压延加工业	81.4	131.9
有色金属冶炼及压延加工业	89.8	100.3
金属制品业	98.4	112.6
通用设备制造业	102.0	99.5
专用设备制造业	99.1	102.9
交通运输设备制造业	100.1	100.9
电气机械及器材制造业	96.8	102.4
通信设备、计算机及其他电子设备制造业	88.6	92.5
仪器仪表及文化、办公用机械制造业	101.2	103.0
工艺品及其他制造业	99.9	108.9
废弃资源和废旧材料回收加工业	88.6	97.5
电力、热力的生产和供应业	107.0	103.8
燃气生产和供应业	90.9	103.4
水的生产和供应业	108.3	103.7

表5—2 城市居民消费价格指数

指标	2009年（以上年价格为100）	2008年（以上年价格为100）
城市居民消费价格指数	100.1	106.2
一、食品类	102.1	115.1
# 粮食	104.5	110.4
干豆类及其制品	97.6	139.6
油脂	76.1	127.8
肉禽及其制品	92.6	126.4
蛋	95.0	104.7
水产品	102.6	112.0
菜	117.4	106.0
干鲜瓜果	108.8	115.0
液体乳及乳制品	99.2	121.4
在外用膳	104.4	109.6
二、烟酒及用品类	102.6	104.0
三、衣着类	100.5	108.5
四、家庭设备用品及维修服务类	106.6	108.7
五、医疗保健和个人用品类	100.5	103.1
六、交通和通讯类	96.9	96.2
七、娱乐教育文化用品及服务类	96.5	98.4
八、居住类	98.9	102.1

表 5—3 城市商品零售价格指数

指　　标	2009 年（以上年价格为 100）	2008 年（以上年价格为 100）
城市商品零售价格指数	98.7	103.7
一、食品类	102.4	115.5
# 粮食	104.4	110.3
干豆类及其制品	97.6	139.6
油脂	76.1	127.8
肉禽及其制品	93.9	126.8
蛋	95.1	104.7
水产品	102.4	111.8
菜	117.3	106.0
干鲜瓜果	108.8	115.0
液体乳及乳制品	99.4	121.4
在外用膳	104.3	109.8
二、饮料、烟酒类	101.9	104.2
三、服装、鞋帽类	102.4	108.7
四、纺织品类	104.6	109.4
五、家用电器及音像器材类	92.4	93.3
六、文化办公用品类	89.5	90.5
七、日用品类	106.2	108.5
八、体育娱乐用品类	76.3	83.8
九、交通、通信用品类	92.2	86.7
十、家具类	100.2	99.8
十一、化妆品类	101.9	100.8
十二、金银珠宝类	100.6	119.2
十三、中西药品及医疗保健用品类	100.5	102.9
十四、书报杂志及电子出版物类	108.9	111.5
十五、燃料类	87.0	111.3
十六、建筑材料及五金电料类	100.0	105.4

表 5—4 主要年份价格指数（以上年价格为 100）

年 份	城市居民消费价格指数	城市商品零售价格指数
1949	—	—
1952	99.4	99.3
1957	102.2	102.5
1962	—	100.4
1965	—	97.3
1970	—	—
1975	99.8	99.9
1978	—	107.4
1979	101.1	101.1
1980	104.9	105.0
1985	110.1	110.5
1990	105.3	104.4
1995	115.1	111.2
1997	99.7	97.6
1998	100.0	98.2
1999	98.6	97.1
2000	100.0	99.2
2005	102.1	96.7
2006	101.7	98.9
2007	103.7	99.9
2008	106.2	103.7
2009	100.1	98.7

注:本表 1978 年前数据为国营商业牌价。

主要统计指标解释

工业品价格指数 是通过调查收集部分代表企业的代表产品的价格变动资料加权计算的相对数，以反映工业品价格变动趋势和变动程度。

居民消费价格指数 是度量一组代表性消费品及服务项目价格水平随着时间而变动的相对数，反映居民家庭购买的消费品及服务价格水平的变动情况。它是宏观经济分析和决策、价格总水平监测和调控以及国民经济核算的重要指标。其按年度计算的变动率通常被用来作为反映通货膨胀（或紧缩）程度的指标。

商品零售价格指数 是反映城乡商品零售价格变动趋势的一种经济指数。零售物价的调整变动直接影响到城乡居民的生活支出和国家的财政收入，影响居民购买力和市场供需平衡，影响消费与积累的比例。因此，计算零售价格指数，可以从一个侧面对上述经济活动进行观察和分析。

城市居民消费价格指数 是反映城市居民家庭所购买的生活消费品价格和服务项目价格变动趋势和程度的相对数。城市居民消费价格指数可以观察和分析消费品的零售价格和服务项目价格变动对职工货币工资的影响，作为研究职工生活和确定工资政策的依据。

（六）农业

CHAPTER 6 AGRICULTURE

表6—1 农村组织情况和从业人员情况（2009年）

指 标	全 市	市 区	其 中				
			浦 口	栖 霞	雨花台	江 宁	六 合
一、农村基层组织情况(个)							
镇个数	32	16	4				12
村委会个数	573	348	62	35	10	77	133
村民小组个数	12552	9145	1216	506	213	4492	2603
二、农村人口、从业人员资源及主要行业分布							
乡村户数(万户)	65.11	43.65	7.69	2.47	1.26	16.22	15.01
乡村人口数(万人)	207.04	140.65	24.89	6.94	3.27	50.96	52.14
劳动年龄内人口数(万人)	121.62	82.79	14.46	4.67	2.31	30.88	29.19
# 劳动年龄内上学的人口数	5.90	4.18	0.76	0.27	0.13	1.5	1.41
超过劳动年龄而实际参加劳动的人数	10.71	6.69	0.79	0.46	0.15	2.32	2.91
乡村实有从业人员合计(万人)	121.01	81.18	13.02	4.44	2.17	30.70	29.64
男从业人员	63.98	42.61	6.72	2.31	1.18	16.10	15.68
女从业人员	57.03	38.57	6.30	2.13	0.99	14.60	13.96
农林牧渔业从业人员(万人)	30.40	19.91	2.61	1.67	0.20	7.11	7.92
# 种植业从业人员	23.56	16.76	2.01	1.55	0.12	5.81	6.88
工业从业人员(万人)	34.69	24.73	4.07	1.39	0.96	10.95	7.09
建筑业从业人员(万人)	24.26	13.89	1.74	0.34	0.21	5.34	6.25
交通运输业、仓储业和邮政业从业人员(万人)	7.25	4.88	0.95	0.18	0.22	1.90	1.55
信息传输、计算机服务和软件业从业人员(万人)	0.56	0.38	0.08	0.02	0.04	0.13	0.11
批发与零售业从业人员(万人)	6.90	4.72	0.88	0.15	0.21	1.65	1.66
住宿与餐饮业从业人员(万人)	3.55	2.56	0.52	0.06	0.13	0.76	0.97
金融、保险业从业人员(万人)	0.36	0.21	0.04	0.01	0.01	0.08	0.07
其他从业人员(万人)	8.92	6.91	1.80	0.53	0.08	1.86	2.58

表6—1 续表

指标	县	溧水	高淳
一、农村基层组织情况（个）			
镇个数	16	8	8
村委会个数	225	91	134
村民小组个数	3407	2006	1401
二、农村人口、从业人员资源及主要行业分布			
乡村户数（万户）	21.46	10.25	11.21
乡村人口数（万人）	66.39	30.90	35.49
劳动年龄内人口数（万人）	38.83	17.21	21.62
# 劳动年龄内上学的人口数	1.72	0.84	0.88
超过劳动年龄而实际参加劳动的人数（万人）	4.02	1.69	2.33
乡村实有从业人员合计（万人）	39.83	17.48	22.35
男从业人员	21.37	9.40	11.97
女从业人员	18.46	8.08	10.38
农林牧渔业从业人员（万人）	10.49	4.46	6.03
# 种植业从业人员	6.80	3.56	3.24
工业从业人员（万人）	9.96	4.83	5.13
建筑业从业人员（万人）	10.37	3.49	6.88
交通运输业、仓储业和邮政业从业人员（万人）	2.37	1.02	1.35
信息传输、计算机服务和软件业从业人员（万人）	0.18	0.12	0.06
批发与零售业从业人员（万人）	2.18	1.12	1.06
住宿与餐饮业从业人员（万人）	0.99	0.48	0.51
金融、保险业从业人员（万人）	0.15	0.09	0.06
其他从业人员（万人）	2.01	1.34	0.67

表 6—2 农、林、牧、渔业总产值（现价）（2009 年）

计量单位:万元

指　标	合　计	农　业	林　业	牧　业	渔　业	农林牧渔服务业
全　市	2236617	1228116	30453	387016	477113	113919
增长(%)	3.81	4.475	7.49	－0.12	4.74	5.17
市区	1590635	914485	24010	289165	275782	87193
＃ 浦口区	319246	171803	5560	74878	55249	11756
栖霞区	84065	67427	712	6826	6378	2722
雨花台区	10480	4884		3899	1569	128
江宁区	444648	257876	3486	71000	100420	11866
六合区	431220	266400	8870	82400	62300	11250
县	645982	313631	6443	97851	201331	26726
溧水县	291261	171857	2750	50571	45083	21000
高淳县	354721	141774	3693	47280	156248	5726

注:增长速度按可比价计算。

表 6—3 农、林、牧、渔业增加值（现价）（2009 年）

计量单位:万元

指　标	合　计	农　业	林　业	牧　业	渔　业	农林牧渔服务业
全　市	1291836	792749	17196	154226	264941	62724
市区	981014	630609	13897	119610	169224	47674
＃ 浦口区	162185	96750	3325	28520	27710	5880
栖霞区	44761	36890	346	2692	3472	1361
雨花台区	5057	2572		1635	785	65
江宁区	222612	133660	2080	25560	54530	6782
六合区	232827	158789	4435	32116	31787	5700
县	310822	162140	3299	34616	95717	15050
溧水县	146562	91790	1380	19001	22541	11850
高淳县	164260	70350	1919	15615	73176	3200

表 6—4　农业机械化、农业化学化、农田水利化情况（2009 年）

指　　标	2009 年
一、农业机械化情况（万千瓦）	
农用机械总动力合计	202.77
柴油发动机动力	135.28
汽油发动机动力	2.12
电动机动力	65.37
其他机械动力	
（一）耕作机械	
大中型拖拉机（台）	2271
（万千瓦）	9.29
小型拖拉机（台）	40550
（万千瓦）	33.70
大中型拖拉机配套农具（部）	2859
小型拖拉机配套农具（部）	65300
（二）农用排灌机械	
柴油机（台）	27057
（万千瓦）	18.47
电动机（台）	37553
（万千瓦）	48.13
农用水泵（万台）	6.33
节水灌溉机械（套）	762
（三）收获机械	
联合收割机（台）	1308
机动割晒机（台）	
其他收获机械（台）	1028
#秸秆粉碎还田机（台）	964

注：本表数据来源于市农业委员会。2008 年由于《农业机械化管理统计报表制度》的修订，删除了“拖拉机”其中项“变型拖拉机”，将此项数据填至“运输机械”项下“手扶变型运输机”栏内，原“拖拉机”项下只统计大田作业用的拖拉机。原三轮运输车、四轮运输车分别改为三轮汽车、低速载货汽车。

表6—4　续表1

指　　标	2009年
机动脱粒机(台)	12889
(四) 田间管理机械	
＃ 机动喷雾(粉)机(台)	7803
(五) 林果业机械(台)	146
(六) 畜牧养殖机械(台)	812
(七) 渔业机械(台)	4323
(八) 农副产品初加工作业机械(台)	8261
＃ 粮食加工机械	5023
棉花加工机械	1693
油料加工机械	729
(九) 运输机械	
农用运输车(台)	3211
＃三轮汽车(台)	1413
(万千瓦)	1.63
低速载货汽车(台)	1798
(万千瓦)	5.35
手扶变型运输机(台)	5973
农用挂车(台)	757
(十) 其他农业机械	
农田基本建设机械(台)	931
(万千瓦)	7.07

注:本表数据来源于市农业委员会。2008年由于《农业机械化管理统计报表制度》的修订,删除了“拖拉机”其中项“变型拖拉机”,将此项数据填至“运输机械”项下“手扶变型运输机”栏内,原“拖拉机”项下只统计大田作业用的拖拉机。原三轮运输车、四轮运输车分别改为三轮汽车、低速载货汽车。

表 6—4 续表 2

指 标	全 市	市 区	县
二、农业主要能源及物资消耗			
农村用电量(万千瓦小时)	263579	185066	78513
农用化肥使用量(按折纯法计算)(吨)	94302	57916	36386
氮肥	48938	28946	19992
磷肥	7663	4324	3339
钾肥	6491	2918	3573
复合肥	31210	21728	9482
农用塑料薄膜使用量(吨)	4741	3735	1006
# 地膜使用量	2130	1590	540
地膜覆盖面积(公顷)	18785	13666	5119
农用柴油(吨)	20986	11296	9690
农药使用量(吨)	2612	1581	1031
三、农田水利建设情况(千公顷)			
有效灌溉面积	188.34	130.47	57.87
旱涝保收面积	136.74	98.47	38.27
机电排灌面积	168.28	112.69	55.59

表 6—5 农业主要产品生产情况（2009 年）

指 标	播种面积（千公顷）	每公顷产量（公斤）	总产量（吨）
农作物总播种面积	341.88		
一、粮食作物合计	160.90	6879	1106909
（一）夏收粮食	44.83	4739	212431
1. 夏收谷物	43.58	4791	208796
小麦	42.66	4811	205223
元麦	—	—	—
大麦	0.92	3884	3573
2. 夏收豆类(蚕豌豆)	1.25	2908	3635
（二）秋收粮食	116.07	7706	894478
1. 秋收谷物	106.65	7994	852608
稻谷	98.16	8104	795441
早稻	—	—	—
中稻	31.90	7661	244376
单季晚稻	65.16	8329	542743
双季后作稻	1.10	7565	8322
稻谷中:籼稻	27.39	7571	207369
粳稻	68.24	8323	567948
糯稻	2.53	7954	20124
玉米	8.49	6733	57167
# 杂交玉米	7.65	6692	51191
谷子	—	—	—
高粱	—	—	—
其他谷物	—	—	—
2. 秋收豆类	5.57	2648	14748
大豆	4.98	2716	13524
绿豆	0.38	2076	789
其他豆类	0.21	2071	435
3. 秋收薯类(按五折一计算)	3.85	7045	27122

表6—5 续表

指　标	播种面积（千公顷）	每公顷产量（公斤）	总产量（吨）
二、油料合计	56.46	2376	134144
（一）花生	2.09	2639	5515
（二）油菜籽	52.49	2386	125235
（三）芝麻	1.88	1805	3394
（四）其他油料			
三、棉花(皮棉)	2.90	1385	4016
四、麻类合计	1.00	2378	2378
# 苎麻	1.00	2378	2378
五、糖料合计	0.23	45448	10453
# 甘蔗	0.23	45448	10453
六、烟叶合计	—	—	—
# 烤烟叶	—	—	—
七、药材类合计	0.44	—	—
八、蔬菜、瓜类	101.21	29237	2959079
（一）蔬菜(含菜用瓜)	92.38	28715	2652677
（二）瓜果类	8.83	34700	306402
# 西瓜	7.84	36156	283464
甜瓜	0.55	28580	15719
九、其他农作物	18.74	—	—
# 青饲料	8.80	—	—
绿肥	0.84	—	—
附:常年种蔬菜面积	28.06	—	—

表 6—6 茶叶、水果生产情况

指　　标	2009 年	2008 年
茶叶合计(吨)	2084	2169
红毛茶		
绿毛茶	2084	2169
其他茶		
园林水果合计(吨)	107016	79304
# 苹果	50	30
柑桔	34	33
梨	9245	8250
葡萄	21584	18480
桃子	14555	14719
枇杷	99	76
红枣(干枣应折鲜枣)	1935	1772
柿子(柿饼应折鲜柿)	5152	5097
年末实有茶园面积(千公顷)	6.89	6.55
# 当年采摘面积	4.41	5.32
年末园林果园面积合计(千公顷)	11.58	10.72
# 苹果园	0.01	
柑桔园		
梨园	1.04	1.06
葡萄园	1.45	1.32
桃园	1.46	1.49
年末实有桑园面积(千公顷)	0.33	0.40

注:此表数据来源于市农业委员会。

表 6—7　林业生产情况

指　　标	2009 年	2008 年
一、营林情况		
1. 当年造林面积合计(千公顷)	5.87	7.02
2. 迹地更新面积(千公顷)		
3. 零星(四旁)植树(万株)	623.09	514.99
4. 育苗面积(千公顷)	46.62	18.34
5. 幼林抚育实际面积(千公顷)	25.92	26.44
6. 成林抚育面积(千公顷)	11.47	9.58
二、当年造林面积按用途分(千公顷)		
用材林	0.83	1.77
经济林	2.14	1.85
防护林	2.91	3.40
薪炭林		
特种用途林		
三、主要林产品产量(吨)		
油桐籽		
油茶籽		
乌柏籽		
棕　片		
竹笋干	812	835
核　桃		
板　栗	2420	2634
白　果	25	22
四、村及村以下竹木采伐量		
1. 木材(立方米)	47266	23015
2. 竹材(毛竹、篙竹)(万根)	27.45	23.15

注:本表数据来源于市农业委员会。

表 6—8 畜牧业主要产品生产情况（2009 年）

指标	当年出栏头数	年末存栏头数	肉产量（吨）
一、大牲畜（万头）	0.70	3.06	1260
# 从事农事劳役的		1.22	
1. 牛（万头）	0.70	3.06	1260
# 黄牛	0.05	0.06	90
良种及改良乳牛	0.07	1.76	126
水牛	0.58	1.24	1044
2. 驴（万头）	—	—	—
二、猪（万头）	99.08	52.01	72328
三、羊（万只）	32.65	12.79	4572
1. 山羊	32.65	12.79	4572
2. 绵羊	—	—	—
四、家禽（万只）	3197.2	1052.5	47958
五、兔（万只）	25.83	10.05	346

表 6—8 续表

指标	全市	市区	县
奶类产量（吨）	86526	86252	274
# 牛奶产量	86526	86252	274
蜂蜜产量（吨）	963	499	464
禽蛋产量（吨）	77510	58070	19440
蚕茧产量（吨）	119		119

表6—9 渔业生产情况（2009年）

指　　标	全　　市	市　区	县
水产品总产量(吨)	202652	135818	66834
# 鱼类	147468	104008	43460
虾蟹类	45338	24936	20402
贝类	7975	5365	2610
其他类	1871	1509	362
# 内陆水域捕捞(吨)	12980	9495	3485
内陆水域养殖(吨)	189672	126323	63349
内陆水域养殖面积(千公顷)	47.43	28.99	18.44
# 池塘养殖	28.60	20.21	8.39
湖泊养殖	2.48		2.48
河沟养殖	9.13	4.0	5.13
水库养殖	6.78	4.43	2.35
其他养殖	0.44	0.35	0.09

注:本表数据来源于市农业委员会。

表 6—10 主要年份农林牧渔业总产值（现价）

计量单位:万元

指 标	合 计	农 业	林 业	牧 业	渔 业	农林牧渔服务业
1978	61713	48846	1013	10943	911	—
1980	77728	58761	1266	16009	1692	—
1985	154358	101895	3897	41969	6597	—
1990	308287	172537	4591	111029	20130	—
1995	764367	510727	13068	168272	72300	—
1997	942439	585783	16069	229413	111174	—
1998	979644	586628	16834	247533	128649	—
1999	989199	599064	19370	224822	145943	—
2000	1063412	616473	24033	253261	169645	—
2003	1325889	675733	18645	301214	244707	85590
2004	1496585	792152	19552	333461	266765	84655
2005	1553837	854544	19637	338746	293414	47496
2006	1650538	900765	20641	334302	341924	52906
2007	1749179	944763	22788	351247	373128	57253
2008	1940094	1051973	24505	400745	401579	61292
2009	2236617	1228116	30453	387016	477113	113919

说明:2009 年农林牧渔业总产值根据经济普查省局反馈的衔接数据调整。

表6—11　主要年份主要农产品产量

年份	粮食（万吨）	棉花（吨）	油料（吨）	麻类（吨）	蚕茧（吨）	园林水果（吨）
1949	37.84	836	9194	104	27	913
1950	49.53	892	10577	121	31	934
1955	72.44	2160	11024	595	118	1587
1960	45.84	656	7833	244	308	1448
1965	96.12	1825	10468	878	169	2887
1970	102.57	2360	9928	1693	565	4774
1975	120.44	2718	15841	2545	940	6492
1978	147.20	3621	21882	3593	797	5077
1980	138.01	5528	28025	2710	1095	9653
1985	173.70	4459	90542	9906	629	6802
1990	173.26	2392	96797	1727	487	8526
1995	168.57	3520	144872	1320	1127	13639
1997	182.51	4501	146179	1561	484	18530
1998	176.91	4838	106504	1631	580	18685
1999	169.77	3699	192144	1687	494	22032
2000	143.37	4461	220119	2318	536	23625
2004	102.39	6058	209833	3575	525	51813
2005	96.54	5920	211685	4013	441	42495
2006	97.73	3245	171056	4156	524	53930
2007	100.88	2325	124528	3841	394	68267
2008	114.43	4327	133405	2709	431	79304
2009	110.69	4016	134144	2378	119	107016

主要统计指标解释

农林牧渔业总产值 指以货币表现的农、林、牧、渔业全部产品和对农业生产进行各种支持性服务活动的总量，它反映一定时期内农业生产总规模和总成果。从2003年开始农林牧渔业总产值执行新的国民经济行业分类标准，包括农业、林业、牧业、渔业、农林牧渔服务业，不再包括农民家庭兼营商品性工业。农林牧渔业总产值中的农、林、牧、渔四业的计算方法通常是按农、林、牧、渔业产品及其副产品的产量分别乘以各自单位产品价格求得，现行价格从2003年开始使用生产价格调查的价格；少数生产周期较长，当年没有产品或产品产量不易统计的，则采用间接方法匡算其产值；然后将四业产品产值与农林牧渔服务业产值相加即为农林牧渔业总产值。1957年以前的农林牧渔业总产值中包括了厩肥和农民自给性手工业（如农民自制衣服、鞋、袜，自己从事粮食初步加工等）。1958年及以后，林业中增加了村及村以下竹木采伐产值；牧业中取消了厩肥产值；副业中取消了农民自给性手工业产值，增加了村及村以下办的工业产值；渔业中增加了海洋捕捞水产品产值。1980年及以后，在副业中增加了农民家庭兼营工业商品部分的产值。从1984年起村及村以下工业产值划归工业。从1993年起取消副业，将野生动物的捕猎划入牧业、野生植物采集和农民家庭兼营商品性工业划归农业，从2003年起不再包括农民家庭兼营商品性工业产值。1996年第一次农业普查以后，由于畜牧业产品年报数据与普查数据之间存在一定的差距，国家统计局农调总队对畜牧业年报数据与普查数据进行衔接，相应的畜牧业产值进行调整。

粮食产量 指全社会的产量。包括国有经济经营的、集体统一经营的和农民家庭经营的粮食产量，还包括工矿企业办的农场和其他生产单位的产量。粮食除包括稻谷、小麦、玉米、高粱、谷子及其他杂粮外，还包括薯类和豆类。其产量计算方法，豆类按去豆荚后的干豆计算；薯类（包括甘薯和马铃薯，不包括芋头和木薯）1963年以前按每4公斤鲜薯折1公斤粮食计算，从1964年开始改为按5公斤鲜薯折1公斤粮食计算。城市郊区作为蔬菜的薯类（如马铃薯等）按鲜品计算，并且不作粮食统计。其他粮食一律按脱粒后的原粮计算。

棉花产量 指全社会的产量。包括春播棉和夏播棉。产量按皮棉计算。

油料产量 指全部油料作物的生产量。包括花生、油菜籽、芝麻、向日葵籽、胡麻籽（亚麻籽）和其他油料。不包括大豆、木本油料和野生油料。花生以带壳干花生计算。

水产品产量 指人工养殖的水产品和天然生长的水产品的捕捞量。包括海水的鱼类、虾蟹类、贝类和藻类以及内陆水域的鱼类、虾蟹类和贝类，不包括淡水水生植物。

猪、牛、羊肉产量 指当年出栏并已屠宰、除去头蹄下水后带骨肉（即胴体重）的重量。

期初（末）畜禽存栏头（只）数 指报告期初（末）农村各种合作经济组织和国营农场、农民个人、机关、团体、学校、工矿企业、部队等单位以及城镇居民饲养的大牲畜、猪、羊、家禽等畜禽的存栏数。

耕地面积 是指年初可用来种植农作物并经常进行耕种、能够正常收获的土地。包括当年实际耕种的熟地、当年新开荒地、休闲不满三年随时可以复耕的地和当年休闲地以及以种植农作物为主并附带种植桑树、茶树、果树和其他林木的土地、沿海、沿湖地区已围垦利用的“海涂”、“湖田”等面积。不包括临时种植农作物的坡度在25度以上的陡坡地、在河套、湖畔、库区临时开发的成片或零星土地，属于专业性的桑园、茶园、果园、果木苗圃、林地、芦苇地、天然或人工草地面积、也不包括已列为国家和省（区、市）退耕计划但临时耕种的土地。

农作物播种面积 指实际播种或移植有农作物的面积。凡是实际种植有农作物的面积，不论种植在耕地上还是种植在非耕地上，均包括在农作物播种面积中。在播种季节基本结束后，因遭灾而重新改种和补种的农作物面积，也包括在内。

有效灌溉面积 指具有一定的水源，地块比较平整，灌溉工程或设备已经配套，在一般年景下当年能够进行正常灌溉的耕地面积。在一般情况下，有效灌溉面积应等于灌溉工程或设备已经配备，能够进行正常灌溉的水田和水浇地面积之和。

农用化肥施用量 指本年内实际用于农业生产的化肥数量，包括氮肥、磷肥、钾肥和复合肥。化肥施用量要求按折纯量计算数量。折纯量是指把氮肥、磷肥、钾肥分别按含氮、含五氧化二磷、含氧化钾的百分之一百成份进行折算后的数量。复合肥按其所含主要成分折算。

农业机械总动力 指主要用于农、林、牧、渔业的各种动力机械的动力总和。包括耕作机械、排灌机械、收获机械、农用运输机械、植物保护机械、牧业机械、林业机械、渔业机械和其他农业机械〔内燃机按引擎马力折成瓦（特）计算、电动机按功率折成瓦（特）计算〕。不包括专门用于乡、镇、村、组办工业、基本建设、非农业运输、科学试验和教学等非农业生产方面用的动力机械与作业机械。

大中型拖拉机 指发动机额定功率在14.7千瓦（含14.7千瓦即20马力）以上的拖拉机，有链轨式和轮式两种。

小型拖拉机 指发动机额定功率在2.2千瓦（含2.2千瓦）以上，小于14.7千瓦的拖拉机，包括小四轮与手扶式。

拖拉机配套农具 指由拖拉机牵引或悬挂的田间移动作业机具，例如：机引犁、拖耕机、机引耙、播种机等农具。与大中型拖拉机配套使用的农具称为大中型拖拉机配套农具，与小型拖拉机配套使用的农具称为小型拖拉机配套农具。

农林牧渔业劳动力 指全社会直接参加农林牧渔业生产活动的劳动力。

（七）工业和能源

CHAPTER 7
INDUSTRY AND ENERGY

表 7—1 规模以上工业企业主要经济指标（2009 年）

计量单位：千元

指 标	企业单位数（个）	# 亏损企业	工业总产值	工业销售产值
总 计	3520	528	679976523	666866705
一、按经济类型分组：				
内资企业	2701	355	420855978	413365787
国有企业	84	14	98118942	96200555
集体企业	98	20	7272244	7182077
股份合作企业	40	9	3163342	3128800
联营企业	11	1	912488	878817
有限责任公司	356	63	123995589	122175906
股份有限公司	81	12	70193487	69624382
私营企业	2009	232	114426777	111435113
其他企业	22	4	2773109	2740137
港、澳、台商投资企业	274	51	46345660	45492713
外商投资企业	545	122	212774885	208008205
二、在总计中：国有控股	212	36	230466265	227265664
三、按轻重工业分组：				
轻工业	1090	182	119381520	116011121
重工业	2430	346	560595003	550855584
四、按企业规模分组：				
大型企业	50	10	303727747	298726110
中型企业	257	48	150145372	148424611
小型企业	3213	470	226103404	219715984
五、按隶属关系分组：				
中央	61	5	163831876	162644725
省	40	5	18134809	16599567
市	255	71	78810433	78005096
市以下	3164	447	419199405	409617317

注：1. 全市工业企业累计完成工业总产值 7182.45 亿元，其中：规模以下工业总产值 382.68 亿元。
2. 我市规模以上工业的统计范围为“年主营业务收入 500 万元及以上的法人工业企业”。

表 7—1　续表 1

指　　标	企业单位数（个）	# 亏损企业	工业总产值	工业销售产值
六、按工业行业分组				
采矿业	42	3	4900635	4840161
煤炭开采和洗选业				
石油和天然气开采业				
黑色金属矿采选业	5	0	1673113	1660391
有色金属矿采选业	4	2	570616	588946
非金属矿采选业	33	1	2656906	2590824
其他采矿业				
制造业	3439	523	662009295	648991325
农副食品加工业	68	9	10810766	10253551
食品制造业	58	13	5444810	5531709
饮料制造业	15	2	4850812	4838122
烟草制品业	1	0	11072814	9449763
纺织业	84	17	5672031	5587776
纺织服装、鞋、帽制造业	255	42	19228237	18512448
皮革、毛皮、羽毛(绒)及其制品业	29	6	3800654	3651692
木材加工及木、竹、藤、棕、草制品业	24	1	654225	637775
家具制造业	23	7	934407	930824
造纸及纸制品业	63	6	3018048	2976747
印刷业和记录媒介的复制	74	12	2793261	2675253
文教体育用品制造业	63	10	3150140	3065282
石油加工、炼焦及核燃料加工业	15	4	53438421	53179507
化学原料及化学制品制造业	314	40	125615650	123077029

表7—1 续表2

指 标	企业单位数（个）	# 亏损企业	工业总产值	工业销售产值
医药制造业	52	6	9265884	9070379
化学纤维制造业	8	2	4222920	4201582
橡胶制品业	30	2	4953447	4644292
# 轮胎制造	1	0	2333829	2079365
塑料制品业	132	17	7008275	6869058
非金属矿物制品业	241	45	16293597	16050653
黑色金属冶炼及压延加工业	47	8	57090674	57019826
有色金属冶炼及压延加工业	80	11	24282328	23864088
金属制品业	310	40	22020683	21501080
通用设备制造业	404	50	33031546	31737708
专用设备制造业	197	22	12323022	12245305
交通运输设备制造业	233	45	66396109	64976361
# 汽车制造	128	29	38803511	37992467
摩托车制造	12	6	1087237	1068732
电气机械及器材制造业	283	39	34033731	33271557
通信设备、计算机及其他电子设备制造业	200	47	107465704	105827743
仪器仪表及文化、办公用机械制造业	95	13	9346824	9604212
工艺品及其他制造业	28	5	1543196	1529363
废弃资源和废旧材料回收加工业	13	2	2247079	2210640
电力、燃气及水的生产和供应业	39	2	13066593	13035219
电力、热力的生产和供应业	16	0	9287178	9280190
燃气生产和供应业	10	0	2641139	2643042
水的生产和供应业	13	2	1138276	1111987

表 7—1　续表 3

指　　标	资产总计	流动资产	固定资产原价	累计折旧	负债	流动负债
总　计	581866800	293303051	310652267	119807884	339465650	285379418
一、按经济类型分组：						
内资企业	390615098	198990009	198103297	81232762	228306795	195086456
国有企业	107686212	51098454	71258258	35439081	48315080	42180100
集体企业	3251575	2430824	1105489	522391	1750451	1617933
股份合作企业	8981354	725200	2448999	558111	6686949	1154733
联营企业	375184	144509	315941	89091	131561	77255
有限责任公司	159599973	81695531	71197776	26673402	102851019	87857958
股份有限公司	41168890	19578208	26913390	10262167	23715359	21251359
私营企业	67905085	42343052	24349963	7534905	43725697	39839976
其他企业	1646825	974231	513481	153614	1130679	1107142
港、澳、台商投资企业	46129534	23186865	19584451	5304783	25942844	21019015
外商投资企业	145122168	71126177	92964519	33270339	85216011	69273947
二、在总计中：国有控股	264131757	112729444	161499993	68822458	145941685	119840439
三、按轻重工业分组：						
轻工业	101782440	58193042	44449424	14678073	52129918	44971699
重工业	480084360	235110009	266202843	105129811	287335732	240407719
四、按企业规模分组：						
大型企业	256983195	123745735	154771788	67357861	146894092	130501287
中型企业	165487253	85928052	85414384	30898761	101180322	80287603
小型企业	159396352	83629264	70466095	21551262	91391236	74590528
五、按隶属关系分组：						
中央	156918547	62769550	106300331	49213313	88179008	72662271
省	19990484	13396509	8467876	2997832	6739999	5197136
市	75183718	43206010	34937950	13334406	43726226	39072632
市以下	329774051	173930982	160946110	54262333	200820417	168447379

表 7—1　续表 4

指　　标	资产总计	流动资产	固定资产原价	累计折旧	负债	流动负债
六、按工业行业分组						
采矿业	3952149	2373514	2100828	1257193	2026683	1558329
煤炭开采和洗选业						
石油和天然气开采业						
黑色金属矿采选业	2265057	1174863	1482446	926673	1086227	637987
有色金属矿采选业	923361	668635	345359	217847	407798	394268
非金属矿采选业	763731	530016	273023	112673	532658	526074
其他采矿业						
制造业	533942116	282766517	281406759	109828456	312062449	272939012
农副食品加工业	9121090	4776581	1439372	434084	6779777	6377879
食品制造业	6229807	3967287	2647611	842812	2425878	2121057
饮料制造业	3272973	1370668	2721690	1031734	2194453	2108473
烟草制品业	11350920	9260024	2821935	1305086	1515366	1456961
纺织业	5290721	2296812	3138790	971229	3219476	1970637
纺织服装、鞋、帽制造业	8122344	4898190	3367462	916811	4340617	4029818
皮革、毛皮、羽毛(绒)及其制品业	1711596	1167257	425155	170770	930248	754059
木材加工及木、竹、藤、棕、草制品业	418007	250244	174022	45663	291696	291556
家具制造业	818041	434070	363250	109640	345759	341948
造纸及纸制品业	2269539	1324481	1019269	341486	1154307	1030233
印刷业和记录媒介的复制	3645361	1576357	2193049	939777	2272109	1809397
文教体育用品制造业	1485995	858368	570108	172815	831176	790976
石油加工、炼焦及核燃料加工业	16026479	6498112	15406176	6383887	8800732	8673898
化学原料及化学制品制造业	100819755	42106002	77550175	35237231	49116942	37590551

表 7—1　续表 5

指　　标	资产总计	流动资产	固定资产原价	累计折旧	负债	流动负债
医药制造业	9794527	5717303	4315181	1673202	3615492	3263644
化学纤维制造业	7317103	2612548	4828459	1304457	5120239	4099982
橡胶制品业	5828844	2388426	4018509	1113668	4141109	3355929
＃ 轮胎制造	4507394	1668181	3475355	899632	3338714	2743505
塑料制品业	4324970	2446123	2127949	812244	2146120	1990457
非金属矿物制品业	17597317	8694404	11103963	4500849	9908673	9060721
黑色金属冶炼及压延加工业	58773604	20801992	42431782	14208188	36966688	31719919
有色金属冶炼及压延加工业	9078886	5211218	4290681	1596925	5352467	5068158
金属制品业	16515006	11588247	5274379	1820523	10779347	9591476
通用设备制造业	31799612	19202945	12203833	3626757	17528310	14943735
专用设备制造业	11793379	7409653	4112918	1255835	6721753	6429743
交通运输设备制造业	73489659	40092626	30194135	10176607	53941197	48861339
＃ 汽车制造	44429575	20654903	20162079	7016867	33885729	29925933
摩托车制造	883828	402085	589070	234604	392590	389908
电气机械及器材制造业	34063423	25127296	8345546	2708837	21151500	19834171
通信设备、计算机及其他电子设备制造业	69004291	41672855	30596492	15188980	43825816	39099044
仪器仪表及文化、办公用机械制造业	12965296	8448558	3203206	761446	6200108	5933429
工艺品及其他制造业	565024	310690	263848	103769	284521	219998
废弃资源和废旧材料回收加工业	448547	257180	257814	73144	160573	119824
电力、燃气及水的生产和供应业	43972535	8163020	27144680	8722235	25376518	10882077
电力、热力的生产和供应业	33949325	5147858	19863529	6807535	21758415	8747614
燃气生产和供应业	3330257	831952	2344032	415003	1493365	954203
水的生产和供应业	6692953	2183210	4937119	1499697	2124738	1180260

表 7—1　续表 6

指　　标	主营业务收　　入	主营业务税金及附加	利　税总　额	盈亏相抵后利润总额	从业人员平均人数（人）
总　　计	673098777	19485390	73889151	35417881	733882
一、按经济类型分组：					
内资企业	422275680	18787465	54738913	22385710	498072
国有企业	98608704	9666617	21443973	7922129	72461
集体企业	7435305	54607	670507	357999	13423
股份合作企业	2924095	17334	366386	248802	4116
联营企业	897912	10127	81818	28812	1792
有限责任公司	130330717	702867	9348894	5115668	151210
股份有限公司	67957381	7912834	13865920	3660046	31943
私营企业	111379743	417221	8718788	4850999	218415
其他企业	2741823	5858	242627	201255	4712
港、澳、台商投资企业	46348492	55834	5427960	3834851	74417
外商投资企业	204474605	642091	13722278	9197320	161393
二、在总计中：国有控股	234075539	18026038	39459206	13361887	186992
三、按轻重工业分组：					
轻工业	117521819	6174942	19988191	8727118	231119
重工业	555576958	13310448	53900960	26690763	502763
四、按企业规模分组：					
大型企业	304957700	18313064	39252569	12689720	202351
中型企业	147441959	442524	14992060	10163967	191358
小型企业	220699118	729802	19644522	12564194	340173
五、按隶属关系分组：					
中央	162211888	12010574	23786828	7469437	97701
省	17588738	5890270	10633314	2863931	17999
市	79306939	121795	5504295	3846449	92895
市以下	413991212	1462751	33964714	21238064	525287

表 7—1 续表 7

指　　标	主营业务收　　入	主营业务税金及附加	利　税总　额	盈亏相抵后利润总额	从业人员平均人数（人）
四、按工业行业分组					
采矿业	4640788	67114	610740	264378	10658
煤炭开采和洗选业					
石油和天然气开采业					
黑色金属矿采选业	1546081	39825	250653	61801	5127
有色金属矿采选业	534970	10962	110047	64262	1632
非金属矿采选业	2559737	16327	250040	138315	3899
其他采矿业					
制造业	654277070	19363621	71184400	33677472	708606
农副食品加工业	10246952	16937	1036928	692794	8639
食品制造业	5394380	12409	1133809	840301	13578
饮料制造业	4535764	48666	587972	363622	6619
烟草制品业	11087956	5837792	9502341	2221952	2537
纺织业	5433206	15217	256518	85590	16865
纺织服装、鞋、帽制造业	18422997	45756	1314950	703085	75378
皮革、毛皮、羽毛(绒)及其制品业	3512233	8174	374759	148610	9160
木材加工及木、竹、藤、棕、草制品业	646901	3860	37315	16397	1450
家具制造业	927325	3087	56315	23010	2448
造纸及纸制品业	2992601	9421	412498	296725	6113
印刷业和记录媒介的复制	2741341	9137	277309	172064	6984
文教体育用品制造业	2985103	10083	278885	156721	11051
石油加工、炼焦及核燃料加工业	51706873	7861555	11490261	2129987	5278
化学原料及化学制品制造业	126346971	3791794	15795205	8632052	63302

表 7—1 续表 8

指　　标	主营业务收　　入	主营业务税金及附加	利　税总　额	盈亏相抵后利润总额	从业人员平均人数（人）
医药制造业	10183914	48787	2084420	1407996	15660
化学纤维制造业	4296634	41252	298708	144663	7090
橡胶制品业	4848973	11902	442970	246466	7551
# 轮胎制造	2202499	1177	87458	14213	2480
塑料制品业	6962665	20887	529193	275538	12467
非金属矿物制品业	15794484	79287	1271171	528540	31237
黑色金属冶炼及压延加工业	58144957	133333	1603944	327429	23241
有色金属冶炼及压延加工业	21987883	63060	1461461	1021978	11013
金属制品业	21701598	74283	2189553	1425329	33953
通用设备制造业	32306736	90270	3748250	2621864	60077
专用设备制造业	12097655	64309	1269139	737627	24932
交通运输设备制造业	66637977	820615	3505617	1264240	86884
# 汽车制造	39916217	734359	1317146	－331713	45659
摩托车制造	1090522	2403	103286	54262	2314
电气机械及器材制造业	32121929	94415	4312774	3141688	45416
通信设备、计算机及其他电子设备制造业	106550364	67566	3392064	2181352	97389
仪器仪表及文化、办公用机械制造业	9667492	43885	2222480	1738023	16895
工艺品及其他制造业	1779745	13741	98015	43005	3435
废弃资源和废旧材料回收加工业	2213461	22141	199576	88824	1964
电力、燃气及水的生产和供应业	14180919	54655	2094011	1476031	14618
电力、热力的生产和供应业	9913607	43682	1669714	1180566	7214
燃气生产和供应业	3167613	2692	334041	269907	3225
水的生产和供应业	1099699	8281	90256	25558	4179

表 7—2　规模以上工业企业主要产品产量（2009 年）

产品名称	2009 年	2008 年	增长(%)
铁矿石原矿(吨)	4470530	4659371	-4.1
饲料(吨)	70672	46120	53.2
精制食用植物油(吨)	23575	11483	105.3
饮料酒(千升)	73385	94892	-22.7
软饮料(吨)	660719	596391	10.8
卷烟(万支)	3268017	3446302	-5.2
纱(吨)	44698	42419	5.4
布(万米)	2679	2658	0.8
服装(万件)	19461	20038	-2.9
皮革鞋靴(万双)	843	942	-10.4
家具(件)	908304	771924	17.7
机制纸及纸板(吨)	61059	26486	130.5
原油加工量(吨)	20408618	18750603	8.8
汽油(吨)	2463412	1877837	31.2
煤油(吨)	1568728	1048142	49.7
柴油(吨)	6781596	6966050	-2.6
液化石油气(吨)	1057140	932577	13.4
焦炭(吨)	3362678	3215524	4.6
硫酸(折 100%)(吨)	750870	607636	23.6
烧碱(折 100%)(吨)	78927	50694	55.7
乙烯(吨)	1416019	1346988	5.1
纯苯(吨)	617433	509783	21.1

表 7—2　续表 1

产品名称	2009 年	2008 年	增长(%)
浓硝酸(折 100%)(吨)	156001	113233	37.8
合成氨(无水氨)(吨)	317090	220924	43.5
农用氮、磷、钾化学肥料总计(折纯)(吨)	210985	133079	58.5
化学农药原药(折有效成分 100%)(吨)	69672	52399	33.0
涂料(吨)	190909	167157	14.2
初级形态的塑料(吨)	1703171	1620519	5.1
合成橡胶(吨)	128267	138306	-7.3
合成纤维单体(吨)	1948680	1636040	19.1
化学药品原药(吨)	1064	964	10.4
中成药(吨)	2425	2038	19.0
化学纤维(吨)	110576	74454	48.5
橡胶轮胎外胎(条)	11895256	13597103	-12.5
塑料制品(吨)	136165	123567	10.2
水泥熟料(吨)	7820492	9117798	-14.2
水泥(吨)	10364344	13108125	-20.9
日用玻璃制品(吨)	33485	51268	-34.7
日用陶瓷制品(万件)	5775	5750	0.4
生铁(吨)	9494212	8115654	17.0
粗钢(吨)	9506525	8438054	12.7
钢材(吨)	9977368	8969075	11.2
泵(台)	38841	23751	63.5
气体压缩机(台)	4259	39240	-89.1

表 7—2　续表 2

产品名称	2009 年	2008 年	增长(%)
采矿专用设备(吨)	1605	2893	-44.5
汽车(辆)	239265	117695	103.3
其中:基本型乘用车(轿车)(辆)	15678	9816	59.7
客车(辆)	171573	70156	144.6
载货汽车(辆)	52014	37723	37.9
改装汽车(辆)	5865	5338	9.9
摩托车整车(辆)	565215	807220	-30.0
民用钢质船舶(载重吨)	2441800	1478040	65.2
发电机组(发电设备)(千瓦)	4709000	6603600	-28.7
其中:风力发电机组(千瓦)	990000	—	—
交流电动机(千瓦)	1630092	1575570	3.5
变压器(千伏安)	16861950	13809997	22.1
家用电风扇(台)	190798	320424	-40.5
家用洗衣机(台)	2427489	2112848	14.9
电光源(万只)	3821	5063	-24.5
移动通信手持机(手机)(台)	4462849	6525672	-31.6
电子计算机整机(台)	243255	225510	7.9
彩色电视机(台)	1195152	1692460	-29.4
其中:液晶(LCD)电视机(台)	1146812	1548753	-26.0
发电量(万千瓦小时)	2070354	1980890	4.5
煤气生产量(万立方米)	144767	137516	5.3
自来水生产量(万立方米)	54352	54238	0.2

表 7—3 规模以上国有工业企业主要经济指标（2009 年）

计量单位：千元

指　　标	企业单位数（个）	# 亏损企业	工业总产值
总　　计	84	14	98118942
一、按轻重工业分组：			
轻工业	31	6	15638825
重工业	53	8	82480117
二、按企业规模分组：			
大型企业	11	2	85077096
中型企业	24	4	9599885
小型企业	49	8	3441961
三、按行业分组：			
采矿业	2	1	1145923
煤炭开采和洗选业			
石油和天然气开采业			
黑色金属矿采选业	1	0	1066173
有色金属矿采选业	1	1	79750
非金属矿采选业			
其他采矿业			
制造业	70	12	94475212
农副食品加工业	1	0	43562
食品制造业			
饮料制造业	1	0	13355
烟草制品业	1	0	11072814
纺织业	1	1	27112
纺织服装、鞋、帽制造业	5	1	1091141
皮革、毛皮、羽毛(绒)及其制品业			
木材加工及木、竹、藤、棕、草制品业			
家具制造业			
造纸及纸制品业			

表 7—3　续表 1

指　　标	企业单位数（个）	# 亏损企业	工业总产值
印刷业和记录媒介的复制	9	1	312443
文教体育用品制造业			
石油加工、炼焦及核燃料加工业			
化学原料及化学制品制造业	7	0	47918758
医药制造业	4	1	1953576
化学纤维制造业			
橡胶制品业	1	0	270340
塑料制品业	1	0	61700
非金属矿物制品业	3	0	849037
黑色金属冶炼及压延加工业	2	1	10743360
有色金属冶炼及压延加工业			
金属制品业	4	0	1482728
通用设备制造业	4	2	492198
专用设备制造业	4	0	1174700
交通运输设备制造业	9	1	13543174
电气机械及器材制造业	4	2	638030
通信设备、计算机及其他电子设备制造业	3	1	617949
仪器仪表及文化、办公用机械制造业	6	1	2169235
工艺品及其他制造业			
废弃资源和废旧材料回收加工业			
电力、燃气及水的生产和供应业	12	1	2497807
电力、热力的生产和供应业	5	0	1517928
燃气生产和供应业			
水的生产和供应业	7	1	979879

表7—3 续表2

指 标	资产总计	流动资产	固定资产原价	累计折旧	负债	流动负债
总 计	107686212	51098454	71258258	35439081	48315080	42180100
一、按轻重工业分组：						
轻工业	22777458	14796550	9650639	3807299	5542975	4451385
重工业	84908754	36301904	61607619	31631782	42772105	37728715
二、按企业规模分组：						
大型企业	85876701	41320964	60681092	31174090	34014523	32657072
中型企业	16914480	7153844	8552155	3511215	11414376	6819236
小型企业	4895031	2623646	2025011	753776	2886181	2703792
三、按行业分组：						
采矿业	1735014	815251	1336447	857674	867616	419106
煤炭开采和洗选业						
石油和天然气开采业						
黑色金属矿采选业	1680896	790062	1276874	813213	827139	378899
有色金属矿采选业	54118	25189	59573	44461	40477	40207
非金属矿采选业						
其他采矿业						
制造业	93323428	47219675	62350409	31790262	40039139	38728213
农副食品加工业	12863	2791	15260	10150	1462	462
食品制造业						
饮料制造业	45339	15234	18590	5300	40481	40481
烟草制品业	11350920	9260024	2821935	1305086	1515366	1456961
纺织业	137066	46376	146032	55342	125426	125426
纺织服装、鞋、帽制造业	1185326	896649	275724	72905	751852	631002
皮革、毛皮、羽毛(绒)及其制品业						
木材加工及木、竹、藤、棕、草制品业						
家具制造业						
造纸及纸制品业						

表 7—3　续表 3

指　　标	资产总计	流动资产	固定资产原价	累计折旧	负债	流动负债
印刷业和记录媒介的复制	717195	273586	606745	285998	258576	234470
文教体育用品制造业						
石油加工、炼焦及核燃料加工业						
化学原料及化学制品制造业	28679714	14600597	29265492	20348669	6529367	6442627
医药制造业	3506359	2209306	1499774	670815	1047878	956993
化学纤维制造业						
橡胶制品业	287936	176583	194476	95344	197545	142063
塑料制品业	35058	28275	10972	4193	29171	29171
非金属矿物制品业	545885	449690	185452	89687	477082	467582
黑色金属冶炼及压延加工业	23882885	3523488	20375339	6431197	12975546	12780354
有色金属冶炼及压延加工业						
金属制品业	1920947	934219	1369158	616863	734414	690478
通用设备制造业	570957	387800	248383	136500	442462	392472
专用设备制造业	1010158	848778	151481	58622	832318	832318
交通运输设备制造业	14387021	10152877	4127251	1121349	11341799	10915042
电气机械及器材制造业	500579	393556	111541	52817	245861	244475
通信设备、计算机及其他电子设备制造业	862517	469090	592664	304562	512950	416900
仪器仪表及文化、办公用机械制造业	3684703	2550756	334140	124863	1979583	1928936
工艺品及其他制造业						
废弃资源和废旧材料回收加工业						
电力、燃气及水的生产和供应业	12627770	3063528	7571402	2791145	7408325	3032781
电力、热力的生产和供应业	6999224	1152839	3364934	1437138	5747347	2168147
燃气生产和供应业						
水的生产和供应业	5628546	1910689	4206468	1354007	1660978	864634

表 7—3　续表 4

指　　标	主营业务收　　入	主营业务税金及附加	利　税总　额	盈亏相抵后利润总额	从业人员平均人数（人）
总　　计	98608704	9666617	21443973	7922129	72461
一、按轻重工业分组：					
轻工业	16734536	5871956	10204803	2640148	18135
重工业	81874168	3794661	11239170	5281981	54326
二、按企业规模分组：					
大型企业	86555194	9594928	20073739	7089327	43719
中型企业	8929895	44182	1021360	619239	21955
小型企业	3123615	27507	348874	213563	6787
三、按行业分组：					
采矿业	1064190	35734	168402	20869	3912
煤炭开采和洗选业					
石油和天然气开采业					
黑色金属矿采选业	984450	35434	167834	21948	3697
有色金属矿采选业	79740	300	568	－1079	215
非金属矿采选业					
其他采矿业					
制造业	94833243	9616059	20988465	7761403	62542
农副食品加工业	43644	1090	3665	1265	52
食品制造业					
饮料制造业	13115	6	9	3	360
烟草制品业	11087956	5837792	9502341	2221952	2537
纺织业	27707	135	－13503	－14878	380
纺织服装、鞋、帽制造业	1051266	2203	67733	52457	2941
皮革、毛皮、羽毛(绒)及其制品业					
木材加工及木、竹、藤、棕、草制品业					
家具制造业					
造纸及纸制品业					

表 7—3 续表 5

指 标	主营业务收入	主营业务税金及附加	利税总额	盈亏相抵后利润总额	从业人员平均人数(人)
印刷业和记录媒介的复制	313595	1761	29315	11964	1626
文教体育用品制造业					
石油加工、炼焦及核燃料加工业					
化学原料及化学制品制造业	47805909	3671366	8709687	3611758	10997
医药制造业	3103408	19312	546497	361172	6199
化学纤维制造业					
橡胶制品业	306257	3291	22924	7323	692
塑料制品业	65693	62	717	400	120
非金属矿物制品业	791280	2450	40049	5768	859
黑色金属冶炼及压延加工业	10993415	1934	－661434	－671673	5383
有色金属冶炼及压延加工业					
金属制品业	1497073	9646	442449	322514	2080
通用设备制造业	513451	3146	33408	4490	2792
专用设备制造业	1119211	2876	77098	34104	1283
交通运输设备制造业	12265256	22014	969821	813541	15484
电气机械及器材制造业	586975	18919	118406	95040	712
通信设备、计算机及其他电子设备制造业	672691	2363	5037	－10481	4469
仪器仪表及文化、办公用机械制造业	2575341	15693	1094246	914684	3576
工艺品及其他制造业					
废弃资源和废旧材料回收加工业					
电力、燃气及水的生产和供应业	2711271	14824	287106	139857	6007
电力、热力的生产和供应业	1816962	8503	213396	125258	2350
燃气生产和供应业					
水的生产和供应业	894309	6321	73710	14599	3657

表 7—4 规模以上集体工业企业主要经济指标（2009 年）

计量单位:千元

指　标	企业单位数（个）	# 亏损企业	工业总产值
总　计	98	20	7272244
一、按轻重工业分组:			
轻工业	24	5	1578213
重工业	74	15	5694031
二、按企业规模分组:			
大型企业			
中型企业	7	3	1111877
小型企业	91	17	6160367
三、按行业分组:			
采矿业	2		68690
煤炭开采和洗选业			
石油和天然气开采业			
黑色金属矿采选业			
有色金属矿采选业			
非金属矿采选业	2		68690
其他采矿业			
制造业	95	20	7178323
农副食品加工业	1		48964
食品制造业	1		18996
饮料制造业			
烟草制品业			
纺织业	1		109595
纺织服装、鞋、帽制造业	3		157420
皮革、毛皮、羽毛(绒)及其制品业	2		105857
木材加工及木、竹、藤、棕、草制品业			
家具制造业			
造纸及纸制品业	1		8480

表 7—4　续表 1

指　　标	企业单位数（个）	# 亏损企业	工业总产值
印刷业和记录媒介的复制	5	2	64273
文教体育用品制造业			
石油加工、炼焦及核燃料加工业	2	1	80261
化学原料及化学制品制造业	11	1	1256265
医药制造业			
化学纤维制造业			
橡胶制品业	1		6292
塑料制品业	4		84915
非金属矿物制品业	6	2	307520
黑色金属冶炼及压延加工业	1		197950
有色金属冶炼及压延加工业	4	2	728125
金属制品业	10	1	551910
通用设备制造业	7		254136
专用设备制造业	4	1	176566
交通运输设备制造业	15	6	547519
电气机械及器材制造业	4	1	107803
通信设备、计算机及其他电子设备制造业	1		4171
仪器仪表及文化、办公用机械制造业	3	1	37366
工艺品及其他制造业	5	2	862169
废弃资源和废旧材料回收加工业	3		1461770
电力、燃气及水的生产和供应业	1		25231
电力、热力的生产和供应业			
燃气生产和供应业			
水的生产和供应业	1		25231

表7—4　续表2

指　　标	资产总计	流动资产	固定资产原价	累计折旧	负债	流动负债
总　　计	3251575	2430824	1105489	522391	1750451	1617933
一、按轻重工业分组：						
轻工业	446149	313512	188326	105260	187159	171015
重工业	2805426	2117312	917163	417131	1563292	1446918
二、按企业规模分组：						
大型企业						
中型企业	844595	546574	413663	211055	422445	366169
小型企业	2406980	1884250	691826	311336	1328006	1251764
三、按行业分组：						
采矿业	89402	82696	14627	8562	63391	63391
煤炭开采和洗选业						
石油和天然气开采业						
黑色金属矿采选业						
有色金属矿采选业						
非金属矿采选业	89402	82696	14627	8562	63391	63391
其他采矿业						
制造业	3144273	2343654	1075666	510269	1674395	1543277
农副食品加工业	21689	3568	14923	10840	6017	4958
食品制造业	23520	11748	11234	4678	2149	2149
饮料制造业						
烟草制品业						
纺织业	36463	33209	11878	10720	20835	20835
纺织服装、鞋、帽制造业	16953	8583	11093	3748	7079	7079
皮革、毛皮、羽毛(绒)及其制品业	14726	12580	2659	891	8554	8200
木材加工及木、竹、藤、棕、草制品业						
家具制造业						
造纸及纸制品业	3195	2810	516	134	1238	1238

表 7—4　续表 3

指　　标	资产总计	流动资产	固定资产原价	累计折旧	负债	流动负债
印刷业和记录媒介的复制	79045	70924	22526	16300	22313	22168
文教体育用品制造业						
石油加工、炼焦及核燃料加工业	21061	18256	5993	3188	14578	14378
化学原料及化学制品制造业	718792	566089	139874	87646	310387	310387
医药制造业						
化学纤维制造业						
橡胶制品业	8515	6072	3554	1167	7654	7654
塑料制品业	46578	33992	23631	13170	32164	29154
非金属矿物制品业	387312	249794	304634	167965	204426	141960
黑色金属冶炼及压延加工业	26891	6506	21001	617	5355	5355
有色金属冶炼及压延加工业	148701	86498	56769	11144	132716	131198
金属制品业	206310	138068	94744	27950	89582	89064
通用设备制造业	119852	96886	32868	10819	85189	84689
专用设备制造业	248630	178184	61174	20313	153377	151610
交通运输设备制造业	491616	397471	104491	40533	316269	278675
电气机械及器材制造业	118108	109521	16364	7777	93536	93393
通信设备、计算机及其他电子设备制造业	12716	12270	798	485	1925	1925
仪器仪表及文化、办公用机械制造业	54621	42200	23757	12276	26121	26121
工艺品及其他制造业	202469	144915	81365	45838	89891	76717
废弃资源和废旧材料回收加工业	136510	113510	29820	12070	43040	34370
电力、燃气及水的生产和供应业	17900	4474	15196	3560	12665	11265
电力、热力的生产和供应业						
燃气生产和供应业						
水的生产和供应业	17900	4474	15196	3560	12665	11265

表 7—4 续表 4

指 标	主营业务收入	主营业务税金及附加	利税总额	盈亏相抵后利润总额	从业人员平均人数（人）
总 计	7435305	54607	670507	357999	13423
一、按轻重工业分组					
轻工业	1768584	15259	120762	64688	2777
重工业	5666721	39348	549745	293311	10646
二、按企业规模分组					
大型企业					
中型企业	1343986	18279	85674	36992	3239
小型企业	6091319	36328	584833	321007	10184
三、按行业分组					
采矿业	60981	212	4642	1892	150
煤炭开采和洗选业					
石油和天然气开采业					
黑色金属矿采选业					
有色金属矿采选业					
非金属矿采选业	60981	212	4642	1892	150
其他采矿业					
制造业	7349093	53658	664860	355988	13231
农副食品加工业	47985	45	5921	2419	16
食品制造业	15983	206	5448	3372	51
饮料制造业					
烟草制品业					
纺织业	109635	171	3128	1063	197
纺织服装、鞋、帽制造业	150317	601	12164	5530	755
皮革、毛皮、羽毛(绒)及其制品业	103029	232	8782	4956	167
木材加工及木、竹、藤、棕、草制品业					
家具制造业					
造纸及纸制品业	8485	15	1104	382	34

表7—4 续表5

指　　标	主营业务收　　入	主营业务税金及附加	利　税总　额	盈亏相抵后利润总额	从业人员平均人数(人)
印刷业和记录媒介的复制	66008	516	20613	15316	143
文教体育用品制造业					
石油加工、炼焦及核燃料加工业	74381	131	3094	875	49
化学原料及化学制品制造业	1268605	7415	245915	165150	1645
医药制造业					
化学纤维制造业					
橡胶制品业	5889	42	618	110	73
塑料制品业	86219	249	4618	1941	339
非金属矿物制品业	300788	1219	13845	-2516	1065
黑色金属冶炼及压延加工业	200672	248	4772	1257	58
有色金属冶炼及压延加工业	678793	4300	37972	11992	564
金属制品业	573835	2533	43884	20570	1243
通用设备制造业	245840	838	17917	6035	795
专用设备制造业	214026	5247	11335	481	879
交通运输设备制造业	554095	3540	41293	19131	2381
电气机械及器材制造业	107053	730	6682	-700	721
通信设备、计算机及其他电子设备制造业	5011	52	1470	941	28
仪器仪表及文化、办公用机械制造业	36645	301	2072	458	334
工艺品及其他制造业	1073169	11810	49936	26565	1099
废弃资源和废旧材料回收加工业	1422630	13217	122277	70660	595
电力、燃气及水的生产和供应业	25231	737	1005	119	42
电力、热力的生产和供应业					
燃气生产和供应业					
水的生产和供应业	25231	737	1005	119	42

表 7—5 规模以上有限责任公司工业企业主要经济指标（2009 年）

计量单位：千元

指　　标	企业单位数（个）	# 亏损企业	工业总产值
总　　计	2352	326	345337588
一、按经济类型分组：			
国有独资公司	13	1	16663011
私营有限责任公司	1654	197	94268312
与港澳台商合资经营	119	23	22463861
中外合资经营	223	43	104609826
其他有限责任公司	343	62	107332578
二、按轻重工业分组：			
轻工业	734	121	57547892
重工业	1618	205	287789696
三、按企业规模分组：			
大型企业	24	5	113892352
中型企业	142	23	87375185
小型企业	2186	298	144070051
四、按行业分组：			
采矿业	25	2	2952838
煤炭开采和洗选业			
石油和天然气开采业			
黑色金属矿采选业	4	0	606940
有色金属矿采选业	3	1	490866
非金属矿采选业	18	1	1855032
其他采矿业			
制造业	2311	323	336097077
农副食品加工业	53	7	4434390
食品制造业	42	10	4344097
饮料制造业	8	0	3961873
烟草制品业			
纺织业	63	11	3937213
纺织服装、鞋、帽制造业	187	33	14140675
皮革、毛皮、羽毛(绒)及其制品业	14	3	594564

表 7—5　续表 1

指　　标	企业单位数（个）	# 亏损企业	工业总产值
木材加工及木、竹、藤、棕、草制品业	18	0	522078
家具制造业	16	5	380582
造纸及纸制品业	50	4	2299540
印刷业和记录媒介的复制	51	8	1794872
文教体育用品制造业	37	3	2201089
石油加工、炼焦及核燃料加工业	8	3	1918274
化学原料及化学制品制造业	205	25	49125303
医药制造业	30	3	4125080
化学纤维制造业	5	2	3147979
橡胶制品业	17	1	3016661
塑料制品业	84	11	4836893
非金属矿物制品业	181	37	12201412
黑色金属冶炼及压延加工业	28	4	44417049
有色金属冶炼及压延加工业	60	7	19175922
金属制品业	216	29	12378965
通用设备制造业	266	25	22291429
专用设备制造业	128	11	7646082
交通运输设备制造业	162	27	49887180
电气机械及器材制造业	191	22	17241396
通信设备、计算机及其他电子设备制造业	107	22	41030846
仪器仪表及文化、办公用机械制造业	65	7	4191776
工艺品及其他制造业	12	3	325931
废弃资源和废旧材料回收加工业	7	0	527926
电力、燃气及水的生产和供应业	16	1	6287673
电力、热力的生产和供应业	6	0	3906430
燃气生产和供应业	6	0	2277336
水的生产和供应业	4	1	103907

表7—5 续表2

指 标	资产总计	流动资产	固定资产原价	累计折旧	负债	流动负债
总 计	320971812	165417194	158401275	55638284	200432609	169102425
一、按经济类型分组：						
国有独资公司	33781148	12867056	20123818	7823119	19237425	17255127
私营有限责任公司	54923886	33511938	20423502	5715408	34491613	31677620
与港澳台商合资经营	23676812	11464403	10881332	2825282	13455567	10034999
中外合资经营	82771141	38745322	55898665	20424192	49634410	39531848
其他有限责任公司	125818825	68828475	51073958	18850283	83613594	70602831
二、按轻重工业分组：						
轻工业	38025874	20710230	19413998	6081162	22004099	18325365
重工业	282945938	144706964	138987277	49557122	178428510	150777060
三、按企业规模分组：						
大型企业	133532282	65439279	64698073	23904895	92167955	78564392
中型企业	97556379	48875817	55372124	19264853	58684998	45964218
小型企业	89883151	51102098	38331078	12468536	49579656	44573815
四、按行业分组：						
采矿业	2016883	1409240	686114	364349	1025981	1006137
煤炭开采和洗选业						
石油和天然气开采业						
黑色金属矿采选业	584161	384801	205572	113460	259088	259088
有色金属矿采选业	869243	643446	285786	173386	367321	354061
非金属矿采选业	563479	380993	194756	77503	399572	392988
其他采矿业						
制造业	301939186	160521788	146950020	52319313	190990562	162839619
农副食品加工业	2506471	1549715	625636	222975	2024904	1720922
食品制造业	4840253	3088342	1873657	478916	1946730	1671493
饮料制造业	2069139	1002204	1839330	833666	1232002	1231668
烟草制品业						
纺织业	2195192	1304300	1041581	368301	1264318	905945
纺织服装、鞋、帽制造业	5493690	3182189	2413443	646627	2889623	2753683
皮革、毛皮、羽毛(绒)及其制品业	205666	121592	90628	30655	119637	107542

表 7—5　续表 3

指　　标	资产总计	流动资产	固定资产原价	累计折旧	负债	流动负债
木材加工及木、竹、藤、棕、草制品业	350010	210567	138756	32058	251607	251467
家具制造业	358913	190006	129563	32223	255418	252993
造纸及纸制品业	1613615	900393	694629	215710	866462	789036
印刷业和记录媒介的复制	1614803	793957	1190311	473628	969278	742030
文教体育用品制造业	822185	406805	339689	102005	477292	448376
石油加工、炼焦及核燃料加工业	1090631	786767	347646	133987	281405	228459
化学原料及化学制品制造业	52176650	19013510	36724371	12684882	29914151	22344569
医药制造业	3688874	2095914	1683711	503881	1791625	1550031
化学纤维制造业	3847941	1140314	3670093	1138227	2858976	1949563
橡胶制品业	5236702	2029191	3685747	974262	3782256	3062762
塑料制品业	2698842	1497937	1279611	452542	1426508	1314368
非金属矿物制品业	14293456	7074822	9008252	3603448	8066622	7366328
黑色金属冶炼及压延加工业	33928050	16725064	21728054	7675585	23435618	18390460
有色金属冶炼及压延加工业	5682035	3723576	1829535	556329	3403294	3274830
金属制品业	6429616	4209558	1998949	486075	4299200	3773292
通用设备制造业	22525229	13714329	8047574	2299341	12580859	10658957
专用设备制造业	6808869	3966748	2755569	830616	3647087	3548402
交通运输设备制造业	54979405	27789026	24006209	8568749	40161951	35887513
电气机械及器材制造业	18862470	15238380	2848791	897995	11316289	10819127
通信设备、计算机及其他电子设备制造业	41990645	25440426	15005672	7552183	29456768	25756526
仪器仪表及文化、办公用机械制造业	5340628	3184268	1792234	475803	2103486	1925430
工艺品及其他制造业	169288	81861	85620	32756	105099	53750
废弃资源和废旧材料回收加工业	119918	60027	75159	15888	62097	60097
电力、燃气及水的生产和供应业	17015743	3486166	10765141	2954622	8416066	5256669
电力、热力的生产和供应业	13671912	2884845	8127919	2481720	6722642	4214963
燃气生产和供应业	2681099	506447	2133466	390262	1355940	841778
水的生产和供应业	662732	94874	503756	82640	337484	199928

表 7—5 续表 4

指标	主营业务收入	主营业务税金及附加	利税总额	盈亏相抵后利润总额	从业人员平均人数（人）
总计	344772267	1601615	27821834	16239076	433539
一、按经济类型分组：					
国有独资公司	17397510	77534	781211	262004	32890
私营有限责任公司	91876175	350333	6895960	3760299	184919
与港澳台商合资经营	22672308	26480	2854803	2020458	33145
中外合资经营	99893067	521935	8722177	5342651	64265
其他有限责任公司	112933207	625333	8567683	4853664	118320
二、按轻重工业分组：					
轻工业	56016437	180620	5909781	3654477	140700
重工业	288755830	1420995	21912053	12584599	292839
三、按企业规模分组：					
大型企业	118777696	889128	6353963	2499940	103567
中型企业	86089519	246862	9140540	6162859	103663
小型企业	139905052	465625	12327331	7576277	226309
四、按行业分组：					
采矿业	2796444	28774	373598	201937	5899
煤炭开采和洗选业					
石油和天然气开采业					
黑色金属矿采选业	561631	4391	82819	39853	1430
有色金属矿采选业	455230	10662	109479	65341	1417
非金属矿采选业	1779583	13721	181300	96743	3052
其他采矿业					
制造业	334885541	1554585	26354904	15143313	421173
农副食品加工业	4382575	14364	473288	299118	5776
食品制造业	4226829	11971	949642	694299	10860
饮料制造业	3693054	576	547820	407701	5037
烟草制品业					
纺织业	3776011	12749	238831	101842	12586
纺织服装、鞋、帽制造业	13456345	36188	983621	492285	56896
皮革、毛皮、羽毛(绒)及其制品业	582857	3032	32435	8139	1699

表 7—5　续表 5

指　　标	主营业务收　　入	主营业务税金及附加	利　税总　额	盈亏相抵后利润总额	从业人员平均人数（人）
木材加工及木、竹、藤、棕、草制品业	516186	3619	30810	15240	1047
家具制造业	379545	779	29881	18535	1064
造纸及纸制品业	2268410	7500	350731	258831	4638
印刷业和记录媒介的复制	1769718	5542	179058	118243	4177
文教体育用品制造业	2076047	8389	170308	85127	7044
石油加工、炼焦及核燃料加工业	2137810	47832	196314	119731	1019
化学原料及化学制品制造业	49788838	93609	4487407	2825805	37300
医药制造业	4187292	11893	1032733	663042	6207
化学纤维制造业	3175991	39146	141737	33718	3486
橡胶制品业	2881909	4587	154388	49435	4694
塑料制品业	4837786	16589	337102	161375	7500
非金属矿物制品业	12072454	64344	1022729	438400	23485
黑色金属冶炼及压延加工业	45286957	126182	2117617	907921	15904
有色金属冶炼及压延加工业	17432800	14836	1219035	950967	7809
金属制品业	12110730	39781	882873	504411	18947
通用设备制造业	21692229	56281	2596211	1847043	35012
专用设备制造业	7405339	41285	852118	490021	15380
交通运输设备制造业	51590400	784486	2403665	407599	62374
电气机械及器材制造业	16268232	45569	2532397	1964998	20486
通信设备、计算机及其他电子设备制造业	41693274	48141	1859684	927948	39797
仪器仪表及文化、办公用机械制造业	4283069	10720	467348	337060	9011
工艺品及其他制造业	367950	1631	25831	2438	1256
废弃资源和废旧材料回收加工业	544904	2964	39290	12041	682
电力、燃气及水的生产和供应业	7090282	18256	1093332	893826	6467
电力、热力的生产和供应业	4167440	17216	809996	664750	3489
燃气生产和供应业	2802237	911	277695	225119	2660
水的生产和供应业	120605	129	5641	3957	318

表7—6　规模以上股份有限公司工业企业主要经济指标（2009年）

计量单位:千元

指　标	企业单位数（个）	# 亏损企业	工业总产值
总　计	179	25	82264345
一、按经济类型分组:			
股份有限公司	81	12	70193487
私营股份有限公司	80	9	8841560
港澳台商投资股份有限公司	9	2	555311
外商投资股份有限公司	9	2	2673987
二、按轻重工业分组:			
轻工业	42	9	4499439
重工业	137	16	77764906
三、按企业规模分组:			
大型企业	4	0	54827460
中型企业	22	4	15522954
小型企业	153	21	11913931
四、按行业分组:			
采矿业	2	0	152180
煤炭开采和洗选业			
石油和天然气开采业			
黑色金属矿采选业			
有色金属矿采选业			
非金属矿采选业	2	0	152180
其他采矿业			
制造业	173	25	79174488
农副食品加工业	1	0	9430
食品制造业	1	1	6104
饮料制造业	1	0	40949
烟草制品业			
纺织业	3	1	212826
纺织服装、鞋、帽制造业	6	2	156714
皮革、毛皮、羽毛(绒)及其制品业	1	1	258800

表 7—6　续表 1

指　　标	企业单位数（个）	# 亏损企业	工业总产值
木材加工及木、竹、藤、棕、草制品业			
家具制造业	2	0	417664
造纸及纸制品业	1	1	71671
印刷业和记录媒介的复制	2	0	451071
文教体育用品制造业	2	0	28500
石油加工、炼焦及核燃料加工业	3	0	51398639
化学原料及化学制品制造业	18	3	2711613
医药制造业	8	1	743985
化学纤维制造业	1	0	1040940
橡胶制品业	3	0	885647
塑料制品业	4	1	85024
非金属矿物制品业	9	0	1439154
黑色金属冶炼及压延加工业	1	0	174359
有色金属冶炼及压延加工业	1	0	1941525
金属制品业	14	0	4266940
通用设备制造业	20	2	1951421
专用设备制造业	18	4	1089121
交通运输设备制造业	8	1	351069
电气机械及器材制造业	19	3	3018296
通信设备、计算机及其他电子设备制造业	13	3	3832823
仪器仪表及文化、办公用机械制造业	12	1	2412908
工艺品及其他制造业	1	0	177295
废弃资源和废旧材料回收加工业			
电力、燃气及水的生产和供应业	4	0	2937677
电力、热力的生产和供应业	2	0	2813518
燃气生产和供应业	1	0	94900
水的生产和供应业	1	0	29259

表 7—6 续表 2

指　标	资产总计	流动资产	固定资产原价	累计折旧	负债	流动负债
总　计	53464488	27978139	29979534	11099015	32084406	28493729
一、按经济类型分组：						
股份有限公司	41168890	19578208	26913390	10262167	23715359	21251359
私营股份有限公司	8528301	6430974	1322134	480413	6345061	5475608
港澳台商投资股份有限公司	1051931	614073	382374	118259	612393	581423
外商投资股份有限公司	2715366	1354884	1361636	238176	1411593	1185339
二、按轻重工业分组：						
轻工业	7264275	3237812	2723694	728515	4108280	3520714
重工业	46200213	24740327	27255840	10370500	27976126	24973015
三、按企业规模分组：						
大型企业	21724601	9289565	16851579	6626986	12834095	12528622
中型企业	20192523	11755935	9500214	3355294	13320112	10618614
小型企业	11547364	6932639	3627741	1116735	5930199	5346493
四、按行业分组：						
采矿业	37581	28065	25259	17264	25501	25501
煤炭开采和洗选业						
石油和天然气开采业						
黑色金属矿采选业						
有色金属矿采选业						
非金属矿采选业	37581	28065	25259	17264	25501	25501
其他采矿业						
制造业	48018195	26849691	23716038	8661131	28855071	26692494
农副食品加工业	3800	2100	1186	9	1800	1800
食品制造业	128076	46993	67740	11063	5277	5277
饮料制造业	18330	6320	15980	3970	1589	1589
烟草制品业						
纺织业	172576	129324	30955	10993	160412	150026
纺织服装、鞋、帽制造业	47090	20515	17259	2648	26546	26546
皮革、毛皮、羽毛(绒)及其制品业	415630	188880	84550	47260	373610	209870

表 7—6　续表 3

指　　标	资产总计	流动资产	固定资产原价	累计折旧	负债	流动负债
木材加工及木、竹、藤、棕、草制品业						
家具制造业	307110	161490	150795	51419	31440	31440
造纸及纸制品业	84982	83451	21152	19621	84471	41191
印刷业和记录媒介的复制	537257	240689	237064	111780	396108	193470
文教体育用品制造业	10377	4505	8774	3382	3535	3523
石油加工、炼焦及核燃料加工业	14903336	5687654	15046373	6246279	8496448	8422760
化学原料及化学制品制造业	2337440	1265303	537432	196667	1099340	1064442
医药制造业	754758	410371	386278	144515	282663	276751
化学纤维制造业	3430710	1459271	1130416	163361	2234790	2123946
橡胶制品业	102415	66855	56747	24093	44022	43720
塑料制品业	89807	71681	31464	14475	50004	22445
非金属矿物制品业	1133324	370298	471243	121573	449892	433867
黑色金属冶炼及压延加工业	110616	75432	41878	13426	110514	110514
有色金属冶炼及压延加工业	2018887	1000440	1044369	127013	1138175	989730
金属制品业	5561223	4581725	820141	218160	4423884	3857785
通用设备制造业	1575047	829992	713301	326606	858791	583130
专用设备制造业	1697059	1281423	281953	102967	1151027	1040680
交通运输设备制造业	685923	545626	98581	27606	492558	491758
电气机械及器材制造业	4179554	2980450	776776	272716	2701789	2529699
通信设备、计算机及其他电子设备制造业	4221517	2944682	748144	285086	2385897	2223407
仪器仪表及文化、办公用机械制造业	3440328	2380677	870487	104244	1819603	1782242
工艺品及其他制造业	51023	13544	25000	10199	30886	30886
废弃资源和废旧材料回收加工业						
电力、燃气及水的生产和供应业	5408712	1100383	6238237	2420620	3203834	1775734
电力、热力的生产和供应业	4895077	872881	6007007	2359622	3067750	1648828
燃气生产和供应业	129860	54329	19531	1508	22473	22473
水的生产和供应业	383775	173173	211699	59490	113611	104433

表 7—6　续表 4

指　　标	主营业务收　　入	主营业务税金及附加	利　税总　额	盈亏相抵后利润总额	从业人员平均人数（人）
总　　计	79234490	8001463	15074364	4415997	52681
一、按经济类型分组：					
股份有限公司	67957381	7912834	13865920	3660046	31943
私营股份有限公司	8574486	32075	1004135	675443	14019
港澳台商投资股份有限公司	541852	1181	57464	33454	1552
外商投资股份有限公司	2160771	55373	146845	47054	5167
二、按轻重工业分组：					
轻工业	4026982	26302	497644	320175	12546
重工业	75207508	7975161	14576720	4095822	40135
三、按企业规模分组：					
大型企业	52606013	7829001	11821768	2335946	12897
中型企业	14776573	99519	1812582	1140488	20282
小型企业	11851904	72943	1440014	939563	19502
四、按行业分组：					
采矿业	148490	1679	11114	5027	250
煤炭开采和洗选业					
石油和天然气开采业					
黑色金属矿采选业					
有色金属矿采选业					
非金属矿采选业	148490	1679	11114	5027	250
其他采矿业					
制造业	76104665	7983903	14583952	4147221	51185
农副食品加工业	9450	12	384	192	55
食品制造业	6104	5	－613	－618	122
饮料制造业	40957	1024	3443	1188	89
烟草制品业					
纺织业	206640	33	6262	5413	409
纺织服装、鞋、帽制造业	154430	412	5712	933	1011
皮革、毛皮、羽毛(绒)及其制品业	116080	740	6950	－740	534

表 7—6　续表 5

指　　标	主营业务收　　入	主营业务税金及附加	利　税总　额	盈亏相抵后利润总额	从业人员平均人数（人）
木材加工及木、竹、藤、棕、草制品业					
家具制造业	415925	2150	26868	7488	878
造纸及纸制品业	61252	56	－7130	－7811	113
印刷业和记录媒介的复制	421041	982	42002	26507	465
文教体育用品制造业	27637	76	2652	1287	156
石油加工、炼焦及核燃料加工业	49453433	7813567	11290368	2009082	4178
化学原料及化学制品制造业	2895355	10472	261399	185489	3560
医药制造业	689364	16389	145979	95181	1870
化学纤维制造业	1084800	1930	154780	110000	3554
橡胶制品业	948097	1729	163255	132387	1426
塑料制品业	81715	102	4677	1838	143
非金属矿物制品业	1163333	6665	156632	102816	2852
黑色金属冶炼及压延加工业	169284	185	10913	8676	91
有色金属冶炼及压延加工业	1497838	40789	87142	11052	1950
金属制品业	4189669	15153	519550	386735	5230
通用设备制造业	1903017	10132	202917	110408	4459
专用设备制造业	1132375	9723	79392	35227	2614
交通运输设备制造业	355650	3402	29654	17980	1218
电气机械及器材制造业	2885498	16690	413536	204482	5655
通信设备、计算机及其他电子设备制造业	3765104	15227	330759	221529	5190
仪器仪表及文化、办公用机械制造业	2258641	16214	633231	472465	3188
工艺品及其他制造业	171976	44	13238	8035	175
废弃资源和废旧材料回收加工业					
电力、燃气及水的生产和供应业	2981335	15881	479298	263749	1246
电力、热力的生产和供应业	2826769	14298	442274	234631	1068
燃气生产和供应业	95012	489	27124	22235	16
水的生产和供应业	59554	1094	9900	6883	162

表7—7 规模以上“三资”工业企业主要经济指标（2009年）

计量单位：千元

指　　标	企业单位数（个）	#亏损企业	工业总产值
总　　计	819	173	259120545
一、按轻重工业分组：			
轻工业	302	60	57244640
重工业	517	113	201875905
二、按企业规模分组：			
大型企业	19	5	85300890
中型企业	109	23	82969601
小型企业	691	145	90850054
三、按行业分组：			
采矿业			
煤炭开采和洗选业			
石油和天然气开采业			
黑色金属矿采选业			
有色金属矿采选业			
非金属矿采选业			
其他采矿业			
制造业	806	172	255071514
农副食品加工业	10	0	6403464
食品制造业	19	4	3066229
饮料制造业	10	2	4575020
烟草制品业			
纺织业	25	8	2065690
纺织服装、鞋、帽制造业	71	11	5956674
皮革、毛皮、羽毛(绒)及其制品业	11	2	2803567
木材加工及木、竹、藤、棕、草制品业	1	0	74980
家具制造业	8	3	372548
造纸及纸制品业	13	2	981179

表7—7 续表1

指　标	企业单位数（个）	# 亏损企业	工业总产值
印刷业和记录媒介的复制	6	1	866813
文教体育用品制造业	30	8	1764388
石油加工、炼焦及核燃料加工业			
化学原料及化学制品制造业	80	14	46426149
医药制造业	17	0	4306899
化学纤维制造业	3	1	3076142
橡胶制品业	4	0	2382399
塑料制品业	30	5	2112110
非金属矿物制品业	32	7	2875637
黑色金属冶炼及压延加工业	7	1	1484580
有色金属冶炼及压延加工业	16	4	15880860
金属制品业	36	9	2981878
通用设备制造业	87	19	13225282
专用设备制造业	45	8	3233278
交通运输设备制造业	50	12	20725668
电气机械及器材制造业	66	13	14764336
通信设备、计算机及其他电子设备制造业	99	31	90496674
仪器仪表及文化、办公用机械制造业	19	3	1915388
工艺品及其他制造业	9	2	163219
废弃资源和废旧材料回收加工业	2	2	90463
电力、燃气及水的生产和供应业	13	1	4049031
电力、热力的生产和供应业	5	0	1584758
燃气生产和供应业	6	0	2395386
水的生产和供应业	2	1	68887

表 7—7　续表 2

指　　标	资产总计	流动资产	固定资产原价	累计折旧	负债	流动负债
总　　计	191251702	94313042	112548970	38575122	111158855	90292962
一、按轻重工业分组:						
轻工业	49164854	27180184	22624846	7224318	28551651	24791250
重工业	142086848	67132858	89924124	31350804	82607204	65501712
二、按企业规模分组:						
大型企业	40048300	23380222	23229860	9075692	26671316	23171252
中型企业	82522412	36262914	54045530	18975069	47360277	37646764
小型企业	68680990	34669906	35273580	10524361	37127262	29474946
三、按行业分组:						
采矿业						
煤炭开采和洗选业						
石油和天然气开采业						
黑色金属矿采选业						
有色金属矿采选业						
非金属矿采选业						
其他采矿业						
制造业	180873418	92680523	106160161	37853491	104120844	86349847
农副食品加工业	6810517	3416269	809738	197104	4882287	4786430
食品制造业	3995858	2582492	1802650	567730	940311	890743
饮料制造业	3146235	1312592	2658126	1015612	2097127	2012981
烟草制品业						
纺织业	3441091	1244905	2226314	675303	1864813	990737
纺织服装、鞋、帽制造业	2425418	1433095	1185944	397101	1185326	1124948
皮革、毛皮、羽毛(绒)及其制品业	1076564	835543	255988	92265	423343	422156
木材加工及木、竹、藤、棕、草制品业	24630	8250	27350	10970	660	660
家具制造业	344784	184106	170085	41693	127589	123778
造纸及纸制品业	963220	563508	496467	157638	446554	437906

表 7—7　续表 3

指　　标	资产总计	流动资产	固定资产原价	累计折旧	负债	流动负债
印刷业和记录媒介的复制	1258867	536261	464309	201362	990178	939037
文教体育用品制造业	913043	571623	331471	103596	466761	445984
石油加工、炼焦及核燃料加工业						
化学原料及化学制品制造业	44278306	13963435	34498007	10271991	23536175	13516079
医药制造业	3089497	1763007	1289288	540446	833464	815114
化学纤维制造业	3697902	1112072	3539453	1129068	2790198	1912111
橡胶制品业	4541444	1685367	3495742	903156	3350746	2754277
塑料制品业	1721722	855871	925057	382637	586677	547329
非金属矿物制品业	4251070	1651073	3722181	1590713	2097338	1942908
黑色金属冶炼及压延加工业	1220687	605241	761110	183965	417256	417256
有色金属冶炼及压延加工业	5344895	3639320	1902061	418649	3137239	2930708
金属制品业	2538586	1773426	982353	443433	1233643	1186849
通用设备制造业	15360949	10459663	5358623	1789055	7499523	6806143
专用设备制造业	2966942	1645289	1332081	343147	1294990	1164943
交通运输设备制造业	15696566	7661151	8958514	2306546	12958317	10788758
电气机械及器材制造业	12629978	8260483	5267242	1833316	8022587	7372706
通信设备、计算机及其他电子设备制造业	37128678	23715835	22763168	11985274	22107545	21269982
仪器仪表及文化、办公用机械制造业	1733046	1042883	788646	219528	715045	658428
工艺品及其他制造业	195804	104120	110708	37357	89716	65539
废弃资源和废旧材料回收加工业	77119	53643	37485	14836	25436	25357
电力、燃气及水的生产和供应业	10378284	1632519	6388809	721631	7038011	3943115
电力、热力的生产和供应业	6777016	860887	3783932	293349	5380654	2950101
燃气生产和供应业	3141611	742700	2289560	396948	1422828	886666
水的生产和供应业	459657	28932	315317	31334	234529	106348

表 7—7 续表 4

指 标	主营业务收入	主营业务税金及附加	利税总额	盈亏相抵后利润总额	从业人员平均人数（人）
总 计	250823097	697925	19150238	13032171	235810
一、按轻重工业分组：					
轻工业	55775669	125845	5758079	3757064	89807
重工业	195047428	572080	13392159	9275107	146003
二、按企业规模分组：					
大型企业	80695610	466545	3784721	2040633	60449
中型企业	81958418	116739	7591098	5310446	80217
小型企业	88169069	114641	7774419	5681092	95144
三、按行业分组：					
采矿业					
煤炭开采和洗选业					
石油和天然气开采业					
黑色金属矿采选业					
有色金属矿采选业					
非金属矿采选业					
其他采矿业					
制造业	246177507	695855	18594387	12560536	231515
农副食品加工业	5918312	1459	651206	472791	2823
食品制造业	3103672	4137	910662	732849	6213
饮料制造业	4258127	47185	558168	348156	5898
烟草制品业					
纺织业	2018279	1304	51045	10330	5293
纺织服装、鞋、帽制造业	5870169	7159	426968	231688	22034
皮革、毛皮、羽毛(绒)及其制品业	2681135	4087	326678	137459	6780
木材加工及木、竹、藤、棕、草制品业	74180	190	4680	530	178
家具制造业	385147	218	22862	16442	1402
造纸及纸制品业	1018420	1828	92085	57229	2299

表 7—7　续表 5

指　　标	主营业务收　　入	主营业务税金及附加	利　税总　额	盈亏相抵后利润总额	从业人员平均人数（人）
印刷业和记录媒介的复制	847335	275	108477	81922	1185
文教体育用品制造业	1659144	3102	188067	116774	6648
石油加工、炼焦及核燃料加工业					
化学原料及化学制品制造业	46183244	20169	5382456	4261483	14409
医药制造业	3901176	12323	1034107	700839	3783
化学纤维制造业	3105555	39056	157058	49824	3413
橡胶制品业	2248950	1345	93241	18036	2595
塑料制品业	2047530	2557	212364	130461	3993
非金属矿物制品业	2773803	1796	116563	－2084	4850
黑色金属冶炼及压延加工业	1410765	259	135274	95126	1310
有色金属冶炼及压延加工业	13938413	41640	861277	659699	3472
金属制品业	2893538	2813	279196	180116	5533
通用设备制造业	13201631	20083	2008827	1478132	23113
专用设备制造业	3070264	4696	367765	256201	5869
交通运输设备制造业	19055117	470125	928475	111584	15633
电气机械及器材制造业	13899891	2341	1277647	928032	18744
通信设备、计算机及其他电子设备制造业	88333466	1528	2142588	1301003	59532
仪器仪表及文化、办公用机械制造业	2004394	2879	247722	188297	3105
工艺品及其他制造业	196843	1301	10640	5394	1041
废弃资源和废旧材料回收加工业	79007	0	－1711	－7777	367
电力、燃气及水的生产和供应业	4645590	2070	555851	471635	4295
电力、热力的生产和供应业	1637603	231	262174	230333	1172
燃气生产和供应业	2922778	1839	290632	238257	3025
水的生产和供应业	85209	0	3045	3045	98

表 7—8 规模以上大中型工业企业主要经济指标（2009 年）

计量单位：千元

指　标	企业单位数（个）	# 亏损企业	工业总产值
总　计	307	58	453873119
一、按登记注册类型分组			
内资企业	179	30	285602628
国有企业	35	6	94676981
集体企业	7	3	1111877
股份合作企业			
联营企业	1	0	166920
有限责任公司	61	10	99322685
股份有限公司	16	0	64269254
私营企业	56	11	24479177
其他企业	3	0	1575734
港、澳、台商投资企业	37	8	22712998
外商投资企业	91	20	145557493
二、按轻重工业分组：			
轻工业	86	13	61600574
重工业	221	45	392272545
三、按企业规模分组：			
大型企业	50	10	303727747
中型企业	257	48	150145372
四、按行业分祖：			
采矿业	5	0	2287928
煤炭开采和洗选业			
石油和天然气开采业			
黑色金属矿采选业	2	0	1293867
有色金属矿采选业	1	0	459636
非金属矿采选业	2	0	534425
其他采矿业			
制造业	290	58	442517634
农副食品加工业	3	0	2475969
食品制造业	9	0	3725344
饮料制造业	5	1	3645587
烟草制品业	1	0	11072814
纺织业	6	4	1113963

表7—8 续表1

指　　标	企业单位数（个）	#·亏损企业	工业总产值
纺织服装、鞋、帽制造业	18	2	6210978
皮革、毛皮、羽毛(绒)及其制品业	2	1	1058802
木材加工及木、竹、藤、棕、草制品业			
家具制造业	1	0	92794
造纸及纸制品业	2	0	340659
印刷业和记录媒介的复制	2	0	248423
文教体育用品制造业	6	1	803071
石油加工、炼焦及核燃料加工业	2	0	51406835
化学原料及化学制品制造业	23	4	83901563
医药制造业	8	1	5359820
化学纤维制造业	4	1	4117082
橡胶制品业	3	0	2743916
塑料制品业	5	0	1191344
非金属矿物制品业	12	4	4882729
黑色金属冶炼及压延加工业	7	2	53522718
有色金属冶炼及压延加工业	3	0	2912519
金属制品业	14	0	8257214
通用设备制造业	30	7	14603192
专用设备制造业	12	3	2854325
交通运输设备制造业	35	8	52987192
电气机械及器材制造业	21	4	20681684
通信设备、计算机及其他电子设备制造业	46	13	96257792
仪器仪表及文化、办公用机械制造业	8	2	5301400
工艺品及其他制造业	1	0	580985
废弃资源和废旧材料回收加工业	1	0	166920
电力、燃气及水的生产和供应业	12	0	9067557
电力、热力的生产和供应业	7	0	6902052
燃气生产和供应业	3	0	1322061
水的生产和供应业	2	0	843444

表 7—8 续表 2

指　　标	资产总计	流动资产	固定资产原价	累计折旧	负债	流动负债
总　　计	422470448	209673787	240186172	98256622	248074414	210788890
一、按登记注册类型分组						
内资企业	299899736	150030651	162910782	70205861	174042821	149970874
国有企业	102791181	48474808	69233247	34685305	45428899	39476308
集体企业	844595	546574	413663	211055	422445	366169
股份合作企业						
联营企业	115000	30000	115350	30350	30000	0
有限责任公司	140136365	70056202	63209598	23998822	92105027	77977347
股份有限公司	33856223	15199378	24680809	9639702	20007203	17970308
私营企业	21171404	15257916	4882731	1514496	15429753	13561248
其他企业	984968	465773	375384	126131	619494	619494
港、澳、台商投资企业	27375738	14250213	11789559	3176108	15712566	13108823
外商投资企业	95194974	45392923	65485831	24874653	58319027	47709193
二、按轻重工业分组：						
轻工业	63385176	37502461	26098793	9135636	30634434	26841313
重工业	359085272	172171326	214087379	89120986	217439980	183947577
三、按企业规模分组：						
大型企业	256983195	123745735	154771788	67357861	146894092	130501287
中型企业	165487253	85928052	85414384	30898761	101180322	80287603
四、按行业分组：						
采矿业	3361319	2008727	1779115	1121539	1620468	1164988
煤炭开采和洗选业						
石油和天然气开采业						
黑色金属矿采选业	2184794	1131696	1440692	920114	1053152	604912
有色金属矿采选业	849911	631642	260751	154213	337177	329937
非金属矿采选业	326614	245389	77672	47212	230139	230139
其他采矿业						
制造业	389536369	201134369	216005554	89507902	230756448	201585653
农副食品加工业	4992966	2063208	240233	81708	3519383	3519383
食品制造业	3966362	2831976	1362084	506802	1552896	1331572
饮料制造业	1954685	939934	1805712	881028	1413247	1413247
烟草制品业	11350920	9260024	2821935	1305086	1515366	1456961
纺织业	1564379	750189	595437	213801	843227	545891

表7—8 续表3

指　标	资产总计	流动资产	固定资产原价	累计折旧	负债	流动负债
纺织服装、鞋、帽制造业	3780706	2425319	1344690	322711	2049805	1922057
皮革、毛皮、羽毛(绒)及其制品业	1070437	736587	157561	70108	572335	408595
木材加工及木、竹、藤、棕、草制品业						
家具制造业	80380	47500	39985	11529	11330	11330
造纸及纸制品业	349210	127226	151378	35251	113677	107377
印刷业和记录媒介的复制	441791	118822	396378	194016	257169	257169
文教体育用品制造业	534977	356450	187069	82318	255436	255436
石油加工、炼焦及核燃料加工业	14939100	5701349	15075186	6254447	8469156	8395208
化学原料及化学制品制造业	72904755	29479429	61051860	30436731	32896764	25409694
医药制造业	5562945	3335113	2518979	1061104	1759841	1544433
化学纤维制造业	7128612	2571343	4669869	1292429	5024988	4036057
橡胶制品业	5227481	2046316	3775863	1041790	3862585	3091884
塑料制品业	948389	561681	395782	196286	426277	360102
非金属矿物制品业	7179512	2517451	5834067	2420601	3539848	3097045
黑色金属冶炼及压延加工业	56554067	19555709	41312283	13922808	35736003	30552873
有色金属冶炼及压延加工业	3593745	1557406	1922266	331594	1955368	1804946
金属制品业	9284194	7018713	2652360	1069971	6517361	5574694
通用设备制造业	20653669	12828825	7247164	2332962	11709164	9504742
专用设备制造业	3239542	2465799	710706	369354	2120296	2034526
交通运输设备制造业	61980280	33175217	25810471	9152151	46914635	42470299
电气机械及器材制造业	23544803	18170046	4975902	1402299	14927188	14318473
通信设备、计算机及其他电子设备制造业	58201167	34893165	26960727	14026642	38816420	34356132
仪器仪表及文化、办公用机械制造业	8259498	5474412	1820931	434639	3891604	3753250
工艺品及其他制造业	132797	95160	53326	27386	55079	52277
废弃资源和废旧材料回收加工业	115000	30000	115350	30350	30000	0
电力、燃气及水的生产和供应业	29572760	6530691	22401503	7627181	15697498	8038249
电力、热力的生产和供应业	21681472	4287983	16460280	6022630	12923626	6513021
燃气生产和供应业	2749280	492428	2165677	357393	1360404	824242
水的生产和供应业	5142008	1750280	3775546	1247158	1413468	700986

表 7—8　续表 4

指　　标	主营业务收　　入	主营业务税金及附加	利　税总　额	盈亏相抵后利润总额	从业人员平均人数（人）
总　　计	452399659	18755588	54244629	22853687	393709
一、按登记注册类型分组					
内资企业	289745631	18172304	42868810	15502608	253043
国有企业	95485089	9639110	21095099	7708566	65674
集体企业	1343986	18279	85674	36992	3239
股份合作企业					
联营企业	166920	5960	39720	13900	320
有限责任公司	105405127	561597	6672798	3418085	112143
股份有限公司	62014831	7874619	13120356	3166282	23646
私营企业	23761870	69189	1766179	1094518	45546
其他企业	1567808	3550	88984	64265	2475
港、澳、台商投资企业	22678774	13056	2963386	2201418	41761
外商投资企业	139975254	570228	8412433	5149661	98905
二、按轻重工业分组：					
轻工业	61625263	5971000	14796463	5703535	92278
重工业	390774396	12784588	39448166	17150152	301431
三、按企业规模分组：					
大型企业	304957700	18313064	39252569	12689720	202351
中型企业	147441959	442524	14992060	10163967	191358
四、按行业分组：					
采矿业	2099871	61423	371599	122212	7194
煤炭开采和洗选业					
石油和天然气开采业					
黑色金属矿采选业	1179505	39528	202503	30616	4774
有色金属矿采选业	424000	10601	107855	64228	1165
非金属矿采选业	496366	11294	61241	27368	1255
其他采矿业					
制造业	440321307	18647195	52309138	21678262	374465
农副食品加工业	2516039	2835	475500	331100	2730
食品制造业	3714148	9607	994052	750081	8959
饮料制造业	3373429	17205	442358	297464	5142
烟草制品业	11087956	5837792	9502341	2221952	2537
纺织业	1074656	2439	19719	-11341	4036

表7—8 续表5

指标	主营业务收入	主营业务税金及附加	利税总额	盈亏相抵后利润总额	从业人员平均人数（人）
纺织服装、鞋、帽制造业	5889007	11369	408335	269322	20632
皮革、毛皮、羽毛(绒)及其制品业	854471	747	139788	81694	4534
木材加工及木、竹、藤、棕、草制品业					
家具制造业	97115	68	2926	2858	650
造纸及纸制品业	377681	700	61809	29952	800
印刷业和记录媒介的复制	238553	1066	37503	25636	1041
文教体育用品制造业	735933	647	90441	59981	2320
石油加工、炼焦及核燃料加工业	49452910	7815397	11296828	2014631	4592
化学原料及化学制品制造业	85013900	3717960	11679392	5422221	40479
医药制造业	6199505	20678	1105691	733628	9924
化学纤维制造业	4190355	40986	311838	159824	6967
橡胶制品业	2676642	5814	126941	29746	3861
塑料制品业	1210504	3696	91783	44823	2155
非金属矿物制品业	4478181	15076	353530	144799	10692
黑色金属冶炼及压延加工业	54735559	128030	1334811	161341	20271
有色金属冶炼及压延加工业	2339158	43405	142185	38443	5390
金属制品业	8304337	27960	1267020	935428	11143
通用设备制造业	14341459	19597	2197955	1725088	27398
专用设备制造业	2756619	22206	272747	135867	5828
交通运输设备制造业	53597386	772940	2479800	673226	64465
电气机械及器材制造业	19320734	41743	2953982	2216229	21002
通信设备、计算机及其他电子设备制造业	95214053	42964	2683011	1707830	78710
仪器仪表及文化、办公用机械制造业	5572925	26867	1748973	1434476	7337
工艺品及其他制造业	791172	11441	48159	28063	550
废弃资源和废旧材料回收加工业	166920	5960	39720	13900	320
电力、燃气及水的生产和供应业	9978481	46970	1563892	1053213	12050
电力、热力的生产和供应业	7465191	39589	1262648	851617	6388
燃气生产和供应业	1745711	1785	240428	193494	2565
水的生产和供应业	767579	5596	60816	8102	3097

表 7—9 规模以上工业企业能源购进、消费及库存（2009 年）

项 目	购进量		消费量合 计	#工业生产消 费	年末库存
	实物量	金额(万元)			
原煤(吨)	14649122	898629	14607162	14577272	611884
洗精煤(吨)	6566632	662569	6443355	6443355	337312
其他洗煤(吨)	741425	34746	732967	732967	57508
焦炭(吨)	953523	157864	4256593	4256593	83305
焦炉煤气(万立方米)	437	957	61812	61812	
高炉煤气(万立方米)	224617	16988	1365427	1365427	
其他煤气(万立方米)	7439	1476	50455	48590	
天然气(万立方米)	154729	273217	155069	154937	
原油(吨)	20964109	6968408	20452890	20452890	915172
汽油(吨)	33160	19697	33771	25355	231
煤油(吨)	1396	851	1397	1392	14
柴油(吨)	122462	67413	123166	113386	3838
燃料油(吨)	89402	32146	236632	235380	15075
液化石油气(吨)	21799	10371	245778	245737	900
炼厂干气(吨)	13581	2950	673232	673232	
其他石油制品(吨)	4824626	2699455	10405891	10405889	148210
热力(百万千焦)	31074127	156450	77802181	76555574	
电力(万千瓦时)	1577865	1084074	2030394	2003229	

注:本表口径为年主营业务收入在 500 万元以上独立核算工业企业。

表7—10　主要能源按工业行业分组消费量（2009年）

行业分类	原煤（吨）	汽油（吨）	柴油（吨）	燃料油（吨）	电力（万千瓦时）
总　计	14607162	33770	123166	236632	2030394
黑色金属矿采选业	6652	228	1205	0	22257
有色金属矿采选业	325	34	414	0	5757
非金属矿采选业	21374	231	6349	0	5534
农副食品加工业	21520	358	2775	0	9082
食品制造业	18430	325	1694	0	9235
饮料制造业	15322	75	696	0	11111
烟草制品业	0	0	1257	0	2656
纺织业	17682	368	1025	3340	22803
纺织服装、鞋、帽制造业	15484	824	1080	0	17648
皮革、毛皮、羽毛（绒）及其制品业	2145	72	96	0	2224
木材加工及木、竹、藤、棕、草制	631	108	120	0	1098
家具制造业	0	114	93	0	1658
造纸及纸制品业	28464	540	1242	722	7278
印刷业和记录媒介的复制	143	451	201	9	5316
文教体育用品制造业	466	380	172	0	2754
石油加工、炼焦及核燃料加工业	1926938	76	1487	51697	135224
化学原料及化学制品制造业	2030878	5506	12851	158032	611462
医药制造业	15507	968	2170	531	10575
化学纤维制造业	266310	52	8265	0	39335
橡胶制品业	21736	130	91	2284	15677
塑料制品业	4600	375	2099	0	23220
非金属矿物制品业	1563184	2881	34146	9033	110132
黑色金属冶炼及压延加工业	131195	772	6699	136	469703
有色金属冶炼及压延加工业	71740	482	1437	0	22809
金属制品业	27330	1933	2134	24	29333
通用设备制造业	51670	3525	4346	0	62715
专用设备制造业	14718	1050	1312	0	15271
交通运输设备制造业	58294	5380	18089	6854	82195
电气机械及器材制造业	9601	2758	925	0	28336
通信设备、计算机及其他电子设备	13714	2089	2450	2984	87308
仪器仪表及文化、办公用机械制造	190	983	284	0	5927
工艺品及其他制造业	412	130	401	0	1477
废弃资源和废旧材料回收加工业	1663	85	2124	0	1690
电力、热力的生产和供应业	8248844	42	3106	986	128452
燃气生产和供应业	0	276	196	0	851
水的生产和供应业	0	169	135	0	22291

注：本表口径为年主营业务收入在500万元以上独立核算工业企业。

表 7—11 规模以上工业企业能源购进、消费及库存按行业分类（2009 年）

计量单位:吨标准煤

行业分类	购进量		消费量合计	#工业生产消费	年末库存
	实物量	金额(万元)			
总计	59108381	13089929	74455813	74323720	2365890
黑色金属矿采选业	34208	15890	34197	29674	209
有色金属矿采选业	7965	4390	7965	7816	
非金属矿采选业	30976	9414	31660	31540	2365
农副食品加工业	55206	14074	55580	53240	148
食品制造业	41426	13343	41447	41163	38
饮料制造业	32950	13979	32972	32284	448
烟草制品业	11405	4272	11405	10070	10
纺织业	57710	21511	57536	56889	741
纺织服装、鞋、帽制造业	40276	18177	40438	39253	411
皮革、毛皮、羽毛(绒)及其制品业	4172	1997	4580	4580	301
木材加工及木、竹、藤、棕、草制品业	2159	1131	2134	2029	25
家具制造业	2342	1526	2342	2203	1
造纸及纸制品业	34650	10574	39816	39368	1849
印刷业和记录媒介的复制	8431	4795	8431	8235	
文教体育用品制造业	4529	2645	4529	4415	
石油加工、炼焦及核燃料加工业	20573759	3703683	25020539	25015576	766540
化学原料及化学制品制造业	21039780	6741734	26288823	26280533	869752
医药制造业	45135	14612	45159	44547	774
化学纤维制造业	471917	151849	622892	622292	10529
橡胶制品业	53832	16804	53940	53788	482
塑料制品业	41220	20832	40925	40757	324
非金属矿物制品业	1365946	223263	1384694	1376643	50843
黑色金属冶炼及压延加工业	7295302	1060953	12592750	12532432	386053
有色金属冶炼及压延加工业	116087	28617	112748	112643	3726
金属制品业	74408	30613	74661	73980	1750
通用设备制造业	193634	70839	194235	191963	1485
专用设备制造业	36507	14702	36927	36241	371
交通运输设备制造业	206083	96233	218151	215232	2216
电气机械及器材制造业	55139	30118	55959	54890	189
通信设备、计算机及其他电子设备制造业	159840	77450	161333	156931	395
仪器仪表及文化、办公用机械制造业	10748	7033	10748	9832	35
工艺品及其他制造业	2723	1594	2886	2770	33
废弃资源和废旧材料回收加工业	6642	2200	6615	6615	26
电力、热力的生产和供应业	6961946	642613	7127219	7104492	263797
燃气生产和供应业	1734	962	1737	1509	24
水的生产和供应业	27594	15511	27840	27295	

注:本表口径为年主营业务收入在 500 万元以上独立核算工业企业。

表7—12 规模以上工业企业取水总量按行业分类（2009年）

计量单位：万立方米

行业分类	工业取水总量				重复用水总量
	合计	#自来水	地表水	地下水	
总计	163567	17322	144788	1013	640228
黑色金属矿采选业	1644	0	1644	0	99
有色金属矿采选业	58	22	36	0	131
非金属矿采选业	31	12	17	3	34
农副食品加工业	248	247	1	0	0
食品制造业	349	349	0	0	1
饮料制造业	463	463	0	0	359
烟草制品业	44	44	0	0	0
纺织业	297	288	6	3	3
纺织服装、鞋、帽制造业	350	344	3	3	0
皮革、毛皮、羽毛(绒)及其制品业	58	58	0	0	0
木材加工及木、竹、藤、棕、草制品业	9	9	0	0	0
家具制造业	12	12	0	0	0
造纸及纸制品业	166	66	99	0	109
印刷业和记录媒介的复制	50	49	0	0	0
文教体育用品制造业	42	41	0	1	0
石油加工、炼焦及核燃料加工业	3750	471	3278	0	864
化学原料及化学制品制造业	14111	7762	6192	41	400509
医药制造业	439	439	0	0	256
化学纤维制造业	1525	402	664	459	365
橡胶制品业	116	116	0	0	573
塑料制品业	143	139	4	1	2
非金属矿物制品业	1508	670	363	466	1283
黑色金属冶炼及压延加工业	6683	164	6513	6	179838
有色金属冶炼及压延加工业	117	94	16	6	229
金属制品业	455	440	12	3	0
通用设备制造业	553	546	0	7	32
专用设备制造业	252	252	0	0	0
交通运输设备制造业	1825	1390	422	13	3217
电气机械及器材制造业	474	472	0	1	4
通信设备、计算机及其他电子设备制造业	1291	1290	1	0	3779
仪器仪表及文化、办公用机械制造业	106	106	0	0	85
工艺品及其他制造业	22	22	0	0	0
废弃资源和废旧材料回收加工业	14	13	1	0	0
电力、热力的生产和供应业	67775	181	67277	0	48455
燃气生产和供应业	20	20	0	0	0
水的生产和供应业	58567	328	58239	0	0

注：本表口径为年主营业务收入在500万元以上独立核算工业企业。

表7—13 主要年份工业总产值

计量单位:万元

年份	全部工业总产值(不变价)	#国有工业	全部工业总产值(现行价)	#国有工业
1949	4545	1407		
1952	28887	14678		
1957	84484	69886		
1962	120146	102393		
1965	221733	188043		
1970	420409	359978		
1975	604664	475537		
1978	845115	649434		
1979	942842	717360		
1980	1050111	747636		
1985	1773545	1187474		
1990	3089759	1990637		
1995	8798479	4137823	10381596	5307304
1996	10855673	4657145	12247400	5551053
1997	12756605	4931719	13831951	5762074
1998	13147188	5996638	14112659	6437752
1999	13697772	5845505	15455462	6928660
2000	16869869	8317084	18430481	9036654
2004	—	—	34285905	12080749
2005	—	—	43828843	16767938
2006	—	—	51628106	18956614
2007	—	—	63016700	21337481
2008	—	—	69858400	22088550
2009	—	—	71824500	23046627

注:1995年以后的产值数按新规定计算;1998年以后国有工业产值数为国有控股数。

表7—14　主要年份规模以上工业企业职工人数、主营业务收入和利税总额

年　份	职工人数（万人）	主营业务收入（万元）	利税总额（万元）
1978	—	479852	124043
1979	55.26	567621	136507
1980	58.66	616995	93441
1981	62.90	610863	85509
1982	65.58	668852	87733
1983	70.87	752944	127087
1984	71.41	876503	165675
1985	78.50	1120919	260540
1986	81.32	1151405	241801
1987	85.18	1508476	254047
1988	86.52	1845851	284969
1989	85.66	2202471	324272
1990	86.26	2477840	310481
1991	89.19	3125279	332103
1992	89.50	4081394	451528
1993	87.95	5642341	495640
1994	90.74	6608363	681163
1995	92.17	8645998	723396
1996	86.92	9197414	693749
1997	81.97	10077056	851273
1998	75.04	11624513	975555
1999	68.13	12534665	1200216
2000	62.04	15402200	1423719
2004	55.24	30914407	3442973
2005	56.27	40273019	3650834
2006	55.86	47141295	4079848
2007	59.29	58189978	6172559
2008	70.96	66355400	4703237
2009	73.39	67309878	7388915

主要统计指标解释

工业 指从事自然资源的开采，对采掘品和农产品进行加工和再加工的物质生产部门。具体包括：(1) 对自然资源的开采，如采矿、晒盐、森林采伐等（但不包括禽兽捕猎和水产捕捞）；(2) 对农副产品的加工、再加工，如粮油加工、食品加工、轧花、缫丝、纺织、制革等；(3) 对采掘品的加工、再加工，如炼铁、炼钢、化工生产、石油加工、机器制造、木材加工等，以及电力、自来水、煤气的生产和供应等；(4) 对工业品的修理、翻新，如机器设备的修理、交通运输工具（包括小卧车）的修理等。

1984年以前农村的村及村以下办工业归属农业，1984年以后划归工业。

国有及国有控股企业 指国有企业加上国有控股企业。国有企业是指企业全部资产归国家所有，并按《中华人民共和国企业法人登记管理条例》规定登记注册的非公司制的经济组织。1957年以前的公私合营和私营工业，后均改造为国营工业，1992年改为国有工业，这部分工业的资料不单独分列时，均包括在国有企业内。国有控股企业是对混合所有制经济的企业进行的“国有控股”分类。它是指这些企业的全部资产中国有资产（股份）相对其他所有者中的任何一个所有者占资（股）最多的企业。该分组反映了国有经济控股情况。

集体企业 指企业资产归集体所有，并按《中华人民共和国企业法人登记管理条例》规定登记注册的经济组织。是社会主义公有制经济的组成部分。包括城乡所有使用集体投资举办的企业，以及部分个人通过集资自愿放弃所有权并依法经工商行政管理机关认定为集体所有制的企业。

股份合作企业 指以合作制为基础，由企业职工共同出资入股，吸收一定比例的社会资产投资组建，实行自主经营，自负盈亏，共同劳动，民主管理，按劳分配与按股分红相结合的一种集体经济组织。

联营企业 指两个及两个以上相同或不同所有制性质的企业法人或事业单位法人，按自愿、平等、互利的原则，共同投资组成的经济组织。联营企业包括：国有联营企业指国有企业与国有企业间的联营；集体联营企业指集体企业与集体企业间的联营；国有与集体联营企业指国有企业与集体企业间的联营。

有限责任公司 指根据《中华人民共和国公司登记管理条例》规定登记注册，由两个以上，五十个以下的股东共同出资，每个股东以其所认缴的出资额对公司承担有限责任，公司以其全部资产对其债务承担责任的经济组织。

有限责任公司包括国有独资公司以及其他有限责任公司。

股份有限公司 指根据《中华人民共和国企业法人登记管理条例》规定登记注册，其全部注册资本由等额股份构成并通过发行股票筹集资本，股东以其认购的股份对公司承担有限责任，公司以其全部资产对其债务承担责任的经济组织。

私营企业 指由自然人投资设立或由自然人控股，以雇佣劳动为基础的营利性经济组织。包括按照《公司法》、《合伙企业法》、《私营企业暂行条例》规定登记注册的私营有限责任公司、私营股份有限公司、私营合伙企业和私营独资企业。

港、澳、台商投资企业 指企业注册登记类型中的港、澳、台资合资、合作、独资经营企业和股份有限公司之和。

外商投资企业 指企业注册登记类型中的中外合资、合作经营企业、外资企业和外商投资股份有限公司之和。

“三资”企业 系指港、澳、台商投资企业和外资企业的简称。

轻工业 指主要提供生活消费品和制作手工工具的工业。按其所使用的原料不同，可分为两大类：(1) 以农产品为原料的轻工业，是指直接或间接以农产品为基本原料的轻工业。主要包括食品制造、饮料制造、烟草加工、纺织、缝纫、皮革和毛皮制作、造纸以及印刷等工业；(2) 以非农产品为原料的轻工业，是指以工业品为原料的轻工业。主要包括文教体育用品、化学药品制造、合成纤维制造、日用化学制品、日用玻璃制品、日用金属制品、手工工具制造、医疗器械制造、文化和办公用机械制造等工业。

重工业 是指为国民经济各部门提供物质技术基础的主要生产资料的工业。按其生产性质和产品用途，可以分为下列三类：(1) 采掘（伐）工业，是指对自然资源的开采，包括石油开采、煤炭开采、金属矿开采、非金属矿开采和木材采伐等工业；(2) 原材料工业，指向国民经济各部门提供基本材料、动力和燃料的工业。包括金属冶炼及加工、炼焦及焦炭、化学、化工原料、水泥、人造板以及电力、石油和煤炭加工等工业；(3) 加工工业，是指对工业原材料进行再加工制造的工业。包括装备国民经济各部门的机械设备制造工业、金属结构、水泥制品等工业，以及为农业提供的生产资料如化肥、农药等工业。

根据上述划分原则，修理业中以重工业产品为修理作业对象的划为重工业，反之划为轻工业。

工业总产值 是以货币表现的工业企业在一定时期内生产的已出售或可供出售工业产品总量，它反映一定时间内工业生产的总规模和总水平。它包括：在本企业内不再进行加工，经检验、包装入库（规定不需包装的产品除外）的成品价值，对外加工费收入，自制半成品、在产品期末初差额价值。工业总产值采用“工厂法”计算，即以工业企业作为一个整体，按企业工业生产活动的最终成果来计算，企业内部不允许重复计算，不能把企业内部各个车间（分厂）生产的成果相加。但在企业之间、行业之间、地区之间存在着重复计算。

轻重工业总产值的划分是按“工厂法”计算的，即一个工业企业生产的主要产品性质属于轻工业，则该企业的全部总产值作为轻工业总产值；如它的主要产品性质属于重工业，则该企业的全部总产值作为重工业总产值。

实收资本 指企业实际收到的投资人投入的资本。按投资主体可分为国家资本、集体资本、法人资本、个人资本、港澳台资本和外商资本等。

资产合计 指企业拥有或控制的能以货币计量的经济资源。包括各种财产、债权和其他权利。资产按其流动性划分为流动资产、长期投资、固定资产、无形及递延资产和其他资产。

(1) 流动资产 指企业可以在一年内或者超过一年的一个生产周期内变现或耗用的资产合计。包括现金及各种存款、短期投资、应收及预付款项、存货等。

(2) 固定资产 指企业固定资产净值、固定资产清理、在建工程、待处理固定资产损失所占用的资金合计。

(3) 无形资产 指企业长期使用而没有实物形态的资产。包括专利权、非专利技术、商标权、著作权、土地使用权、商誉等。

负债合计 指企业承担的能以货币计量，将以资产或劳务偿付的债务。负债一般按偿还期长短分为流动负债和长期负债、递延税项等。

(1) 流动负债 指企业在一年内或者超过一年的一个营业周期内需要偿还的债务合计，其中包括短期借款、应付及预收款项、应付工资、应交税金和应交利润等。

(2) 长期负债 指企业在一年以上或者超过一年的一个营业周期以上需要偿还的债务合计，其中包括长期借款、应付债务、长期应付款项等。

所有者权益 指企业投资人对企业净资产的所有权。企业净资产等于企业全部资产减去全部负债后的余额，其中包括投资者对企业的最初投入，以及资本公积金、盈余公积金和未分配利润，对股份制企业即为股东权益。

固定资产原价 指企业在建造、购置、安装、改建、扩建、技术改造某项固定资产时所支出的全部货币总额。它一般包括买价、包装费、运杂费和安装费等。

固定资产净值 是指固定资产原价减去历年已提折旧额后的净额。

流动资产 是指可以在一年或者超过一年的一个营业周期内变现或者耗用的资产，包括现金及各种存款、短期投资、应收及预付货款、存货等。

主营业务收入 指企业销售产品和提供劳务等主要经营业务取得的收入总额。

主营业务成本 指企业销售产品和提供劳务等主要经营业务的实际成本。

主营业务税金及附加 指企业销售产品和提供工业性劳务等主要经营业务应负担的城市维护建设税、消费税、资源税和教育费附加。

主营业务利润 指企业销售产品和提供工业性劳务等主要经营业务收入扣除其成本、费用、税金后的利润。

利润总额 指企业实现的利润。

应交增值税 指企业在报告期内应交纳的增值税额。

能源购进量 根据企业生产、经营性质划分，购进量分两种情况，一种是能源经销企业（批发、零售企业）用于销售的能源购进数量，另一种是能源使用企业用于消费的能源购进数量，分别在不同表式中统计。能源经销企业能源购进量，指能源经销企业在报告期内购入的、用于销售的各种一次能源和二次能源。能源经销企业能源购进量由能源经销企业（批发、零售企业）填报。

能源使用企业能源购进量，指能源使用单位在报告期内外购的、用于企业消费的各种一次能源和二次能源。能源使用企业能源购进量由能源使用企业填报。

购进量金额 指本单位在报告期实际购进的、已办理验收入库手续的各种一次能源和二次能源的金额。其金额以购货发票上的总金额（含增值税）计算，统计原则、范围与购进量相同。

能源消费量 指能源使用单位在报告期内实际消费的一次能源或二次能源的数量。

能源消费量统计的原则是：

（1）谁消费、谁统计。

（2）何时投入使用，何时计算消费量。

（3）消费量只能计算一次。

（4）耗能工质（如水、氧气、压缩空气等），不论是外购的还是自产自用的，均不统计在能源消费量中（计算单位产品能耗时除外）。

（5）企业自产的能源，凡作为企业生产另一种产品的原材料、燃料，又分别计算产量的，消费量要统计，

工业企业能源消费量 工业企业能源消费包括工业企业在生产过程中作为燃料、动力、原料、辅助材料使用的能源以及工艺用能、非生产用能；作为能源加工转换企业，还要包括能源加工转换的投入量。

工业生产能源消费 指工业企业为进行工业生产活动所使用的能源。

车辆用油 指在厂区内、外进行交通运输活动的车辆所消费的成品油。但是如果工业企业所属的车队是独立核算的企业，其消费的成品油既不能包括在“工业企业能源消费”中，亦不能包括在“车辆用油”中，它的消费应为交通运输业企业消费。

能源加工、转换消费 能源加工、转换是指为了特定的用途，将一种能源（一般为一次能源），经过一定的工艺，加工或转换成另外一种能源（二次能源）。

能源加工转换产出量 指各种能源经过加工转换后产出的各种二次能源产品（包括不作能源使用的其他副产品和联产品），比如火力发电产出的电力，热电联产同时产出的电力、蒸汽、热水，洗煤产出的洗精煤、洗中煤、煤泥等；炼焦产出的焦炭、焦炉煤气和其他焦化产品；炼油产出的汽油、煤油、柴油、燃料油、液化石油气、炼厂干气和其他石油制品（石脑油、各种原料油、溶剂油、石蜡、润滑油、石油沥青等）；制气产出的是焦炉煤气、其他煤气、焦炭和其他焦化产品（煤焦油、粗苯等）。

能源加工转换损失量 指在能源加工、转换过程中产生的各种损失量，即能源加工、转换过程中投入的能源数量和产出的能源数量之差。

能源用作原材料 指能源产品不作能源使用，即不作燃料、动力使用，而作为生产另外一种产品（非能源产品）的原料或作为辅助材料使用，作原料使用时通常构成这种产品的实体。

综合能源消费量 指报告期内企业实际消费的各种能源的总和。计算综合能源消费量时，需要先将使用的各种能源折算成标准燃料后再进行计算。

能源库存量 本制度中所涉及的能源库存量是指企业能源库存量，它是企业在报告期的某时间点所拥有的各种能源数量。根据企业的生产经营活动性质，企业库存量分为生产企业产成品库存、经销企业（批发、零售企业）用于经营销售的库存、使用企业用于消费的库存。

库存量的核算原则：(1) 时点性原则；(2) 实际数量原则。

工业取水总量 指工业企业从各种水源提取的，并用于工业生产活动的水量总和，包括自来水、地下水、地表水、海水、苦咸水、经城市污水处理厂处理后回用于工业的水量，以及企业从市场购得的其他水或水的产品（如纯净水、矿泉水、蒸汽、热水、地热水等)。工业取水总量包括主要工业生产用水、辅助生产（包括机修、运输、空压站等）用水和附属生产（包括厂内绿化、职工食堂、非营业的浴室及保健站、厕所等）用水；不包括非工业生产单位的用水，如厂内居民家庭用水和企业附属幼儿园、学校、对外营业的浴室、游泳池等的用水量。

（八）
交通运输和邮电通讯业

CHAPTER 8
TRANSPORTATION, POST AND TELECOMMUNICATION SERVICES

表 8—1 铁路运输基本情况（南京市辖范围）

指　标	2009 年	2008 年
车站(个)	23	23
营业里程(公里)	135	135
货物发送量(万吨)	1450.00	964.23
旅客发送量(万人次)	2092.00	2140.00

表 8—2 航空运输情况

指　标	2009 年	2008 年
民用航空里程(公里)	52691	51548
# 国际航线(公里)	6387	9074
民用机场数(个)	1	1
飞机架数(架)	22	21
旅客吞吐量(万人)	1083.72	888.13
# 旅客发出量	583.93	477.71
货邮吞吐量(吨)	200099.1	187600
# 货邮发出量	113414.5	106800
年末职工人数(人)	5414	4871

注:货邮吞吐量中不含行李重量;民用航空里程按不重复距离计算。

表 8—3 全社会客货运输（吞吐）量（2009 年）

指　　标	客运量（万人）	旅客周转量（万人公里）	货运量（万吨）	货物周转量（万吨公里）	货物吞吐量（万吨）	集装箱（万标箱）
全社会	36070.72	2909045.67	26014.01	28203704.43	12932	121.2
公路运输	32895	1656178	14983	1130715		
# 个体及联户	506	7765	3033	121736		
水上运输			9561	26176233		
内河			2020	943239		
沿海			4153	5782604		
远洋			3388	19450390		
港口					12932	121.2
# 独立核算内河港口					6012.5	120
铁路运输	2092	725433	1450	890320		
# 国家铁路	2092	725433	1450	890320		
民航运输	1083.72	527434.67	20.01	6436.43		
# 航空公司	408.18	527434.67	44..38	6436.43		
管道运输						

注:本表数据不含城市公共交通。

表 8—4 公路基本情况表

计量单位:公里

指　　标	2009 年	2008 年	2009 年为上年%
公路总里程	10509	10164	103.4
按等级分			
高速	434	430	100.9
一级	771	534	144.4
二级	1289	1236	104.3
三级	766	768	99.7
四级	6044	5866	103.0
按行政等级分			
国道	496	526	94.3
省道	572	515	111.1
市道	1849	1798	102.8
乡道	4968	4986	99.6
村道	2622	2337	112.2
按路面标准分			
高级	8791	8216	107.0
次高级	127	193	65.8
其他	1591	1755	90.7

表 8—5 独立核算内河（沿海）港主要设备及吞吐量

指　　标	2009 年	2008 年
码头长度(米)	29467	28019
泊位个数(个)	306	297
# 万吨级	46	43
仓库总面积(平方米)	2708797	263828
容量(吨)	804741	705512
堆场总面积(平方米)	2434944	2385277
容量(吨)	8448962	8719735
货物吞吐量(千吨)	129320	120133
出口量	53980	47999
# 外贸	3090	3551
进口量(千吨)	75340	72134
# 外贸	3620	3472
旅客吞吐量(千人)		
集装箱吞吐量		
箱数(标箱)	1212182	1292119
# 40 英尺	394402	449762
重量(千吨)	11310	11377

表 8—6 全市民用车辆拥有量（2009 年）

计量单位:辆

指　　标	总　计	#个　人
一、汽车	670965	501905
1. 载客汽车	597620	470955
# 大型	13952	235
轿车	431476	361008
2. 载货汽车	58194	22225
# 重型	15974	3943
中型	16739	6542
# 普通载货	29387	12828
3. 其他汽车	15151	8725
二、摩托车	401681	399697
1. 普通	318662	317035
2. 轻便	83019	82662
三、农用运输车		
1. 三轮		
2. 四轮		
四、拖拉机	16015	16015
1. 大型	5716	5716
2. 小型	895	895
五、挂车	3837	185
六、其他类型车	5	2

表8—7 民用运输船舶拥有量（2009年）

指 标	总 计	#交通部门	#私 人
一、机动船(艘)	1461	1448	13
载客量(客位)	3921	3921	
净载重量(吨位)	6872174	6869589	2585
总功率(千瓦)	1724544	1723349	1195
（一）客船(艘)	96	96	
载客量(客位)	3921	3921	
（二）客货船(艘)			
载客量(客位)			
净载重量(吨位)			
（三）货船(艘)	1329	1316	13
净载重量(吨位)	6870166	6867581	2585
（四）拖船(艘)	36	36	
功率(千瓦)	52456	52456	
二、驳船(艘)	211	211	
载客量(客位)			
净载重量(吨位)	489732	489732	

表 8—8　邮政电信基本情况（2009 年）

指　　标	全市	市区	县
一、局所及通信网络			
营业网点(所)	1520	1119	401
# 邮政	189	151	38
信筒信箱(个)	805	661	144
邮运汽车(辆)	631	606	25
邮路总长度(公里)	61214	60768	446
# 邮路	17584	17138	446
铁路邮路	3676	3676	
农村投递线路总长度(公里)	9326	6893	2433
二、通信业务量			
邮电业务总量(亿元)	121.72	116.15	5.57
# 邮政业务总量	9.89	9.38	0.51
邮电业务收入(亿元)	93.34	88.89	4.45
# 邮政业务收入	6.08	5.72	0.36
函件(万件)	14134	12766	1368
# 国际函件	40	39	1
汇票(万张)	202	193	9
# 国际汇票	0.37	0.37	
包裹(万件)	78	76	2
# 国际包裹	1.64	1.62	0.02
快递(万份)	608	594	14
# 国际快递	15.12	14.63	0.49
订销报纸累计份数(万份)	18010	16961	1049

表 8—8 续表

指标	全市	市区	县
订销杂志累计份数(万份)	1319	1282	37
邮政储蓄平均余额(亿元)	156.35	144.58	11.77
集邮业务(万枚)	2432	2398	34
电报(份)			
固定电话年末用户(万户)	300.12	277.52	22.6
# 城市电话用户	287.54	277.52	10.02
住宅电话年末用户(万户)	183.14	169.58	13.56
# 农村住宅电话用户	12.58	0	12.58
公用电话(万户)	30.5	29.4	1.1
政企电话(万户)	87.9	85	2.9
数字数据用户(万户)	0.2		0.2
互联网接入用户(万户)	142.1	136.44	5.66
# 宽带用户	136.86	132.26	4.6
移动电话用户(万户)	801.04	742.23	58.81
三、电信主要通信能力			
城乡电话交换机总容量(万门)	557.05	533.05	24
移动电话交换机容量(万户)	1125.2	809.59	315.61
四、电话普及率(含移动及农话)(部/千人)	1749	1868	972

表 8—9　城市公共交通情况

指　　标	2009 年	2008 年
一、公共汽电车		
1. 运营车数(辆)	6081	5791
(1) 公共汽车	6081	5791
＃天然气燃料车 CNG	1762	1919
液化石油气燃料车 LPG		—
(2) 无轨电车		—
2. 标准运营车数(标台)	7491	7052
3. 运营线路网长度(公里)	3119.2	3172
4. 公交专用车道长度(公里)	117	103.00
5. 客运总量(万人次)	104178	102333
二、出租汽车		
1. 运营车辆(辆)	10364	10151
2. 客运总量(万人次)	26648	26960
三、轨道交通		
1. 运营车数(辆)	120	120
(1) 地铁	120	120
(2) 轻轨		—
(3) 有轨电车		—
2. 标准运营车数(标台)	300	300
3. 运营线路网长度(公里)	22	22
4. 运营线路长度(公里)	22	22
(1) 地铁	22	22
(2) 轻轨		—
(3) 有轨电车		—
5. 客运总量(万人次)	11353	10379
四、客运轮渡		
1. 运营船数(艘)	15	15
2. 客运总量(万人次)	1291	1334

表 8—10 主要年份旅客和货物运输量、邮电业务总量

年份	旅客运输量(万人)	#公路	货物运输量(万吨)	#公路	#水运	邮电业务总量(万元)
1978	2486	1800	4011	1041	1755	1349
1980	3209	2358	4966	1033	2189	1686
1983	4284	3201	6189	1751	2553	2292
1984	4550	3279	8288	3193	2913	2704
1985	4863	3467	9315	3853	3120	3394
1986	4919	3487	10359	4790	3203	4095
1987	5230	3693	10455	4718	3366	5021
1988	5360	3680	10475	4253	3761	6521
1989	4943	3618	9552	3472	3733	7410
1990	4595	3211	9304	3756	3337	9339/19628
1991	4512	3099	9043	3406	3538	26633
1992	4625	3100	9555	3773	3696	37882
1992	4343	2823	9142	3366	3749	57924
1994	7918	6427	10365	4103	4287	89371
1995	10068	8765	12168	5666	4600	117843
1996	11098	9926	13632	7094	4644	155441
1997	13051	11795	12612	7249	3531	206193
1998	13784	12523	11941	6368	3703	271030
1999	14218	12838	12389	6285	4037	355474
2000	15294	13869	14102	7590	4275	515111
2001	16197	14778	15749	9156	4123	682007/307959
2004	19394	17641	16942	9741	6206	523906
2005	20537	18660	18083	10530	6483	717821
2006	22123	19999	18402	11249	6042	935544
2007	24810	22212	19861	12686	6077	937675
2008	26641	23720	24118	13650	9485	1045995
2009	36071	32895	26014	14983	9561	1217155

注:邮电业务总量 1990 年以前为 1980 年不变价,1990 年以后为 1990 年不变价;1990 年当年有两个价格计算的数字。2000 年以前为 1990 年不变价,2001 年当年有 1990 年不变价和 2000 年不变价两个价格计算的数字,其中:682007 万元为按 1990 年不变价计算,307959 万元为 2000 年不变价计算。

主要统计指标解释

铁路营业里程 又称营业长度（包括正式营业和临时营业里程），指办理客货运输业务的铁路正线总长度。凡是全线或部分建成双线及以上的线路，以第一线的实际长度计算；复线、站线、段管线、岔线和特殊用途线以及不计算运费的联络线都不计算营业里程。铁路营业里程是反映铁路运输业基础设施发展水平的重要指标，也是计算客货周转量、运输密度和机车车辆运用效率等指标的基础资料。

公路里程 指在一定时期内实际达到《公路工程［WTBZ］技术标准JTJ01－88》规定的等级公路，并经公路主管部门正式验收交付使用的公路里程数。包括大中城市的郊区公路以及通过小城镇街道部分的公路里程和桥梁、渡口的长度，不包括大中城市的街道、厂矿、林区生产用道和农业生产用道的里程。两条或多条公路共同经由同一路段，只计算一次，不得重复计算里程长度。它是反映公路建设发展规模的重要指标，也是计算运输网密度等指标的基础资料。

内河航道里程 也称内河通航里程，指在一定时期内，能通航运输船舶及排筏的天然河流、湖泊水库、运河及通航渠道的长度。包括全年季节性通航累计三个月以上的航道，不包括仅供零散流放竹、木排的河道。它是反映内河水运网规模、水平和发展情况的主要指标。

输油（气）管道长度 也称输油（气）里程，指油品（或天然气）的实际输送距离，一般按输油（气）管道的单线长度计算。若包括复线和备用线长度则称为输油（气）管道延展长度，是指管道铺设的实际长度。我们通常使用的是不包括复线的“输油（气）管道里程”，它是反映管道运输发展规模和水平的主要指标。

货（客）运量 指在一定时期内，各种运输工具实际运送的货物（旅客）数量。它是反映运输业为国民经济和人民生活服务的数量指标，也是制定和检查运输生产计划、研究运输发展规模和速度的重要指标。货运按吨计算，客运按人计算。货物不论运输距离长短、货物类别，均按实际重量统计。旅客不论行程远近或票价多少，均按一人一次客运量统计；半价票、小孩票也按一人统计。

货物（旅客）周转量 指在一定时期内，由各种运输工具运送的货物（旅客）数量与其相应运输距离的乘积之总和。它是反映运输业生产总成果的重要指标，也是编制和检查运输生产计划，计算运输效率、劳动生产率以及核算运输单位成本的主要基础资料。计算货物周转量通常按发出站与到达站之间的最短距离，也就是计费距离计算。计算公式为：

货物（旅客）周转量＝∑货物（旅客）运输量×运输距离

沿海主要港口货物吞吐量 指经水运进出沿海主要港区范围，并经过装卸的货物数量，包括邮件及办理托运手续的行李、包裹以及补给运输船舶的燃、物料和淡水。货物吞吐量按货物流向分为进口、出口吞吐量，按货物交流性质分为外贸货物吞吐量和国内贸易货物吞吐量。货物吞吐量的货类构成及其流向，是衡量港口生产能力大小的重要指标。

邮电业务总量 指以价值量形式表现的邮电通信企业为社会提供各类邮电通信服务的总数量。邮电业务量按专业分类包括函件、包件、汇票、报刊发行、邮政快件、特快专递、邮政储蓄、集邮、公众电报、用户电报、传真、长途电话、出租电路、无线寻呼、移动电话、分组交换数据通信、出租代维等。计算方法为各类产品乘以相应的平均单价（不变价）之和，再加上出租电路和设备、代用户维护电话交换机和线路等的服务收入。它综合反映了一定时期邮电业务发展的总成果，是研究邮电业务量构成和发展趋势的重要指标。计算公式为：

邮电业务总量＝∑（各类邮电业务量×不变单价）＋出租代维及其他业务收入

移动电话用户 是指通过移动电话交换机进入移动电话网、占用移动电话号码的电话用户。用户数量以报告期末在移动电话营业部门实际办理登记手续进入移动电话网的户数进行计算，一部移动电话统计为一户。

电话用户 指接入国家公众固定电话网，并按固定电话业务进行经营管理的电话用户。1997 年以前，电话用户分为市内电话用户和农村电话用户。“市内电话用户”是指接入县城及县以上城市的电话网上的电话用户；“农村电话用户”是指接入县邮电局农话台及县以下农村电话交换点，以县城为中心（除市话用户外）联通县、乡（镇）、行政村、村民小组的用户。从 1997 年起，电话用户数分组调整为以用户所在区域划分为“城市电话用户”和“乡村电话用户”，与过去的按市内电话和农村电话划分方法不同。而电话用户总数、电话机总部数统计范围不变。

城市电话用户 指直辖市、省辖市、地级市、县级市的市区、市郊区及县城（包括县人民政府所在地的县城关区或行政建制相当于县人民政府所在地的镇）范围内接入局用交换机的电话用户数，包括分布在农村地区的独立工矿区、林区、驻军等接入局用交换机的电话用户数。

乡村电话用户 指县城关区以下的集镇和农村接入局用交换机的电话用户数。

住宅电话用户 是指安装在居民住宅或农民家里并按照住宅电话用户登记注册和收费的电话用户。包括私人付费、单位付费和按规定免费安装的住宅电话用户。

局用交换机容量 是指安装在本地电信运营商内用于接续本地固定电话的电话交换机容量，有倍增设备按倍增后的数量计数。包括现用和备用的人工或自动交换机的全部容量。

（九）
固定资产投资和建筑业

CHAPTER 9
INVESTMENT IN FIXED ASSETS AND CONSTRUCTION

表 9—1 全社会固定资产投资

计量单位:亿元

指 标	2009 年	2008 年	2009 年为上年%
全市投资总额	2668.03	2154.17	123.9
按产业分			
第一产业	12.24	12.43	98.5
第二产业	1311.31	1088.93	120.4
＃工业	1300.40	1081.09	120.3
第三产业	1344.48	1052.81	127.7
按报表种类分			
城镇项目投资	1572.08	1226.16	128.2
房地产开发投资	595.68	508.17	117.2
农村非农户投资	500.27	419.84	119.2
50 万元以下投资			
按经济类型分			
国有经济	665.44	769.66	86.5
非国有经济	2002.59	1384.51	144.6
＃外资	329.78	353.4	93.3
私营、个体经济	682.85	563.98	121.1
本年新增固定资产	1937.86	1415.52	136.9

表 9—2 全社会房屋建筑面积（2009 年）

计量单位:万平方米

指 标	施工面积	＃住 宅	竣工面积	＃住 宅
全 市	8827.49	3379.76	3642.00	1350.50
一、城镇项目投资	2798.96	46.08	1099.55	34.13
二、房地产开发投资	4366.07	3188.18	1516.28	1227.85
三、农村非农户投资	1662.46	145.50	1026.17	88.52

表9—3 50万元以上固定资产投资主要指标（2009年）

计量单位：万元

指标	合计	城镇项目投资	房地产开发投资	农村非农户投资
一、个数（个）				
填报单位个数	4695	2300		2395
本年施工项目个数	4582	2217		2365
#新开工项目个数	3599	1584		2015
建成投产项目个数	3501	1507		1994
二、投资额和新增固定资产				
计划总投资	74973889	38094595	29265724	7613570
累计完成投资	51863534	27319098	18051152	6493284
本年完成投资	26680285	15720805	5956796	5002684
#住宅	4672064	92054	4394100	185910
按构成分：				
建筑工程	12353417	6398220	3493142	2462055
安装工程	1559089	980532	403574	174983
设备工器具购置	7387873	5527509	53235	1807129
#购置旧设备	3584	3089		495
其他费用	5379906	2814544	2006845	558517
#旧建筑物购置费	33113	25460	1469	6184
土地购置费	2143053	668791	1329318	144944
三、固定资产投资资金来源				
（一）本年资金来源合计	35752918	17513564	13145286	5094068

表9—3 续表

指 标	合 计	城镇项目投资	房地产开发	农村非农户投资
1. 上年末结余资金	2383412	876602	1478828	27982
2. 本年资金来源小计	33369506	16636962	11666458	5066086
国家预算内资金	330125	325575		4550
国内贷款	7105085	3974759	2960778	169548
债券	0	0		0
利用外资	1186904	1057684	95107	34113
#外商直接投资	937546	815526	95107	26913
自筹资金	17839112	11118342	1886777	4833993
企事业单位自筹	13798370	8598727	1210890	3988753
其它资金来源	6908280	160602	6723796	23882
(二)本年各项应付款合计	1648194	675322	880869	92003
#工程款	999167	403636	541716	53815
四、本年新增固定资产	19378611	10661332	4477420	4239859

表9—4 城乡固定资产投资（2009年）

计量单位：万元

指标	施工项目个数(个)	#本年新开工	本年投产项目个数(个)	计划总投资	#本年新开工	累计完成投资
总计	4582	3599	3501	45708165	14646712	33812382
一、按登记注册类型						
内资	4262	3408	3298	38498869	12433131	28576182
国有	521	324	269	14902183	2928779	9949705
集体	526	478	474	1722774	1108407	1391854
股份合作	8	6	5	183928	22918	116049
国有联营	1	0	0	28000	0	27995
集体联营	6	6	6	12060	12060	12073
国有与集体联营						
其他联营	1	1	1	490	490	490
国有独资公司	30	18	12	1136241	154464	957833
其他有限责任公司	941	762	733	9226626	2639177	7053384
股份有限公司	107	64	52	3772655	1288400	2470157
私营	2054	1695	1695	7280998	4167502	6412682
其他	67	54	51	232914	110934	183960
港澳台商投资	83	43	50	2126128	165634	1552524
合资经营	34	13	18	1313501	48607	832035
合作经营	0	0	0	4962	4962	4962
独资	45	29	29	541248	110795	480960
股份有限	4	1	3	266417	1270	234567
外商投资	213	124	130	5024320	2027699	3625881
合资经营	73	41	45	2563832	1417662	1522988
合作经营	3	0	1	123000	0	129313
独资	129	79	77	2282851	595921	1924980
股份有限	8	4	7	54637	14116	48600
个体经营	24	24	23	58848	20248	57795
个体户	13	13	13	47278	8678	47078
个人合伙	11	11	10	11570	11570	10717
二、按国民经济行业						
农、林、牧、渔业	101	94	92	159919	117799	146315
采矿业	38	30	34	135818	49353	96623

注：本表含城镇项目投资、农村非农户投资50万元以上项目。

表 9—4　续表 1

指　　标	施工项目个数(个)	#本年新开工	本年投产项目个数(个)	计　划总投资	#本年新开工	累计完成投　资
制造业	3020	2374	2360	23448266	9464350	18081059
电力、燃气及水的生产和供应业	73	49	50	3215375	260755	2278854
建筑业	44	36	39	140542	71979	134011
交通运输、仓储和邮政业	143	104	94	6568186	1287338	3715327
信息传输、计算机服务和软件业	35	23	18	1128998	409239	896061
批发和零售业	109	87	85	867567	245497	710822
住宿和餐饮业	36	28	32	127581	42642	122629
金融业	3	3	2	61800	61800	12666
房地产业	100	69	81	1310930	403090	1085296
租赁和商务服务业	49	41	35	697590	204675	408078
科学研究、技术服务和地质勘查业	23	11	12	196754	30566	126505
水利、环境和公共设施管理业	507	427	363	5083712	1273487	3991464
居民服务和其他服务业	22	16	15	201556	41586	152491
教育	84	52	51	963168	264327	783273
卫生、社会保障和社会福利业	43	28	30	643258	81985	478864
文化、体育和娱乐业	43	34	27	394793	90377	309855
公共管理和社会组织	109	93	81	362352	245867	282189
国际组织						
三、按隶属关系						
中央	65	20	31	5410799	236545	3617507
省	44	18	15	1970351	287317	1536378
市	224	97	97	11316369	1377536	7828055
区、县	525	398	330	7624957	3149491	5349231
其他	3724	3066	3028	19385689	9595823	15481211
四、按建设性质						
新建	1487	928	906	21256784	5907945	15783763
扩建	1981	1654	1640	16060611	5004806	12763217
改建	1085	996	935	7215440	3572602	4307447

表 9—4　续表 2

指　　标	施工项目个数(个)	#本年新开工	本年投产项目个数(个)	计　划总投资	#本年新开工	累计完成投　资
单纯建造生活设施	1	1	1	4500	4500	4500
迁建	24	16	15	284586	120289	211216
恢复	4	4	4	6398	6398	6398
单纯购置	0	0	0	879846	30172	735841
五、按建设阶段						
筹建	0	0	0	558574	0	129541
本年正式施工	4573	3595	3501	44163238	14607933	32856478
本年收尾	8	3	0	105857	7957	89932
全部停缓建	1	1	0	650	650	590
单纯购置	0	0	0	879846	30172	735841
六、按控股情况						
国有控股	681	399	337	24339674	4691601	16118869
集体控股	608	542	525	2967262	1645886	2230268
私人控股	3037	2511	2480	13286999	7325621	11280067
港澳台商控股	62	36	42	1377191	145994	936496
外商控股	194	111	117	3737039	837610	3246682
七、按期末项目建设状态						
在建	1083	638	5	30324701	8081784	18133656
全部投产	3498	2960	3496	15382814	6564278	15678136
全部停缓建	1	1	0	650	650	590
八、按投资规模						
100 万元以下	20	20	19	1690	1590	1657
100 - 500 万元	596	576	588	244521	229919	248169
500 - 1000 万元	568	543	527	481220	451913	472674
1000 - 3000 万元	1784	1615	1551	4025612	3547535	3856166
3000 - 5000 万元	584	398	382	2600586	1682826	2347702
5000 - 1 亿元	542	317	300	4207575	2386694	3753592
1 亿元- 5 亿元	348	102	102	8631785	2524086	6661547
5 亿元- 10 亿元	73	19	18	5549199	1396286	3876214
10 亿以上	67	9	14	19965977	2425863	12594661

表 9—4 续表 3

指 标	本 年 完成投资	#本年新开工	#住 宅	本年新增 固定资产
总 计	20723489	9791596	277964	14901191
一、按登记注册类型				
内资	18026243	8724433	277964	12560159
国有	5189256	1186352	68342	3039650
集体	1204087	967030	193149	913313
股份合作	33750	13498	0	16528
国有联营	14740	0	0	70000
集体联营	12073	12073	0	12073
国有与集体联营				
其他联营	490	490	0	490
国有独资公司	308336	80048	0	430710
其他有限责任公司	4279128	2147443	0	2815534
股份有限公司	1751374	563139	0	1051747
私营	5106959	3673897	16473	4117586
其他	126050	80463	0	92528
港澳台商投资	741250	145881	0	384449
合资经营	414871	46979	0	301541
合作经营	4962	4962	0	4962
独资	254035	92670	0	71529
股份有限	67382	1270	0	6417
外商投资	1898201	902087	0	1899208
合资经营	698381	456905	0	917846
合作经营	27694	0	0	17256
独资	1144047	431066	0	932169
股份有限	28079	14116	0	31937
个体经营	57795	19195	0	57375
个体户	47078	8478	0	47078
个人合伙	10717	10717	0	10297
二、按国民经济行业				
农、林、牧、渔业	122401	108231	0	102873
采矿业	69578	48580	0	62991

表9—4 续表4

指　　标	本　　年 完成投资	#本年新开工	#住　宅	本年新增 固定资产
制造业	11781729	6610516	5512	9880677
电力、燃气及水的生产和供应业	1152666	169827	0	560727
建筑业	109134	69956	18860	106668
交通运输、仓储和邮政业	1971730	460669	0	908441
信息传输、计算机服务和软件业	608097	236150	0	346574
批发和零售业	366048	207064	5161	325694
住宿和餐饮业	95948	45315	0	48146
金融业	12666	12666	0	1800
房地产业	573122	281084	189006	300159
租赁和商务服务业	301529	110899	4900	175628
科学研究、技术服务和地质勘查业	88873	24459	0	31949
水利、环境和公共设施管理业	2477590	932159	500	1550018
居民服务和其他服务业	95366	34601	45580	87652
教育	339887	132748	3205	141489
卫生、社会保障和社会福利业	176537	56243	0	93845
文化、体育和娱乐业	124903	63133	0	45091
公共管理和社会组织	255685	187296	5240	130769
国际组织				
三、按隶属关系				
中央	1876639	100045	4205	1498962
省	876060	129558	0	340169
市	3568392	456697	18057	2149833
区、县	3408150	1742878	46080	2302200
其他	10994248	7362418	209622	8610027
四、按建设性质				
新建	8390984	3547854	175005	5594786
扩建	8021712	3728888	102959	6157702
改建	3428330	2388092	0	2493031

表 9—4　续表 5

指　　标	本　　年 完成投资	#本年新开工	#住　宅	本年新增 固定资产
单纯建造生活设施	4500	4500	0	4500
迁建	151051	85692	0	65477
恢复	6398	6398	0	6398
单纯购置	720514	30172	0	579297
五、按建设阶段				
筹建	102398	0	0	0
本年正式施工	19878479	9755584	277964	14321894
本年收尾	21508	5250	0	0
全部停缓建	590	590	0	0
单纯购置	720514	30172	0	579297
六、按控股情况				
国有控股	8059901	1679043	68342	5048050
集体控股	1754228	1200794	193149	1216365
私人控股	8655243	6123733	16473	6780212
港澳台商控股	520735	124724	0	349111
外商控股	1733382	663302	0	1507453
七、按期末项目建设状态				
在建	9694742	3015968	153435	1422682
全部投产	11028157	6775038	124529	13478509
全部停缓建	590	590	0	0
八、按投资规模				
100 万元以下	1657	1557	0	1507
100 - 500 万元	245310	233269	475	246145
500 - 1000 万元	465895	444375	2718	438261
1000 - 3000 万元	3667801	3389862	19574	3401485
3000 - 5000 万元	2011090	1482345	23127	1592302
5000 - 1 亿元	2918896	2043920	81383	2245124
1 亿元- 5 亿元	4021816	1378633	74976	2311959
5 亿元- 10 亿元	1913998	395874	30131	1186416
10 亿以上	5477026	421761	45580	3477992

表 9—4 续表 6

指标	资金来源合计	上年末结余资金	本年资金来源				
			小计	国家预算内资金	国内贷款	利用外资	#外商直接投资
总计	22607632	904584	21703048	330125	4144307	1091797	842439
一、按登记注册类型							
内资	19602748	713336	18889412	327005	3733181	3100	0
国有	5580397	400432	5179965	97925	1703823	0	0
集体	1231751	1750	1230001	3550	36347	0	0
股份合作	34820	0	34820	0	0	0	0
国有联营	14740	0	14740	0	0	0	0
集体联营	12073	0	12073	0	400	0	0
国有与集体联营							
其他联营	490	0	490	0	0	0	0
国有独资公司	305869	13394	292475	0	63500	3100	0
其他有限责任公司	4849457	233098	4616359	225530	1025662	0	0
股份有限公司	2181581	25559	2156022	0	542434	0	0
私营	5230962	39103	5191859	0	361015	0	0
其他	160608	0	160608	0	0	0	0
港澳台商投资	754893	8314	746579	3120	72088	218711	186601
合资经营	418742	8314	410428	3120	44553	107901	93015
合作经营	4962	0	4962	0	0	0	0
独资	263407	0	263407	0	26265	109760	92536
股份有限	67782	0	67782	0	1270	1050	1050
外商投资	2192196	182934	2009262	0	338868	869986	655838
合资经营	715236	11075	704161	0	114218	123079	106879
合作经营	155119	135601	19518	0	0	10146	10146
独资	1294262	36258	1258004	0	218040	736761	538813
股份有限	27579	0	27579	0	6610	0	0
个体经营	57795	0	57795	0	170	0	0
个体户	47078	0	47078	0	170	0	0
个人合伙	10717	0	10717	0	0	0	0
二、按国民经济行业							
农、林、牧、渔业	126891	600	126291	500	1100	0	0
采矿业	73668	2550	71118	0	350	0	0

表 9—4 续表 7

指 标	资金来源合计	上年末结余资金	本年资金来源				
			小计	国家预算内资金	国内贷款	利用外资	#外商直接投资
制造业	12487342	137400	12349942	7730	1384759	1043120	813462
电力、燃气及水的生产和供应业	1118394	23613	1094781	330	680578	2000	2000
建筑业	104686	3360	101326	0	2320	0	0
交通运输、仓储和邮政业	2564923	154052	2410871	232420	1151134	18600	2000
信息传输、计算机服务和软件业	647841	19079	628762	0	47277	0	0
批发和零售业	397652	9994	387658	0	57043	21977	21977
住宿和餐饮业	95948	0	95948	0	3230	0	0
金融业	12666	0	12666	0	10866	0	0
房地产业	603077	34192	568885	2800	50751	0	0
租赁和商务服务业	335752	16739	319013	23971	17014	0	0
科学研究、技术服务和地质勘查业	103387	9588	93799	5100	1500	0	0
水利、环境和公共设施管理业	2702040	282998	2419042	27191	593808	3100	0
居民服务和其他服务业	99133	0	99133	0	53880	0	0
教育	425104	56335	368769	13720	44285	0	0
卫生、社会保障和社会福利业	300562	138662	161900	9820	22323	0	0
文化、体育和娱乐业	141391	10032	131359	4093	14219	3000	3000
公共管理和社会组织	267175	5390	261785	2450	7870	0	0
三、按隶属关系							
中央	1975904	5514	1970390	17936	699290	0	0
省	960453	85395	875058	16237	286212	0	0
市	4362935	419342	3943593	270826	1515031	434956	389971
区、县	3593359	166702	3426657	20266	776344	221613	156293
其他	11714981	227631	11487350	4860	867430	435228	296175
四、按建设性质							
新建	9706559	604897	9101662	252403	1759426	459332	328326
扩建	8393996	242491	8151505	49497	1606085	300416	246921
改建	3472802	49128	3423674	24695	431716	150825	147825

表 9—4 续表 8

指　标	资金来源合计	上年末结余资金	本年资金来源				
			小计	国家预算内资金	国内贷款	利用外资	#外商直接投资
单纯建造生活设施	4500	0	4500	0	0	4500	0
迁建	168410	3948	164462	1900	39700	11000	11000
恢复	6398	0	6398	470	0	0	0
单纯购置	854967	4120	850847	1160	307380	165724	108367
五、按建设阶段							
筹建	124000	0	124000	0	0	0	0
本年正式施工	21606703	900371	20706332	328965	3836927	926073	734072
单纯购置	854967	4120	850847	1160	307380	165724	108367
六、按控股情况							
国有控股	9105004	640768	8464236	323465	2844099	39269	33169
集体控股	2050209	14950	2035259	3550	297022	6000	6000
私人控股	8908462	57618	8850844	3110	695081	9406	7906
港澳台商控股	530799	8314	522485	0	66705	181729	155819
外商控股	2013158	182934	1830224	0	241400	855393	639545
七、按期末项目建设状态							
在建	11438975	688023	10750952	317174	2524740	472085	341338
全部投产	11168067	216561	10951506	12951	1619567	619712	501101
全部停缓建	590	0	590	0	0	0	0
八、按投资规模							
100 万元以下	1669	50	1619	80	0	0	0
100－500 万元	244334	194	244140	1220	3516	0	0
500－1000 万元	468749	5170	463579	1270	22986	3656	3656
1000－3000 万元	3738478	17440	3721038	8086	271268	25004	22924
3000－5000 万元	2056868	33948	2022920	4591	162023	104028	61279
5000－1 亿元	2970585	33123	2937462	3445	268903	183493	129369
1 亿元-5 亿元	4400717	188042	4212675	68548	478050	445212	408513
5 亿元-10 亿元	2332405	237303	2095102	1400	480639	271718	166698
10 亿以上	6393827	389314	6004513	241485	2456922	58686	50000

表 9—4　续表 9

指　　标	本年资金来源		
	自筹资金		其他资金
	小计	#企事业单位自筹	
总　　计	15952335	12587480	184484
一、按登记注册类型			
内资	14661294	11455076	164832
国有	3292706	2084940	85511
集体	1165474	946493	24630
股份合作	34220	21970	600
国有联营	14740	0	0
集体联营	11673	11673	0
国有与集体联营			
其他联营	490	0	0
国有独资公司	225875	178767	0
其他有限责任公司	3326865	2751871	38302
股份有限公司	1608979	1373885	4609
私营	4820199	3946614	10645
其他	160073	138863	535
港澳台商投资	452380	405029	280
合资经营	254774	228956	80
合作经营	4962	0	0
独资	127182	110611	200
股份有限	65462	65462	0
外商投资	781036	669750	19372
合资经营	466864	409582	0
合作经营	0	0	9372
独资	293203	241669	10000
股份有限	20969	18499	0
个体经营	57625	57625	0
个体户	46908	46908	0
个人合伙	10717	10717	0
二、按国民经济行业			
农、林、牧、渔业	123691	105319	1000
采矿业	70768	68768	0

表9—4 续表10

指　　标	本年资金来源		
	自筹资金		其他资金
	小 计	#企事业单位自筹	
制造业	9897541	8502314	16792
电力、燃气及水的生产和供应业	408776	349917	3097
建筑业	94806	80236	4200
交通运输、仓储和邮政业	984060	703752	24657
信息传输、计算机服务和软件业	581485	554903	0
批发和零售业	306439	230236	2199
住宿和餐饮业	92428	50798	290
金融业	1800	1800	0
房地产业	488785	438414	26549
租赁和商务服务业	277508	132626	520
科学研究、技术服务和地质勘查业	87199	41698	0
水利、环境和公共设施管理业	1737584	879516	57359
居民服务和其他服务业	42153	8423	3100
教育	310044	176475	720
卫生、社会保障和社会福利业	118481	65694	11276
文化、体育和娱乐业	103147	36641	6900
公共管理和社会组织	225640	159950	25825
三、按隶属关系			
中央	1253164	1184144	0
省	557462	499289	15147
市	1679734	1094000	43046
区、县	2346877	1398481	61557
其他	10115098	8411566	64734
四、按建设性质			
新建	6566809	4805243	63692
扩建	6146132	4946390	49375
改建	2770815	2457429	45623

表 9—4　续表 11

指　　标	本年资金来源		
	自筹资金		其他资金
	小计	#企事业单位自筹	
单纯建造生活设施	0	0	0
迁建	108112	97415	3750
恢复	3028	2848	2900
单纯购置	357439	278155	19144
五、按建设阶段			
筹建	124000	64000	0
本年正式施工	15449027	12231687	165340
单纯购置	357439	278155	19144
六、按控股情况			
国有控股	5141322	3602042	116081
集体控股	1693322	1330857	35365
私人控股	8129781	6784381	13466
港澳台商控股	273851	245010	200
外商控股	714059	625190	19372
七、按期末项目建设状态			
在建	7336799	5308815	100154
全部投产	8614946	7278075	84330
全部停缓建	590	590	0
八、按投资规模			
100 万元以下	1539	1074	0
100－500 万元	235994	191910	3410
500－1000 万元	429643	382686	6024
1000－3000 万元	3390915	2845029	25765
3000－5000 万元	1739995	1400041	12283
5000－1 亿元	2439176	1899590	42445
1 亿元- 5 亿元	3152377	2411964	68488
5 亿元- 10 亿元	1315973	918648	25372
10 亿以上	3246723	2536538	697

表9—5　城镇固定资产投资（2009年）

计量单位:万元

指　　标	施工项目个数(个)	#本年新开工	本年投产项目个数(个)	计　划总投资	#本年新开工	累计完成投　资
总　　计	2217	1584	1507	38094595	10281875	27319098
一、按登记注册类型						
内资	1972	1452	1358	31672530	8240525	22699892
国有	497	302	248	14821935	2877531	9883932
集体	130	109	109	603820	327878	466306
股份合作	3	1	1	168810	7800	104481
国有联营	1	0	0	28000	0	27995
集体联营	1	1	1	1060	1060	1060
国有与集体联营						
其他联营						
国有独资公司	30	18	12	1136241	154464	957833
其他有限责任公司	561	435	436	7989481	1790878	6034145
股份有限公司	85	52	40	3226690	1258075	2137121
私营	643	516	500	3589099	1775445	3013346
其他	21	18	11	107394	47394	73673
港澳台商投资	61	28	35	1581507	136353	1107832
合资经营	28	10	15	1091521	45327	666049
合作经营	0	0	0	4962	4962	4962
独资	30	17	17	478607	84794	430404
股份有限	3	1	3	6417	1270	6417
外商投资	184	104	114	4840558	1904997	3511374
合资经营	62	34	41	2437672	1313462	1457001
合作经营	3	0	1	123000	0	129313
独资	116	69	69	2251515	582085	1896689
股份有限	3	1	3	28371	9450	28371
个体经营						
个体户						
个人合伙						
二、按国民经济行业						
农、林、牧、渔业	10	10	9	10234	10234	9544
采矿业	7	1	4	79795	7630	41883

表9—5 续表1

指　　标	施工项目个数(个)	#本年新开工	本年投产项目个数(个)	计　划总投资	#本年新开工	累计完成投　资
制造业	1369	1008	999	18099143	6458121	13492762
电力、燃气及水的生产和供应业	47	26	28	3122742	187062	2200177
建筑业	9	5	6	42592	5245	38723
交通运输、仓储和邮政业	80	47	35	6257621	1197557	3495123
信息传输、计算机服务和软件业	26	15	12	1080088	380329	851370
批发和零售业	73	54	54	576972	171352	478247
住宿和餐饮业	21	18	19	91201	26060	87527
金融业	3	3	2	61800	61800	12666
房地产业	27	9	17	873082	85255	742302
租赁和商务服务业	29	21	18	644167	151252	360435
科学研究、技术服务和地质勘查业	20	10	10	186754	28066	116525
水利、环境和公共设施管理业	304	233	182	4595429	919704	3555733
居民服务和其他服务业	10	5	5	179470	20000	131413
教育	66	38	36	913013	247282	735665
卫生、社会保障和社会福利业	24	10	13	617903	58130	459261
文化、体育和娱乐业	27	19	17	365851	65135	281713
公共管理和社会组织	65	52	41	296738	201661	228029
国际组织						
三、按隶属关系						
中央	65	20	31	5410799	236545	3617507
省	43	17	14	1963611	280577	1529638
市	224	97	97	11316369	1377536	7828055
区、县	497	373	311	7540596	3104530	5287698
其他	1388	1077	1054	11863220	5282687	9056200
四、按建设性质						
新建	752	445	419	17172275	4359647	12506937
扩建	915	664	641	13755614	3222326	10668168
改建	527	458	432	6095741	2559553	3284119

表 9—5　续表 2

指　　标	施工项目个数(个)	#本年新开工	本年投产项目个数(个)	计　划总投资	#本年新开工	累计完成投　资
单纯建造生活设施	1	1	1	4500	4500	4500
迁建	19	13	11	260214	99917	192900
恢复	3	3	3	5760	5760	5760
单纯购置	0	0	0	800491	30172	656714
五、按建设阶段						
筹建	0	0	0	420000	0	76844
本年正式施工	2211	1582	1507	36792647	10246746	26509200
本年收尾	6	2	0	81457	4957	76340
全部停缓建						
单纯购置	0	0	0	800491	30172	656714
六、按控股情况						
国有控股	644	365	306	24208766	4609693	16012709
集体控股	171	137	131	1691733	766282	1179279
私人控股	1188	965	939	7440189	3990679	6227666
港澳台商控股	45	23	29	1301870	119013	873460
外商控股	169	94	102	3452037	796208	3025984
七、按期末项目建设状态						
在建	713	389	5	27086717	6749792	16047565
全部投产	1504	1195	1502	11007878	3532083	11271533
全部停缓建						
八、按投资规模						
100 万元以下	13	13	12	1000	1000	955
100 - 500 万元	182	173	174	73109	64712	75206
500 - 1000 万元	200	184	176	168142	149225	165742
1000 - 3000 万元	705	642	604	1608539	1434303	1522270
3000 - 5000 万元	308	228	206	1431202	982002	1294615
5000 - 1 亿元	373	231	213	2930499	1756898	2667227
1 亿元- 5 亿元	305	87	91	7723132	2208586	5972069
5 亿元- 10 亿元	70	17	18	5344199	1259286	3766322
10 亿以上	61	9	13	18814773	2425863	11854692

表 9—5 续表 3

指 标	本 年 完成投资	#本年新开工	#住 宅	本年新增 固定资产
总 计	15720805	5988655	92054	10661332
一、按登记注册类型				
内资	13333549	5034272	92054	8472880
国有	5136333	1140784	68342	2994712
集体	414711	283707	23712	261002
股份合作	22182	1930		11010
国有联营	14740	0		70000
集体联营	1060	1060		1060
国有与集体联营				
其他联营				
国有独资公司	308336	80048		430710
其他有限责任公司	3439624	1487450		2156564
股份有限公司	1662456	536268		867147
私营	2284919	1476869		1656959
其他	49188	26156		23716
港澳台商投资	579753	116625		346663
合资经营	360115	43699		290261
合作经营	4962	4962		4962
独资	212459	66694		45023
股份有限	2217	1270		6417
外商投资	1807503	837758		1841789
合资经营	643083	409589		881504
合作经营	27694	0		17256
独资	1123306	418719		916958
股份有限	13420	9450		26071
个体经营				
个体户				
个体合伙				
二、按国民经济行业				
农、林、牧、渔业	9544	9544		7544
采矿业	23588	7630		14451

表9—5 续表4

指 标	本年完成投资	#本年新开工	#住 宅	本年新增固定资产
制造业	8294648	3987448		6832165
电力、燃气及水的生产和供应业	1083074	110622		508495
建筑业	28546	5245	1000	20060
交通运输、仓储和邮政业	1796391	374696		768421
信息传输、计算机服务和软件业	573412	208965		327023
批发和零售业	253665	136239		242474
住宿和餐饮业	66110	28910		30613
金融业	12666	12666		1800
房地产业	305027	56921	32369	91859
租赁和商务服务业	253886	63256	4900	141121
科学研究、技术服务和地质勘查业	83689	21959	0	28679
水利、环境和公共设施管理业	2091944	606269	500	1244002
居民服务和其他服务业	74288	13923	45580	69124
教育	302907	114887	3205	124188
卫生、社会保障和社会福利业	158284	38140		79205
文化、体育和娱乐业	97261	38491		32335
公共管理和社会组织	211875	152844	4500	97773
国际组织				
三、按隶属关系				
中央	1876639	100045	4205	1498962
省	869320	122818	0	333429
市	3568392	456697	18057	2149833
区、县	3352785	1708380	46080	2284610
其他	6053669	3600715	23712	4394498
四、按建设性质				
新建	6319231	2319664	24212	4036462
扩建	6142952	2089354	67842	4390446
改建	2466800	1467829		1656986

表 9—5 续表 5

指 标	本 年 完成投资	#本年新开工	#住 宅	本年新增 固定资产
单纯建造生活设施	4500	4500		4500
迁建	136385	71376		59753
恢复	5760	5760		5760
单纯购置	645177	30172		507425
五、按建设阶段				
筹建	69000			
本年正式施工	14994918	5954233	92054	10153907
本年收尾	11710	4250		
全部停缓建				
单纯购置	645177	30172		507425
六、按控股情况				
国有控股	7968841	1607445	68342	4978572
集体控股	862979	436265	23712	511026
私人控股	4788882	3223346		3391791
港澳台商控股	467179	97768		313625
外商控股	1632924	623831		1466318
七、按期末项目建设状态				
在建	8345165	2267295	65392	1249743
全部投产	7375640	3721360	26662	9411589
全部停缓建				
八、按投资规模				
100 万元以下	955	955		905
100 - 500 万元	73442	66409		74438
500 - 1000 万元	162594	147831	900	141773
1000 - 3000 万元	1464016	1354382	1000	1347297
3000 - 5000 万元	1151373	872396	5000	880154
5000 - 1 亿元	2143191	1570645	7205	1672151
1 亿元- 5 亿元	3637791	1203149	32369	2108238
5 亿元- 10 亿元	1822896	351127		1153282
10 亿以上	5264547	421761	45580	3283094

表 9—5　续表 6

指　　标	资金来源						
	合　计	上年末结余资金	本年资金来源				
			小　计	国家预算内资金	国内贷款	利用外资	#外商直接投资
总　　计	17513564	876602	16636962	325575	3974759	1057684	815526
一、按登记注册类型							
内资	14820546	685354	14135192	322455	3567013	3100	
国有	5527288	400432	5126856	96625	1702973		
集体	414385	1600	412785	300	28454		
股份合作	23252		23252				
国有联营	14740		14740				
集体联营	1060		1060		400		
国有与集体联营							
其他联营							
国有独资公司	305869	13394	292475		63500	3100	
其他有限责任公司	3999010	230198	3768812	225530	1000832		
股份有限公司	2091863	25559	2066304		541474		
私营	2367843	14171	2353672		229380		
其他	75236		75236				
港澳台商投资	593396	8314	585082	3120	70678	205391	173281
合资经营	363986	8314	355672	3120	44113	96361	81475
合作经营	4962		4962				
独资	221831		221831		25295	107980	90756
股份有限	2617		2617		1270	1050	1050
外商投资	2099622	182934	1916688		337068	849193	642245
合资经营	658062	11075	646987		112418	104079	95079
合作经营	155119	135601	19518		0	10146	10146
独资	1273021	36258	1236763		218040	734968	537020
股份有限	13420		13420		6610		
个体经营							
个体户							
个人合伙							
二、按国民经济行业							
农、林、牧、渔业	10544		10544				
采矿业	27948	2350	25598				

表9—5　续表7

指　　标	资金来源						
	合　计	上年末结余资金	本年资金来源				
			小　计	国家预算内资金	国内贷款	利用外资	
							#外商直接投资
制造业	8945356	110368	8834988	6430	1232194	1012007	789549
电力、燃气及水的生产和供应业	1049072	23613	1025459		679078	2000	2000
建筑业	22683	3360	19323				
交通运输、仓储和邮政业	2363086	154052	2209034	232420	1150884	18600	2000
信息传输、计算机服务和软件业	613156	19079	594077		47277		
批发和零售业	283839	9994	273845		55923	21977	21977
住宿和餐饮业	66110	0	66110		2280		
金融业	12666	0	12666		10866		
房地产业	334882	34192	300690	2800	49391		
租赁和商务服务业	288709	16739	271970	23971	15114		
科学研究、技术服务和地质勘查业	98203	9588	88615	5100	1500		
水利、环境和公共设施管理业	2314844	282998	2031846	25191	588125	3100	0
居民服务和其他服务业	77555	0	77555	0	53580		
教育	385738	56335	329403	13720	44285		
卫生、社会保障和社会福利业	282459	138512	143947	9400	22173		
文化、体育和娱乐业	113749	10032	103717	4093	14219		
公共管理和社会组织	222965	5390	217575	2450	7870		
三、按隶属关系							
中央	1975904	5514	1970390	17936	699290		
省	953713	85395	868318	16237	286212		
市	4362935	419342	3943593	270826	1515031	434956	389971
区、县	3539008	166702	3372306	20266	775744	221613	156293
其他	6682004	199649	6482355	310	698482	401115	269262
四、按建设性质							
新建	7553739	584997	6968742	252073	1682891	443247	312241
扩建	6514236	241791	6272445	46297	1554905	290928	244633
改建	2502005	41896	2460109	24145	391053	150285	147285

表 9—5　续表 8

指　　标	资金来源						
	合　计	上年末结余资金	本年资金来源				
			小　计	国家预算内资金	国　内贷　款	利　用外　资	#外　商直接投资
单纯建造生活设施	4500	0	4500	0	0	4500	0
迁建	153694	3798	149896	1900	39700	11000	11000
恢复	5760	0	5760	0	0	0	0
单纯购置	779630	4120	775510	1160	306210	157724	100367
五、按建设阶段							
筹建	64000	0	64000	0	0	0	0
本年正式施工	16660360	872389	15787971	324415	3668549	899960	715159
单纯购置	779630	4120	775510	1160	306210	157724	100367
六、按控股情况							
国有控股	9011728	640768	8370960	322165	2843249	39269	33169
集体控股	1128155	14800	1113355	300	287029	6000	6000
私人控股	4983738	29786	4953952	3110	539586	9406	7906
港澳台商控股	477243	8314	468929	0	65295	168409	142499
外商控股	1912700	182934	1729766	0	239600	834600	625952
七、按期末项目建设状态							
在建	9980380	673423	9306957	317174	2459330	464577	333830
全部投产	7533184	203179	7330005	8401	1515429	593107	481696
八、按投资规模							
100 万元以下	967	50	917	80	0	0	0
100－500 万元	72669	194	72475	150	3016	0	0
500－1000 万元	163718	5170	158548	800	18046	1323	1323
1000－3000 万元	1511600	15868	1495732	5076	208908	20824	18744
3000－5000 万元	1188314	24638	1163676	4591	117585	100028	57279
5000－1 亿元	2188545	30523	2158022	3445	253363	159893	112969
1 亿元- 5 亿元	4014492	188042	3826450	68548	471280	445212	408513
5 亿元- 10 亿元	2218513	222803	1995710	1400	445639	271718	166698
10 亿以上	6154746	389314	5765432	241485	2456922	58686	50000

表 9—5 续表 9

指 标	本年资金来源		
	自筹资金		其他资金来源
	小 计	#企事业单位自筹	
总 计	11118342	8598727	160602
一、按登记注册类型			
内资	10101674	7703660	140950
国有	3245647	2055251	81611
集体	368011	293994	16020
股份合作	23252	21252	0
国有联营	14740	0	0
集体联营	660	660	0
国有与集体联营			
其他联营			
国有独资公司	225875	178767	0
其他有限责任公司	2511070	2018950	31380
股份有限公司	1520221	1294727	4609
私营	2116962	1777483	7330
其他	75236	62576	0
港澳台商投资	305613	266232	280
合资经营	211998	187180	80
合作经营	4962	0	0
独资	88356	78755	200
股份有限	297	297	0
外商投资	711055	628835	19372
合资经营	430490	393824	0
合作经营	0	0	9372
独资	273755	228721	10000
股份有限	6810	6290	0
个体经营			
个体户			
二、按国民经济行业			
农、林、牧、渔业	10544	10544	0
采矿业	25598	25598	0

表9—5　续表10

指　　标	本年资金来源		
	自筹资金		其他资金来源
	小计	#企事业单位自筹	
制造业	6568712	5711773	15645
电力、燃气及水的生产和供应业	343684	289825	697
建筑业	19323	19323	0
交通运输、仓储和邮政业	783073	596828	24057
信息传输、计算机服务和软件业	546800	520678	0
批发和零售业	195246	151898	699
住宿和餐饮业	63830	23900	0
金融业	1800	1800	0
房地产业	223450	183138	25049
租赁和商务服务业	232785	93863	100
科学研究、技术服务和地质勘查业	82015	39198	0
水利、环境和公共设施管理业	1363961	558380	51469
居民服务和其他服务业	23975	945	0
教育	271358	154419	40
卫生、社会保障和社会福利业	101698	52191	10676
文化、体育和娱乐业	78505	29165	6900
公共管理和社会组织	181985	135261	25270
三、按隶属关系			
中央	1253164	1184144	0
省	550722	492549	15147
市	1679734	1094000	43046
区、县	2293426	1352045	61257
其他	5341296	4475989	41152
四、按建设性质			
新建	4541324	3423660	49207
扩建	4337520	3287285	42795
改建	1851570	1589915	43056

表 9—5　续表 11

指　标	本年资金来源		
	自筹资金		其他资金来源
	小计	#企事业单位自筹	
单纯建造生活设施	0	0	0
迁建	93796	83099	3500
恢复	2860	2680	2900
单纯购置	291272	212088	19144
五、按建设阶段			
筹建	64000	64000	0
本年正式施工	10753589	8318389	141458
单纯购置	291272	212088	19144
六、按控股情况			
国有控股	5054096	3533786	112181
集体控股	800006	602583	20020
私人控股	4393021	3690429	8829
港澳台商控股	235025	213154	200
外商控股	636194	558775	19372
七、按期末项目建设状态			
在建	5976444	4346517	89432
全部投产	5141898	4252210	71170
八、按投资规模			
100 万元以下	837	472	0
100 - 500 万元	69239	57799	70
500 - 1000 万元	134825	108258	3554
1000 - 3000 万元	1243209	1027974	17715
3000 - 5000 万元	930789	754219	10683
5000 - 1 亿元	1706776	1355145	34545
1 亿元- 5 亿元	2773444	2067531	67966
5 亿元- 10 亿元	1251581	869872	25372
10 亿以上	3007642	2357457	697

表 9—6 城镇投资新增主要生产能力或效益（2009 年）

能力名称	新增生产能力
铝加工(吨/年)	86500
火力发电（万千瓦）	125.1
其他发电（万千瓦）	1.5
输电线路长度(11 万伏及以上)	392.85
平板玻璃（万重量箱/年）	1100
化学农药原药(吨/年)	6000
精甲醇(吨/年)	30
塑料树脂及共聚物（吨/年）	110
合成橡胶（吨/年）	730
内燃机(台/年)	350000
内燃机(万千瓦/年)	2500
轿车制造(辆/年)	160000
化学纤维（吨/年）	24800
啤酒（万吨/年）	24
家用洗衣机(万台/年)	60
新建公路（公里）	131
#一级公路	36.88
二级公路	4.92
改建公路（公里）	141.88
#二级公路	23.9
新建独立公路桥梁(延长米)	537
新建独立公路桥梁（座）	1
新(扩)建港口码头(年吞吐量:万吨)	75
城市自来水供水能力（万吨/日）	5
城市公共交通车辆购置（辆）	693
城市污水处理能力（万吨/日）	15

表 9—7　农村非农户投资（2009 年）

计量单位：万元

指　　标	施工项目个数(个)	#本年新开工	本年投产项目个数(个)	计　划总投资	#本年新开工	累计完成投　资
总　　计	2365	2015	1994	7613570	4364837	6493284
一、按登记注册类型						
内资	2290	1956	1940	6826339	4192606	5876290
国有	24	22	21	80248	51248	65773
集体	396	369	365	1118954	780529	925548
股份合作	5	5	4	15118	15118	11568
国有联营						
集体联营	5	5	5	11000	11000	11013
国有与集体联营						
其他联营	1	1	1	490	490	490
国有独资公司						
其他有限责任公司	380	327	297	1237145	848299	1019239
股份有限公司	22	12	12	545965	30325	333036
私营	1411	1179	1195	3691899	2392057	3399336
其他	46	36	40	125520	63540	110287
港澳台商投资	22	15	15	544621	29281	444692
合资经营	6	3	3	221980	3280	165986
合作经营						
独资	15	12	12	62641	26001	50556
股份有限	1	0	0	260000	0	228150
外商投资	29	20	16	183762	122702	114507
合资经营	11	7	4	126160	104200	65987
合作经营						
独资	13	10	8	31336	13836	28291
股份有限	5	3	4	26266	4666	20229
个体经营	24	24	23	58848	20248	57795
个体户	13	13	13	47278	8678	47078
个人合伙	11	11	10	11570	11570	10717
二、按国民经济行业						
农、林、牧、渔业	91	84	83	149685	107565	136771
采矿业	31	29	30	56023	41723	54740

表9—7　续表1

指　　标	施工项目个数(个)	#本年新开工	本年投产项目个数(个)	计　划总投资	#本年新开工	累计完成投　资
制造业	1651	1366	1361	5349123	3006229	4588297
电力、燃气及水的生产和供应业	26	23	22	92633	73693	78677
建筑业	35	31	33	97950	66734	95288
交通运输、仓储和邮政业	63	57	59	310565	89781	220204
信息传输、计算机服务和软件业	9	8	6	48910	28910	44691
批发和零售业	36	33	31	290595	74145	232575
住宿和餐饮业	15	10	13	36380	16582	35102
金融业						
房地产业	73	60	64	437848	317835	342994
租赁和商务服务业	20	20	17	53423	53423	47643
科学研究、技术服务和地质勘查业	3	1	2	10000	2500	9980
水利、环境和公共设施管理业	203	194	181	488283	353783	435731
居民服务和其他服务业	12	11	10	22086	21586	21078
教育	18	14	15	50155	17045	47608
卫生、社会保障和社会福利业	19	18	17	25355	23855	19603
文化、体育和娱乐业	16	15	10	28942	25242	28142
公共管理和社会组织	44	41	40	65614	44206	54160
三、按隶属关系						
中央						
省	1	1	1	6740	6740	6740
市						
区、县	28	25	19	84361	44961	61533
其他	2336	1989	1974	7522469	4313136	6425011
四、按建设性质						
新建	735	483	487	4084509	1548298	3276826
扩建	1066	990	999	2304997	1782480	2095049
改建	558	538	503	1119699	1013049	1023328

表 9—7 续表 2

指　　标	施工项目个数(个)	#本年新开工	本年投产项目个数(个)	计　划总投资	#本年新开工	累计完成投　资
单纯建造生活设施						
迁建	5	3	4	24372	20372	18316
单纯购置	0	0	0	79355	0	79127
五、按建设阶段						
筹建	0	0	0	138574	0	52697
本年正式施工	2362	2013	1994	7370591	4361187	6347278
本年收尾	2	1	0	24400	3000	13592
全部停缓建	1	1	0	650	650	590
单纯购置	0	0	0	79355	0	79127
六、按控股情况						
国有控股	37	34	31	130908	81908	106160
集体控股	437	405	394	1275529	879604	1050989
私人控股	1849	1546	1541	5846810	3334942	5052401
港澳台商控股	17	13	13	75321	26981	63036
外商控股	25	17	15	285002	41402	220698
按期末项目建设状态						
在建	370	249	0	3237984	1331992	2086091
全部投产	1994	1765	1994	4374936	3032195	4406603
全部停缓建	1	1	0	650	650	590
八、按投资规模						
100 万元以下	7	7	7	690	590	702
100 - 500 万元	414	403	414	171412	165207	172963
500 - 1000 万元	368	359	351	313078	302688	306932
1000 - 3000 万元	1079	973	947	2417073	2113232	2333896
3000 - 5000 万元	276	170	176	1169384	700824	1053087
5000 - 1 亿元	169	86	87	1277076	629796	1086365
1 亿元- 5 亿元	43	15	11	908653	315500	689478
5 亿元- 10 亿元	3	2	0	205000	137000	109892
10 亿以上	6	0	1	1151204	0	739969

表 9—7 续表 3

指 标	本 年 完成投资	#本年新开工	#住 宅	本年新增 固定资产
总 计	5002684	3802941	185910	4239859
一、按登记注册类型				
内资	4692694	3690161	185910	4087279
国有	52923	45568	0	44938
集体	789376	683323	169437	652311
股份合作	11568	11568	0	5518
国有联营				
集体联营	11013	11013	0	11013
国有与集体联营				
其他联营	490	490	0	490
国有独资公司				
其他有限责任公司	839504	659993	0	658970
股份有限公司	88918	26871	0	184600
私营	2822040	2197028	16473	2460627
其他	76862	54307	0	68812
港澳台商投资	161497	29256	0	37786
合资经营	54756	3280	0	11280
合作经营				
独资	41576	25976	0	26506
股份有限	65165	0	0	0
外商投资	90698	64329	0	57419
合资经营	55298	47316	0	36342
合作经营				
独资	20741	12347	0	15211
股份有限	14659	4666	0	5866
个体经营	57795	19195	0	57375
个体户	47078	8478	0	47078
个人合伙	10717	10717	0	10297
二、按国民经济行业				
农、林、牧、渔业	112857	98687	0	95329
采矿业	45990	40950	0	48540

表9—7　续表4

指　　标	本　　年 完成投资	#本年新开工	#住　宅	本年新增 固定资产
制造业	3487081	2623068	5512	3048512
电力、燃气及水的生产和供应业	69592	59205	0	52232
建筑业	80588	64711	17860	86608
交通运输、仓储和邮政业	175339	85973	0	140020
信息传输、计算机服务和软件业	34685	27185	0	19551
批发和零售业	112383	70825	5161	83220
住宿和餐饮业	29838	16405	0	17533
金融业				
房地产业	268095	224163	156637	208300
租赁和商务服务业	47643	47643	0	34507
科学研究、技术服务和地质勘查业	5184	2500	0	3270
水利、环境和公共设施管理业	385646	325890	0	306016
居民服务和其他服务业	21078	20678	0	18528
教育	36980	17861	0	17301
卫生、社会保障和社会福利业	18253	18103	0	14640
文化、体育和娱乐业	27642	24642	0	12756
公共管理和社会组织	43810	34452	740	32996
三、按隶属关系				
中央				
省	6740	6740	0	6740
市				
区、县	55365	34498	0	17590
其他	4940579	3761703	185910	4215529
四、按建设性质				
新建	2071753	1228190	150793	1558324
扩建	1878760	1639534	35117	1767256
改建	961530	920263	0	836045

表 9—7　续表 5

指　　标	本　　年 完成投资	#本年新开工	#住　宅	本年新增 固定资产
单纯建造生活设施				
迁建	14666	14316	0	5724
单纯购置	75337	0	0	71872
五、按建设阶段				
筹建	33398	0	0	0
本年正式施工	4883561	3801351	185910	4167987
本年收尾	9798	1000	0	0
全部停缓建	590	590	0	0
单纯购置	75337	0	0	71872
六、按控股情况				
国有控股	91060	71598	0	69478
集体控股	891249	764529	169437	705339
私人控股	3866361	2900387	16473	3388421
港澳台商控股	53556	26956	0	35486
外商控股	100458	39471	0	41135
七、按期末项目建设状态				
在建	1349577	748673	88043	172939
全部投产	3652517	3053678	97867	4066920
全部停缓建	590	590	0	0
八、按投资规模				
100 万元以下	702	602	0	602
100－500 万元	171868	166860	475	171707
500－1000 万元	303301	296544	1818	296488
1000－3000 万元	2203785	2035480	18574	2054188
3000－5000 万元	859717	609949	18127	712148
5000－1 亿元	775705	473275	74178	572973
1 亿元－5 亿元	384025	175484	42607	203721
5 亿元－10 亿元	91102	44747	30131	33134
10 亿以上	212479	0	0	194898

表 9—7 续表 6

指标名称	资金来源合计	上年末结余资金	本年资金来源合计				
			小计	国家预算内资金	国内贷款	利用外资	#外商直接投资
总计	5094068	27982	5066086	4550	169548	34113	26913
一、按登记注册类型							
内资	4782202	27982	4754220	4550	166168	0	0
国有	53109	0	53109	1300	850	0	0
集体	817366	150	817216	3250	7893	0	0
股份合作	11568	0	11568	0	0	0	0
集体联营	11013	0	11013	0	0	0	0
其他有限责任公司	850447	2900	847547	0	24830	0	0
股份有限公司	89718	0	89718	0	960	0	0
私营	2863119	24932	2838187	0	131635	0	0
其他	85372	0	85372	0	0	0	0
港澳台商投资	161497	0	161497	0	1410	13320	13320
合资经营	54756	0	54756	0	440	11540	11540
独资	41576	0	41576	0	970	1780	1780
股份有限	65165	0	65165	0	0	0	0
外商投资	92574	0	92574	0	1800	20793	13593
合资经营	57174	0	57174	0	1800	19000	11800
合作经营							
独资	21241	0	21241	0	0	1793	1793
股份有限	14159	0	14159	0	0	0	0
个体经营	57795	0	57795	0	170	0	0
个体户	47078	0	47078	0	170	0	0
个体合伙	10717	0	10717	0	0	0	0
二、按国民经济行业							
农、林、牧、渔业	116347	600	115747	500	1100	0	0
采矿业	45720	200	45520	0	350	0	0

表 9—7　续表 7

指标名称	资金来源合　计	上年末结余资金	本年资金来源				
			小　计	国家预算内资金	国内贷款	利用外资	#外　商直接投资
制造业	3541986	27032	3514954	1300	152565	31113	23913
电力、燃气及水的生产和供应业	69322	0	69322	330	1500	0	0
建筑业	82003	0	82003	0	2320	0	0
交通运输、仓储和邮政业	201837	0	201837	0	250	0	0
信息传输、计算机服务和软件业	34685	0	34685	0	0	0	0
批发和零售业	113813	0	113813	0	1120	0	0
住宿和餐饮业	29838	0	29838	0	950	0	0
金融业							
房地产业	268195	0	268195	0	1360	0	0
租赁和商务服务业	47043	0	47043	0	1900	0	0
科学研究、技术服务和地质勘查业	5184	0	5184	0	0	0	0
水利、环境和公共设施管理业	387196	0	387196	2000	5683	0	0
居民服务和其他服务业	21578	0	21578	0	300	0	0
教育	39366	0	39366	0	0	0	0
卫生、社会保障和社会福利业	18103	150	17953	420	150	0	0
文化、体育和娱乐业	27642	0	27642	0	0	3000	3000
公共管理和社会组织	44210	0	44210	0	0	0	0
三、按隶属关系							
中央							
省	6740	0	6740	0	0	0	0
市							
区、县	54351	0	54351	0	600	0	0
其他	5032977	27982	5004995	4550	168948	34113	26913
四、按建设性质分							
新建	2152820	19900	2132920	330	76535	16085	16085
扩建	1879760	700	1879060	3200	51180	9488	2288
改建	970797	7232	963565	550	40663	540	540

表 9—7 续表 8

指标名称	资金来源合计	上年末结余资金	本年资金来源				
			小计	国家预算内资金	国内贷款	利用外资	#外商直接投资
单纯建造生活设施							
迁建	14716	150	14566	0	0	0	0
单纯购置	75337	0	75337	0	1170	8000	8000
五、按建设阶段							
筹建	60000	0	60000	0	0	0	0
本年正式施工	4946343	27982	4918361	4550	168378	26113	18913
单纯购置	75337	0	75337	0	1170	8000	8000
六、按投资规模							
国有控股	93276	0	93276	1300	850	0	0
集体控股	922054	150	921904	3250	9993	0	0
私人控股	3924724	27832	3896892	0	155495	0	0
港澳台商控股	53556	0	53556	0	1410	13320	13320
外商	100458	0	100458	0	1800	20793	13593
七、按期末项目建设状态							
在建	1458595	14600	1443995	0	65410	7508	7508
全部投产	3634883	13382	3621501	4550	104138	26605	19405
八、按投资规模							
100 万元以下	702	0	702	0	0	0	0
100 - 500 万元	171665	0	171665	1070	500	0	0
500 - 1000 万元	305031	0	305031	470	4940	2333	2333
1000 - 3000 万元	2226878	1572	2225306	3010	62360	4180	4180
3000 - 5000 万元	868554	9310	859244	0	44438	4000	4000
5000 - 1 亿元	782040	2600	779440	0	15540	23600	16400
1 亿元- 5 亿元	386225	0	386225	0	6770	0	0
5 亿元- 10 亿元	113892	14500	99392	0	35000	0	0
10 亿元以上	239081	0	239081	0	0	0	0

表 9—7　续表 9

指　　标	本年资金来源		
	自筹资金		其他资金来源
	小　计	#企事业单位自　筹	
总　　计	4833993	3988753	23882
一、按登记注册类型			
内资	4559620	3751416	23882
国有	47059	29689	3900
集体	797463	652499	8610
股份合作	10968	718	600
集体联营	11013	11013	0
其他有限责任公司	815795	732921	6922
股份有限公司	88758	79158	0
私营	2703237	2169131	3315
其他	84837	76287	535
港澳台商投资	146767	138797	0
合资经营	42776	41776	0
独资	38826	31856	0
股份有限	65165	65165	0
外商投资	69981	40915	0
合资经营	36374	15758	0
合作经营			
独资	19448	12948	0
股份有限	14159	12209	0
个体经营	57625	57625	0
个体户	46908	46908	0
个人合伙	10717	10717	0
二、按国民经济行业			
农、林、牧、渔业	113147	94775	1000
采矿业	45170	43170	0

表9—7 续表10

指标	本年资金来源		
	自筹资金		其他资金来源
	小计	#企事业单位自筹	
制造业	3328829	2790541	1147
电力、燃气及水的生产和供应业	65092	60092	2400
建筑业	75483	60913	4200
交通运输、仓储和邮政业	200987	106924	600
信息传输、计算机服务和软件业	34685	34225	0
批发和零售业	111193	78338	1500
住宿和餐饮业	28598	26898	290
金融业			
房地产业	265335	255276	1500
租赁和商务服务业	44723	38763	420
科学研究、技术服务和地质勘查业	5184	2500	0
水利、环境和公共设施管理业	373623	321136	5890
居民服务和其他服务业	18178	7478	3100
教育	38686	22056	680
卫生、社会保障和社会福利业	16783	13503	600
文化、体育和娱乐业	24642	7476	0
公共管理和社会组织	43655	24689	555
三、按隶属关系			
中央			
省	6740	6740	0
市			
区、县	53451	46436	300
其他	4773802	3935577	23582
四、按建设性质			
新建	2025485	1381583	14485
扩建	1808612	1659105	6580
改建	919245	867514	2567

表 9—7　续表 11

指　　标	本年资金来源		
	自筹资金		其　他资金来源
	小　计	#企事业单位自　筹	
单纯建造生活设施			
迁建	14316	14316	250
单纯购置	66167	66067	0
五、按建设阶段			
筹建	60000	0	0
本年正式施工	4695438	3913298	23882
单纯购置	66167	66067	0
六、按控股情况			
国有控股	87226	68256	3900
集体控股	893316	728274	15345
私人控股	3736760	3093952	4637
港澳台商控股	38826	31856	0
外商	77865	66415	0
七、按期末项目建设状态			
在建	1360355	962298	10722
全部投产	3473048	3025865	13160
八、按投资规模			
100 万元以下	702	602	0
100 - 500 万元	166755	134111	3340
500 - 1000 万元	294818	274428	2470
1000 - 3000 万元	2147706	1817055	8050
3000 - 5000 万元	809206	645822	1600
5000 - 1 亿元	732400	544445	7900
1 亿元- 5 亿元	378933	344433	522
5 亿元- 10 亿元	64392	48776	0
10 亿以上	239081	179081	0

表 9—8 房地产开发投资、资金和土地情况（2009 年）

项目	计量单位	合计	小计	内资			
				国有	集体	股份合作	联营企业
企业数	个	698	584	65	8	4	
计划总投资	万元	29265724	23263002	3047001	30000	178446	
累计完成投资	万元	18051152	14657225	1811699	28830	149872	
本年完成投资额	万元	5956796	5298518	1125266	14820	32448	
住宅		4394100	3919408	935155	11380	28450	
其中:90 平米以下		1470639	1356885	439998	4910	2478	
140 平米以上		753606	603733	73765	0	49	
别墅、高档公寓		412167	344773	20000	0	4	
经济适用房		430280	421738	225348	7400	4419	
办公楼		283450	253337	4584	0	0	
商业营业用房		678619	613963	47720	1440	550	
其他		600627	511810	137807	2000	3448	
本年新增固定资产	万元	4477420	3514349	412785	17000	5555	
本年完成土地开发面积	平方米	1141138	961542	440333	0	0	
本年土地购置面积	平方米	2849225	2466911	730162	0	0	
资金来源小计	万元	11666458	9659746	1839762	26639	38764	
施工面积	平方米	43660651	36209186	5410032	135115	260143	
本年新开工面积	平方米	11574566	9757695	2181411	0	80450	

表 9—8　续表 1

项　目	计量单位	内　资					
		国有与集体联营企业	其他联营企业	有限责任公司	国有独资公司	其他有限责任公司	股份有限公司
企业数	个				3	204	34
计划总投资	万元				68358	10269056	999128
累计完成投资	万元				47441	6758823	775165
本年完成投资额	万元				16811	2155594	263864
住宅					16451	1376719	182489
其中:90 平米以下					5016	423156	30134
140 平米以上					10735	252282	69002
别墅、高档公寓					0	175379	7489
经济适用房					1300	65930	0
办公楼					340	208236	4150
商业营业用房					15	346417	70140
其他					5	224222	7085
本年新增固定资产	万元				7462	1455950	170988
本年完成土地开发面积	平方米				0	322281	0
本年土地购置面积	平方米				0	678149	0
资金来源小计	万元				45648	3758223	474758
施工面积	平方米				102760	13166168	1547586
本年新开工面积	平方米				18137	2954467	129659

表9—8 续表2

项 目	计量单位	内资					
		私营企业	私营独资企业	私营合伙企业	私营有限责任公司	私营股份有限公司	其他企业
企业数	个	263	8	3	238	14	2
计划总投资	万元	8496057	222280		7906861	366916	174956
累计完成投资	万元	5000128	87145		4643518	269465	85267
本年完成投资额	万元	1663669	44259		1505166	114244	26046
住宅		1350908	37923		1211629	101356	17856
其中:90平米以下		448182	5793		403369	39020	3011
140平米以上		187511	18190		152425	16896	10389
别墅、高档公寓		141901	15830		125824	247	0
经济适用房		115012	0		115012	0	2329
办公楼		31027	0		30101	926	5000
商业营业用房		146811	2897		141151	2763	870
其他		134923	3439		122285	9199	2320
本年新增固定资产	万元	1432479	17480		1306907	108092	12130
本年完成土地开发面积	平方米	198928	29966		168962	0	0
本年土地购置面积	平方米	1058600	0		1037242	21358	0
资金来源小计	万元	3366943	89388		2987443	290112	109009
施工面积	平方米	15366791	505811		13798206	1062774	220591
本年新开工面积	平方米	4393571	365772		3923218	104581	0

表 9—8　续表 3

项　　目	计量单位	小计	港澳台商投资		
			与港澳台商合资经营	港澳台商独资	港澳台商股份
企业数	个	71	38	32	1
计划总投资	万元	2198732	950774	1171958	76000
累计完成投资	万元	1435594	610770	776836	47988
本年完成投资额	万元	320082	160597	132718	26767
住宅		242750	111551	105800	25399
其中:90 平米以下		64572	47845	7434	9293
140 平米以上		47506	39814	6414	1278
别墅、高档公寓		32692	21168	6825	4699
经济适用房		8542	0	8542	0
办公楼		7937	7777	160	0
商业营业用房		35081	14935	19733	413
其他		34314	26334	7025	955
本年新增固定资产	万元	455276	152794	284422	18060
本年完成土地开发面积	平方米	179596	179596	0	0
本年土地购置面积	平方米	176576	127865	48711	0
资金来源小计	万元	642090	357148	265567	19375
施工面积	平方米	4128528	1609469	2414341	104718
本年新开工面积	平方米	653047	306382	305215	41450

表9—8 续表4

项目	计量单位	小计	外商投资			
			中外合资经营	中外合作经营	外资企业	外商投资股份有限公司
企业数	个	43	24	1	18	
计划总投资	万元	3803990	1957713		1846277	
累计完成投资	万元	1958333	881428		1076905	
本年完成投资额	万元	338196	156523		181673	
住宅		231942	128984		102958	
其中:90平米以下		49182	26048		23134	
140平米以上		102367	51251		51116	
别墅、高档公寓		34702	17421		17281	
经济适用房		0	0		0	
办公楼		22176	0		22176	
商业营业用房		29575	9129		20446	
其他		54503	18410		36093	
本年新增固定资产	万元	507795	206323		301472	
本年完成土地开发面积	平方米	0	0		0	
本年土地购置面积	平方米	205738	0		205738	
资金来源小计	万元	1364622	546075		818547	
施工面积	平方米	3322937	1700366		1622571	
本年新开工面积	平方米	1163824	485049		678775	

表 9—8 续表 5

项 目	计量单位	合计	内资				
			小计	国有	集体	股份合作	联营企业
竣工面积	平方米	15162779	12192674	1705680	85625	23710	
竣工房屋价值	万元	3931378	3161902	393015	17000	5385	
商品房屋销售面积合计	平方米	11869439	9683723	1701680	132111	99274	
住宅		11140311	9036873	1680633	109127	97753	
别墅、高档公寓		957404	633536	129231	0	794	
经济适用房		1214901	1214901	563711	65884	0	
办公楼		235306	198863	1537	0	0	
商业营业用房		415709	377457	19510	8688	1521	
其他		78113	70530	0	14296	0	
商品房屋销售额	万元	8528119	6727914	1017516	29991	81184	
住宅		7678990	5993098	978829	26502	77902	
别墅、高档公寓		925715	659467	138508	0	291	
经济适用房		306069	306069	138711	14400	0	
办公楼		295330	251069	2305	0	0	
商业营业用房		508578	444909	36382	1489	3282	
其他		45221	38838	0	2000	0	

表 9—8　续表 6

项　　目	计量单位	内　　资					
		国有集体联营企业	其他联营企业	有限责任公司	国有独资公司	其他有限责任公司	股份有限公司
竣工面积	平方米				20060	4589864	462110
竣工房屋价值	万元				7462	1352017	140368
商品房屋销售面积合计	平方米				42211	3240492	572950
住宅					22142	2926827	564341
别墅、高档公寓					0	245690	38374
经济适用房					0	358120	393
办公楼					19188	108505	6552
商业营业用房					881	169142	0
其他					0	36018	2057
商品房屋销售额	万元				53186	2669781	448244
住宅					32500	2241797	443089
别墅、高档公寓					0	307838	34614
经济适用房					0	94642	129
办公楼					20288	162971	4392
商业营业用房					398	247172	0
其他					0	17841	763

表9—8　续表7

项　　目	计量单位	内　　资					
		私营企业	私营独资企业	私营合伙企业	私营有限责任公司	私营股份有限公司	其他企业
竣工面积	平方米	5276034	50908		4736292	488834	29591
竣工房屋价值	万元	1234525	17480		1113957	103088	12130
商品房屋销售面积合计	平方米	3839689	143156		3336937	359596	55316
住宅		3580734	142596		3081379	356759	55316
别墅、高档公寓		219447	0		216945	2502	0
经济适用房		226793	0		226793	0	0
办公楼		63081	0		63081	0	0
商业营业用房		177715	560		174777	2378	0
其他		18159	0		17700	459	0
商品房屋销售额	万元	2352407	65988		2082418	204001	75605
住宅		2116874	65405		1850119	201350	75605
别墅、高档公寓		178216	0		175402	2814	0
经济适用房		58187	0		58187	0	0
办公楼		61113	0		61113	0	0
商业营业用房		156186	583		153149	2454	0
其他		18234	0		18037	197	0

表 9—8 续表 8

项目	计量单位	小计	港澳台商投资		
			与港澳台商合资经营	港澳台商独资	港澳台商股份
竣工面积	平方米	1947586	529083	1358305	60198
竣工房屋价值	万元	454646	152794	283792	18060
商品房屋销售面积合计	平方米	1146553	459766	650340	36447
住宅		1111328	437070	637811	36447
别墅、高档公寓		189266	78975	96381	13910
经济适用房		0	0	0	0
办公楼		23125	21028	2097	0
商业营业用房		10751	1170	9581	0
其他		1349	498	851	0
商品房屋销售额	万元	725840	383360	317351	25129
住宅		685143	354660	305354	25129
别墅、高档公寓		169282	97575	59566	12141
经济适用房		0	0	0	0
办公楼		29611	27698	1913	0
商业营业用房		10318	870	9448	0
其他		768	132	636	0

表9—8 续表9

项目	计量单位	小计	外商投资			
			中外合资经营	中外合作经营	外资企业	外商投资股份有限公司
竣工面积	平方米	1022519	529670		492849	
竣工房屋价值	万元	314830	176107		138723	
商品房屋销售面积合计	平方米	1039163	512351		526812	
住宅		992110	491850		500260	
别墅、高档公寓		134602	45016		89586	
经济适用房		0	0		0	
办公楼		13318	0		13318	
商业营业用房		27501	17724		9777	
其他		6234	2777		3457	
商品房屋销售额	万元	1074365	488353		586012	
住宅		1000749	442080		558669	
别墅、高档公寓		96966	46228		50738	
经济适用房		0	0		0	
办公楼		14650	0		14650	
商业营业用房		53351	44726		8625	
其他		5615	1547		4068	

表 9—9 房地产开发施工、竣工和销售按用途分组（2009 年）

项 目	计量单位	商品房合计数	# 住宅	# 经济适用房	# 别墅、高档公寓
房屋施工面积	万平方米	4366.07	3188.18	398.20	267.82
其中:新开工面积		1157.46	803.45	105.48	57.74
房屋竣工面积	万平方米	1516.28	1227.85	183.50	115.93
其中:不可销售面积		60.77	9.06	2.42	1.97
商品住宅竣工套数	套		117444	24821	6469
竣工房屋价值	亿元	393.14	313.49	36.25	33.71
出租房屋面积	万平方米	9.94			
商品房销售面积	万平方米	1186.94	1114.03	121.49	95.74
其中:现房销售面积		226.36	194.78	43.68	26.75
期房销售面积		960.58	919.25	77.81	68.99
商品房销售额	亿元	852.81	767.90	30.61	92.57
其中:现房销售额		162.77	134.60	11.41	25.98
期房销售额		690.04	633.30	19.20	66.59
商品住宅销售套数	套		104818	15571	4271
其中:现房销售套数			18417	5826	1361
期房销售套数			86401	9745	2910

表 9—9 续表

项 目	计量单位	办公楼	商业营业用房	其 他
房屋施工面积	万平方米	137.62	525.20	515.09
其中:新开工面积		16.54	159.19	178.27
房屋竣工面积	万平方米	24.07	125.89	138.47
其中:不可销售面积		0.25	20.03	31.43
商品住宅竣工套数	套			
竣工房屋价值	亿元	8.33	35.47	35.85
出租房屋面积	万平方米		9.87	0.07
商品房销售面积	万平方米	23.53	41.57	7.81
其中:现房销售面积		13.11	14.36	4.11
期房销售面积		10.42	27.21	3.70
商品房销售额	亿元	29.53	50.86	4.52
其中:现房销售额		15.14	11.43	1.60
期房销售额		14.39	39.43	2.92
商品住宅销售套数	套			
其中:现房销售套数				
期房销售套数				

表 9—10　房地产企业财务状况（2009 年）

项　目	计量单位	合计	小计	内资			
				国有	集体	股份合作	联营企业
企业数	个	698	584	65	8	4	
资产总计	千元	277712872	227143741	38534636	454434	1266087	
流动资产合计	千元	236375712	193901367	35115958	451108	1256783	
存货	千元	129868268	105876254	20162220	197440	399357	
固定资产原价	千元	9639204	5952832	523948	4562	16104	
累计折旧	千元	1946979	1412506	145342	1875	7252	
本年折旧	千元	490302	327271	22736	307	883	
负债合计	千元	213098767	176484256	30392877	369410	1180753	
实收资本	千元	39185701	28738278	4461768	39412	60500	
主营业务收入	千元	89899395	71675648	10504936	340766	824596	

表 9—10　续表 1

项　目	计量单位	内资					
		国有集体联营企业	其他联营企业	有限责任公司	国有独资公司	其他有限责任公司	股份有限公司
企业数	个	1			3	204	34
资产总计	千元	10096			1245424	88354342	16876955
流动资产合计	千元	5817			1086925	74854817	12895299
存货	千元	0			576592	36817381	7602865
固定资产原价	千元	553			12589	2216724	570508
累计折旧	千元	336			4676	379961	147445
本年折旧	千元	0			632	123392	25436
负债合计	千元	6			948604	67960349	12820284
实收资本	千元	10090			153058	11676822	2281161
主营业务收入	千元	374			227001	29190043	4437401

表 9—10　续表 2

项　目	计量单位	内　资					
		私营企业	私营独资企业	私营合伙企业	私营有限责任公司	私营股份有限公司	其他企业
企业数	个	263	8	3	238	14	2
资产总计	千元	79149654	2516170	0	67742074	8891410	1252113
流动资产合计	千元	67282356	2256672	0	59212633	5813051	952304
存货	千元	39412295	1586090	0	35036127	2790078	708104
固定资产原价	千元	2605950	41471	0	2389768	174711	1894
累计折旧	千元	724835	18475	0	668414	37946	784
本年折旧	千元	153446	2534	0	143686	7226	439
负债合计	千元	61929860	1845229	0	54252851	5831780	882113
实收资本	千元	9685467	529914	0	8155373	1000180	370000
主营业务收入	千元	24851490	784696	0	22397127	1669667	1299041

表9—10 续表3

项目	计量单位	小计	港澳台商投资		
			与港澳台商合资经营	港澳台商独资	港澳台商投资股份有限公司
企业数	个	71	38	32	1
资产总计	千元	24945542	12764554	11744736	436252
流动资产合计	千元	19022704	10492596	8094489	435619
存货	千元	10161656	6158672	4002984	0
固定资产原价	千元	2607674	1462888	1142730	2056
累计折旧	千元	307499	150323	155753	1423
本年折旧	千元	113281	59353	53672	256
负债合计	千元	20005033	10342109	9276672	386252
实收资本	千元	3000690	1002039	1948651	50000
主营业务收入	千元	7819605	4003504	3564811	251290

表 9—10 续表 4

项　　目	计量单位	小　计	外商投资			
			中外合资经营	中外合作经营	外资企业	外商投资股份有限公司
企业数	个	43	24	1	18	
资产总计	千元	25623589	9814789	0	15808800	
流动资产合计	千元	23451641	8472868	0	14978773	
存货	千元	13830358	4497438	0	9332920	
固定资产原价	千元	1078698	566126	0	512572	
累计折旧	千元	226974	132160	0	94814	
本年折旧	千元	49750	24776	0	24974	
负债合计	千元	16609478	7506138	0	9103340	
实收资本	千元	7446733	1707536	0	5739197	
主营业务收入	千元	10404142	4600059	0	5804083	

表9—10　续表5

项　目	计量单位	合计	小计	内资			
				国有	集体	股份合作	联营企业
主营业务成本	千元	61660431	49706077	7569797	269984	587852	
主营业务税金及附加	千元	6836785	5481273	833775	16575	115605	
主营业务利润	千元	20378904	15739674	2014779	54207	121139	
其他业务利润	千元	316548	112046	33881	178	1219	
投资收益	千元	312928	307167	15855	0	0	
利润总额	千元	16751625	12939893	1686154	48241	68603	
应交所得税	千元	3039396	2419164	284873	2003	5236	
劳动、失业保险费	千元	110600	88409	12306	316	466	
应付工资总额	千元	1099242	864924	142352	2663	2796	
应付福利费总额	千元	103499	83761	16723	368	366	
全部从业人员年平均人数	人	17423	14069	1689	68	61	

表 9—10 续表 6

项目	计量单位	内资					
		国有集体联营企业	其他联营企业	有限责任公司	国有独资公司	其他有限责任公司	股份有限公司
主营业务成本	千元	54			115096	19871974	2889713
主营业务税金及附加	千元	21			18614	2099968	489967
主营业务利润	千元	299			93288	6901337	1001558
其他业务利润	千元	0			849	16312	11273
投资收益	千元	0			−3262	301163	2480
利润总额	千元	−1			63713	6029315	711388
应交所得税	千元	0			26075	1183106	171786
劳动、失业保险费	千元	19			1165	32297	15016
应付工资总额	千元	158			7649	304047	102528
应付福利费总额	千元	5			1119	31276	8592
全部从业人员年平均人数	人	10			86	4738	1185

表 9—10　续表 7

项　目	计量单位	内资					
		私营企业	私营独资企业	私营合伙企业	私营有限责任公司	私营股份有限公司	其他企业
主营业务成本	千元	17369124	555688	0	15759283	1054153	1032483
主营业务税金及附加	千元	1822369	58454	0	1647158	116757	84379
主营业务利润	千元	5389429	167018	0	4756366	466045	163638
其他业务利润	千元	48334	－11	0	48345	0	0
投资收益	千元	－9069	0	0	－9069	0	0
利润总额	千元	4172092	94504	0	3630458	447130	160388
应交所得税	千元	724890	21849	0	611382	91659	21195
劳动、失业保险费	千元	26607	288	0	25755	564	217
应付工资总额	千元	300050	5120	0	270076	24854	2681
应付福利费总额	千元	24988	254	0	21564	3170	324
全部从业人员年平均人数	人	6199	115	0	5663	421	33

表9—10 续表8

项目	计量单位	小计	港澳台商投资		
			与港澳台商合资经营	港澳台商独资	港澳台商投资股份有限公司
主营业务成本	千元	4891436	2301669	2436481	153286
主营业务税金及附加	千元	605899	320307	267995	17597
主营业务利润	千元	2202472	1315391	806674	80407
其他业务利润	千元	76044	69616	6428	0
投资收益	千元	5677	3612	2065	0
利润总额	千元	1704675	1103264	547542	53869
应交所得税	千元	316818	154900	142855	19063
劳动、失业保险费	千元	10113	6261	3852	0
应付工资总额	千元	113852	58383	54173	1296
应付福利费总额	千元	9320	4518	4737	65
全部从业人员年平均人数	人	1772	964	768	40

表 9—10 续表 9

项目	计量单位	小计	外商投资			
			中外合资经营	中外合作经营	外资企业	外商投资股份有限公司
主营业务成本	千元	7062918	3028641		4034277	
主营业务税金及附加	千元	749613	316279		433334	
主营业务利润	千元	2436758	1151508		1285250	
其他业务利润	千元	128458	24518		103940	
投资收益	千元	84	84		0	
利润总额	千元	2107057	987336		1119721	
应交所得税	千元	303414	165412		138002	
劳动、失业保险费	千元	12078	6361		5717	
应付工资总额	千元	120466	47608		72858	
应付福利费总额	千元	10418	4930		5488	
全部从业人员年平均人数	人	1582	795		787	

表 9—11　全市建筑业企业单位数、从业人数（总承包及专业承包）（2009 年）

指　　标	企业个数（个）	年末从业人数（人）
总　　计	1409	522543
按登记注册类型分组		
内资企业	1376	518685
国有企业	67	30358
集体企业	30	19143
股份合作企业	73	18862
联营企业	27	4124
国有联营企业	4	242
集体联营企业	1	154
国有与集体联营企业		
其他联营企业	22	3728
有限责任公司	390	265721
国有独资公司	4	554
其他有限责任公司	386	265167
股份有限公司	67	17191
私营企业	722	163286
其他企业		
港、澳、台商投资企业	12	1172
外商投资企业	21	2686
按隶属关系分组		
中　央	15	21608
地　方	1394	500935
省	108	126305
地	262	57284
县及县以下	1024	317346

表 9—12　全市建筑业企业生产情况（总承包及专业承包）

指　　标	2009 年	2008 年	2009 年为上年％
建筑业总产值(千元)	134661722	112238717	112.0
建筑工程产值	122896538	98460167	124.8
安装工程产值	9966961	12860115	77.5
其他产值	1798223	918435	195.8
竣工产值(千元)	89867152	79303158	113.3
房屋建筑施工面积(万平方米)	8398	7390.04	113.6
房屋建筑竣工面积(万平方米)	3221.63	3196.74	100.8
#住宅	2126.28	2011.90	105.7
年末自有施工机械设备净值(千元)	7022847	5430347	129.3
年末自有施工机械设备总功率(万千瓦)	221.09	214	103.3
年末自有施工机械设备总台数(台)	148516	140015	106.1
建筑业全员劳动生产率(元/人)	237572	204100	116.4

表 9—13　按行业分建筑业企业生产情况（总承包及专业承包）（2009 年）

指　　标	房屋和土木工程建筑业		
		房屋工程建筑	土木工程建筑
企业个数(个)	638	256	382
建筑业总产值(千元)	113480524	73303327	40177197
建筑工程产值	108073842	70262790	37811052
安装工程产值	3632269	1331807	2300462
其他产值	1774413	1708730	65683
竣工产值(千元)	75514982	52746198	22768784
房屋建筑施工面积(万平方米)	8298.70	8231.85	66.85
房屋建筑竣工面积(万平方米)	3200.52	3173.20	27.32
#住宅	2124.55	2121.32	3.23
年末自有施工机械设备净值(千元)	6073750	2387791	3685959
年末自有施工机械设备总功率(万千瓦)	180.85	100.10	80.75
年末自有施工机械设备总台数(台)	110774	68427	42347
全员劳动生产率(元/人)	237103	225092	262677

表 9—13　续表

指　　标	建筑安装业	建筑装饰业	其他建筑业
企业个数(个)	291	347	133
建筑业总产值(千元)	10448195	8391256	2341747
建筑工程产值	4376498	8352396	2093802
安装工程产值	6056360	30767	247565
其他产值	15337	8093	380
竣工产值(千元)	4768868	7596935	1986367
房屋建筑施工面积(万平方米)	73.14	0.00	26.16
房屋建筑竣工面积(万平方米)	20.76	0.00	0.35
#住宅	1.73	0.00	0.00
年末自有施工机械设备净值(千元)	507235	197996	243866
年末自有施工机械设备总功率(万千瓦)	19.84	12.48	7.92
年末自有施工机械设备总台数(台)	17475	15684	4583
全员劳动生产率(元/人)	228301	254435	247333

表9—14　按经济类型分建筑业企业生产情况（总承包及专业承包）（2009年）

指　　标	总　计	国有经济	集体经济	其他经济
企业个数(个)	1409	67	30	1312
建筑业总产值(千元)	134661722	19381655	2876791	112403276
建筑工程产值	122896538	17255714	2730690	102910134
安装工程产值	9966961	2099311	50629	7817021
其他产值	1798223	26630	95472	1676121
竣工产值(千元)	89867152	10401425	3198580	76267147
房屋建筑施工面积(万平方米)	8398.00	802.24	196.97	7398.79
房屋建筑竣工面积(万平方米)	3221.63	204.99	122.15	2894.49
#住宅	2126.28	96.17	103.48	1926.63
年末自有施工机械设备净值(千元)	7022847	2161037	90156	4771654
年末自有施工机械设备总功率(万千瓦)	221.09	25.33	4.82	190.94
年末自有施工机械设备总台数(台)	148516	16961	3243	128312
全员劳动生产率(元/人)	237572	273243	184587	234023

表 9—15 全市建筑业企业财务情况（总承包及专业承包）（2009 年）

计量单位:千元

指 标	总 计	国有经济	集体经济	其他经济
资产总计	114725004	23025061	2504993	89194950
流动资产合计	93219562	18281763	2200307	72737492
＃存货	22141165	3449876	660864	18030425
固定资产年末合计	14027289	3169017	177199	10681073
固定资产原价年末合计	19386524	4371055	268367	14747102
＃生产经营用	15704773	3959671	156568	11588534
累计折旧	7460361	1751171	116916	5592274
＃本年折旧	1218073	384447	9545	824081
流动负债年末合计	68403125	15936865	1742288	50723972
长期负债年末合计	2438947	938266	28171	1472510
所有者权益年末合计	43882932	6149930	734534	36998468
工程结算收入	134204790	23950508	3273633	106980649
工程结算成本	119020481	21861894	2858200	94300387
工程结算税金及附加	4212000	661035	97063	3453902
工程结算利润	10249242	1371938	311763	8565541
管理费用	4902638	903286	153639	3845713
利润总额	5377997	578849	170678	4628470
本年应付工资	12383278	1281118	276940	10825220
本年应付福利费	1134904	93715	32467	1008722

表 9—16 主要年份全社会固定资产投资完成额

计量单位:亿元

年份	全社会固定资产投资完成额	#城镇固定资产投资	#房地产开发投资
1949	0.02	0.02	
1952	0.26	0.26	
1957	1.18	1.18	
1962	0.76	0.76	
1965	1.44	1.44	
1970	1.53	1.53	
1975	2.96	2.96	
1978	6.63	6.35	
1979	7.01	6.86	
1980	7.82	7.56	
1985	27.65	24.28	
1990	42.65	36.80	
1991	49.71	40.91	2.58
1995	233.86	133.63	59.45
1997	351.66	223.79	72.89
1998	376.60	217.96	101.06
1999	373.01	211.94	97.91
2000	412.20	241.95	99.34
2003	954.05	619.23	183.80
2004	1201.88	703.92	292.88
2005	1402.72	820.30	296.14
2006	1613.55	883.59	351.17
2007	1867.96	1041.95	445.97
2008	2154.17	1226.16	508.17
2009	2668.03	1572.08	595.68

注:城镇固定资产投资包括以前年度基本建设、更新改造、城镇集体和其他投资,2005 年起不再细分。

主要统计指标解释

全社会固定资产投资 固定资产投资是社会固定资产再生产的主要手段。固定资产投资额是以货币表现的建造和购置固定资产活动的工作量，它是反映固定资产投资规模、速度、比例关系和使用方向的综合性指标。全社会固定资产投资包括城镇固定资产投资、房地产开发投资、农村非农户投资。

城镇固定资产投资 指城镇各种登记注册类型的企业、事业、行政单位及个体户进行的计划总投资50万元及50万元以上的建设项目，包括原来的城镇基本建设项目、更新改选项目、其他投资项目、集体和私营个体等投资项目。

农村非农户投资 指发生在农村区域范围内的非农户固定资产投资项目完成的投资。不包括县及县以上各级政府及主管部门直接领导、管理的建设项目和企事业单位的投资。

房地产开发投资 指房地产开发公司、商品房建设公司及其他房地产开发法人单位和附属于其他法人单位实际从事房地产开发或经营的活动单位统一开发的包括统代建、拆迁还建的住宅、厂房、仓库、饭店、宾馆、度假村、写字楼、办公楼等房屋建筑物和配套的服务设施，土地开发工程（如道路、给水、排水、供电、供热、通讯、平整场地等基础设施工程）的投资；不包括单纯的土地交易活动。

固定资产投资按国民经济行业分 建设项目归哪个行业，按其建成投产后的主要产品或主要用途及社会经济活动性质来确定。基本建设按建设项目划分国民经济行业，更新改造、国有单位其他固定资产投资及城镇集体投资根据整个企业、事业单位所属的行业来划分。一般情况下，一个建设项目或一个企业、事业单位只能属于一种国民经济行业。

固定资产投资按建设性质分 建设项目的性质一般分为新建、扩建、改建、迁建、恢复。基本建设按建设项目划分建设性质，更新改造、国有单位其他固定资产投资、城镇集体投资及农村投资等按整个企业、事业单位的建设情况确定建设性质。

（1）新建：一般是指从无到有、“平地起家”新开始建设的单位。有的单位原有的基础很小，经过建设后其新增加的固定资产价值超过原有固定资产价值（原值）三倍以上的也算新建。

（2）扩建：一般是指为扩大原有产品的生产能力，在厂内或其他地点增建主要生产车间（或主要工程）、独立的生产线或分厂的企业；事业单位和行政单位在原单位增建业务用房（如学校增建教学用房、医院增建门诊部或病床用房、行政机关增建办公楼等）也作为扩建。

（3）改建：一般是指现有企业、事业单位为了技术进步，提高产品质量，增加花色品种，促进产品升级换代，降低消耗和成本，加强资源综合利用和三废治理、劳保安全等，采用新技术、新工艺、新设备、新材料等对现有设施、工艺条件进行技术改造或更新（包括相应配套的辅助性生产、生活福利设施）。有的企业为充分发挥现有生产能力，进行填平补齐而增建不增加本单位主要产品生产能力的车间等，也属于改建。

固定资产投资按构成分 固定资产投资活动按其工作内容和实现方式分为建筑安装工程，设备、工具、器具购置，其他费用三个部分。

(1) 建筑安装工程（建筑安装工作量）：指各种房屋、建筑物的建造工程和各种设备、装置的安装工程。包括各种房屋建造工程，各种用途设备基础和各种工业窑炉的砌筑工程；为施工而进行的各种准备工作和临时工程以及完工后的清理工作等；铁路、道路的铺设，矿井的开凿及石油管道的架设等；水利工程；防空地下建筑等特殊工程；以及各种机械设备的安装工程；为测定安装工程质量，对设备进行的试运工作。在安装工程中，不包括被安装设备本身的价值。

(2) 设备、工具、器具购置：指购置或自制达到固定资产标准的设备、工具、器具的价值，固定资产的标准按财务部门规定。新建单位、扩建单位的新建车间按照设计和计划要求购置或自制的全部设备、工具、器具，不论是否达到固定资产标准均计入“设备、工具、器具购置”中。

(3) 其他费用：指在固定资产建造和购置过程中发生的，除建筑安装工程和设备、工具、器具购置以外的各种应摊入固定资产的费用。

固定资产投资的资金来源 根据固定资产投资的资金来源不同，分为国家预算内资金、国内贷款、利用外资、自筹资金和其他资金来源。

(1) 国家预算内资金：指中央财政和地方财政中由国家统筹安排的基本建设拨款和更新改造拨款，以及中央财政安排的专项拨款中用于基本建设的资金和基本建设拨款改贷款的资金等。

(2) 国内贷款：指报告期内企、事业单位向银行及非银行金融机构借入的用于固定资产投资的各种国内借款。包括银行利用自有资金及吸收的存款发放的贷款、上级主管部门拨入的国内贷款、国家专项贷款(包括煤代油贷款、劳改煤矿专项贷款等)、地方财政专项资金安排的贷款、国内储备贷款、周转贷款等。

(3) 利用外资：指报告期内收到的用于固定资产投资的国外资金，包括统借统还、自借自还的国外贷款，中外合资项目中的外资，以及对外发行债券和股票等。国家统借统还的外资指由我国政府出面同外国政府、团体或金融组织签订贷款协议、并负责偿还本息的国外贷款。

(4) 自筹资金：指建设单位报告期内收到的，用于进行固定资产投资的上级主管部门、地方和企、事业单位自筹资金。

(5) 其他资金来源：指报告期内收到的除以上各种拨款、借款、自筹资金以外其他用于固定资产投资的资金。

施工项目 指报告期内曾进行建筑或安装工程施工活动的建设项目，包括报告期内新开工项目、报告期以前年度开工跨入报告期继续施工的项目以及报告期施过工并在报告期内全部建成投产或停缓建的项目。

全部建成投产项目 工业项目是指设计文件规定形成生产能力的主体工程及其相应配套的辅助设施全部建成，经负荷试运转，证明具备生产设计规定合格产品的条件，并经过验收鉴定合格或达到竣工验收标准，与生产性工程配套的生活福利设施可以满足近期正常生产的需要，正式移交生产的建设项目。非工业项目是指设计文件规定的主体工程和相应的配套工程全部建成，能够发挥设计规定的全部效益，经验收鉴定合格或达到竣工验收标准，正式移交使用的建设项目。

新增生产能力 指通过固定资产投资活动而增加的设计能力或工程效益，它是用实物形态表示的固定资产投资的成果。新增生产能力的计算，是以能独立发挥生产能力或工程效益的单项工程（或项目）为对象。当单项工程（或项目）建成，经有关部门鉴定合格，正式移交投入生产，即可计算新增生产能力。

新增生产能力或工程效益有以下几种表现形式：

（1）以建设项目或单项工程建成后的年产能力表示，如煤炭开采、石油开采等。

（2）以建设项目或单项工程建成后处理原料的能力表示，如选矿工程的年处理矿石能力、洗煤厂年洗原煤能力等。

（3）以新增的主要设备数量或容量表示，如棉纺锭锭数、发电机组容量等。

（4）以建筑物容积、容量、面积或长度表示，如水库容量、铁路公路里程等。

新增生产能力的数量一般按设计能力计算。设计能力是指设计文件中规定的在正常情况下能够达到的生产能力，而不论投产后的实际产量如何。以设备数量、建筑物容积、面积、长度等表示的新增生产能力或工程效益，则按建成的实际数量计算。

房屋建筑面积 指从房屋外墙线算起的各层平面面积的总和，包括可供使用的有效面积和房屋结构（如柱、墙）占用的面积。多层建筑按各层（包括地下室）面积总和计算。

住宅建筑面积 指施工和竣工房屋建筑面积中供居住用的施工和竣工房屋建筑面积。

施工面积 指报告期内施工的全部房屋建筑面积。包括本期新开工的面积、上期跨入本期继续施工的房屋面积、上期停缓建在本期恢复施工的房屋面积、本期竣工的房屋面积及本期施工后又停缓建的房屋面积。

竣工面积 指在报告期内房屋建筑按照设计要求已全部完工，达到住人和使用条件，经验收鉴定合格，正式移交使用单位的建筑面积。

房屋建筑面积竣工率 指一定时期内房屋竣工面积占同期房屋施工面积的比率。它是从房屋建筑施工速度的角度反映投资效果和建筑业经济效益的指标。

新增固定资产 指通过投资活动所形成的新的固定资产价值，包括已经建成投入生产或交付使用的工程价值和达到固定资产标准的设备、工具、器具的价值及有关应摊入的费用。它是以价值形式表示的固定资产投资成果的综合性指标，可以综合反映不同时期、不同部门、不同地区的固定资产投资成果。

建设项目投产率 指一定时期内全部建成投入生产项目个数与同期正式施工项目个数的比率。它是从项目建设速度的角度反映投资效果的指标。

建设周期 是指报告期（年）所有正式施工项目全部建成平均需要的时间。它是从宏观角度反映建设速度的指标。建设周期的计算方法有两种。

(1) 按建设项目计算：建设周期＝报告期正式施工项目个数/报告期全部建成投产项目个数。

(2) 按投资额计算：建设周期＝报告期正式施工项目计划总投资之和/报告期正式施工项目完成投资之和。

建筑业统计单位 指从事房屋、构筑物建造、装饰装修、设备安装活动和工程准备、提供施工设备服务等其他建筑活动的法人企业。建筑业法人企业应同时具备的条件是：① 依法成立，有自己的名称、组织机构和场所，能够承担民事责任；② 独立拥有和使用资产，承担负债，有权与其他单位签订合同；③ 独立核算盈亏，能够编制资产负债表。

建筑业总产值（即自行完成施工产值） 是以货币表现的建筑业企业在一定时期内生产的建筑业产品和服务的总和。建筑业总产值包括：

(1) 建筑工程产值：指列入建筑工程预算内的各种工程价值。

(2) 安装工程产值：指设备安装工程价值，不包括被安装设备本身价值。

(3) 其他产值：指建筑业总产值中除建筑工程、安装工程以外的产值。包括房屋、构筑物修理所完成的产值（不包括被修理的房屋、构筑物本身的价值）、非标准设备制造产值、总包企业向分包企业收取的管理费和不能明确划分的施工活动所完成的产值。

建筑业增加值 指建筑业企业在报告期内以货币表现的建筑业生产经营活动的最终成果。目前建筑业增加值采用分配法（收入法）计算，即从收入的角度出发，根据生产要素在生产过程中应得的收入份额计算。具体计算公式为：

建筑业增加值＝本年提取的固定资产折旧＋本年应付工资总额＋本年应付福利费总额＋管理费用中的劳动待业保险费、税金＋工程结算税金及附加＋营业利润

房屋建筑施工面积 指在报告期内施过工的全部房屋建筑面积，包括本期新开工的房屋面积、上期跨入本期继续施工的房屋面积、上期停缓建在本期恢复施工的房屋面积、本期竣工的房屋面积及本期施工后又停缓建的房屋面积。

房屋建筑竣工面积 指在报告期内房屋建筑按照设计要求全部完工，达到了住人和使用条件，经检查验收鉴定合格的房屋建筑面积。

自有机械设备年末总台数 指归本企业（或单位）所有，属于本企业（或单位）固定资产的生产性机械设备年末总台数。包括施工机械、生产设备、运输设备以及其他设备。

自有机械设备年末总功率 指本企业（或单位）自有施工机械、生产设备、运输设备以及其他设备等列为固定资产的生产性机械设备年末总功率，按设定能力或查定能力计算。包括机械本身的动力和为该机械服务的单独动力设备，如电动机等。计算单位用千瓦，动力换算可按 1 马力＝0．735 千瓦折合成千瓦数。电焊机、变压器、锅炉不计算动力。

工程结算收入 指企业承包工程实现的工程价款结算收入，以及向发包单位收取的除工程价款以外按规定列作营业收入的各种款项，如临时设施费、劳动保险费、施工机械调迁费等以及向发包单位收取的各种索赔款。

工程结算利润 指已结算工程实现的利润，如亏损以“－”号表示。

计算公式为：工程结算利润＝工程结算收入－工程结算成本－工程结算税金及附加

企业总收入 指与企业生产经营直接有关的各项收入，包括工程结算收入和其他业务收入。

计算公式为：企业总收入＝工程结算收入＋其他业务收入

计算建筑业劳动生产率的平均人数 指建筑业企业（或单位）报告期实际拥有的、与建筑施工活动有关的人员的平均人数，包括参加本企业（或单位）建筑施工活动的非本企业（或单位）人员，但不包括企业内部社会服务性机构的人员以及由本企业支付工资但所从事的工作与本企业生产基本无关的人员。

（十）批发和零售业、住宿和餐饮业

CHAPTER 10 WHOLESALE AND RETAIL TRADE, ACCOMMODATIONS AND CATERING

表 10—1 社会消费品零售总额（2009 年）

计量单位:亿元

指　标	2009 年	2009 年为上年%
社会消费品零售总额	1961.58	118.8
1. 按销售单位所在地分		
市的零售额	1830.80	118.6
县的零售额	73.90	121.6
县以下的零售额	56.88	118.7
2. 按行业和规模分		
批发和零售业	1704.08	118.8
限额以上	825.68	116.3
限额以下	349.97	129.0
个体	528.43	116.6
住宿和餐饮业	231.41	118.6
限额以上	69.64	103.2
限额以下	36.54	137.5
个体	125.23	124.0
其他行业	26.09	118.8

表 10—2　限额以上批发和零售业、住宿和餐饮业基本情况（2009 年）

指　　标	法人企业（个）	所属全部批零住餐活动单位（个）	其他行业所属批零住餐产业活动单位（个）	年末营业面积（平方米）	年末从业人员（个）
总　　计	1983	6684	102	8357765	224036
一、批发和零售业小计	1429	5811	55	7443795	155047
（一）批发业	906	3415	13	4186642	80924
#国有控股	126	2321	4	4056160	27665
1. 按登记注册类型分组					
内资企业	886	3362	5	4181442	63444
国有企业	53	101	2	620	12454
集体企业	19	129		29717	972
股份合作企业	2	2		1226	257
联营企业	1	1	1		482
有限责任公司	177	345		367779	15995
股份有限公司	34	2094	2	3733491	16383
私营企业	588	678		40609	16144
其他企业	12	12		8000	757
港、澳、台商投资企业	11	44	3	4600	2615
外商投资企业	9	9	5	600	14865
2. 按国民经济行业分组					
农畜产品批发	24	93		6655	1352
食品、饮料及烟草制品批发	56	122	3	10391	6866
纺织、服装及日用品批发	82	117	3	17535	9946
文化、体育用品及器材批发	20	38		1600	1882
医药及医疗器材批发	39	49		15511	4895
矿产品、建材及化工产品批发	384	2609	6	4070309	16616
机械、五金及电子产品批发	246	291	1	61746	37572
贸易经纪与代理	11	11			543
其他批发	44	85		2895	1252
再生物资回收与批发	19	50		100	465
3. 按经营方式分组					
独立门店	471	700	5	117193	31405
连锁总店（总部）	11	2157		3757702	1032
连锁门店	5	19		851	5555
其他	419	539	8	310896	42932

表10—2 续表1

指 标	法人企业（个）	所属全部批零住餐活动单位（个）	其他行业所属批零住餐产业活动单位（个）	年末营业面积（平方米）	年末从业人员（个）
（二）零售业	523	2396	42	3257153	74123
其中：国有控股	50	187	6	308833	10100
1. 按经济注册类型分组					
内资企业	493	1756	27	1795727	48890
国有企业	29	62	4	77546	3869
集体企业	13	51	1	50400	2040
股份合作企业	2	2	1	876	124
联营企业	3	3		1073	76
有限责任公司	108	945	5	503695	17472
股份有限公司	15	49	4	394204	7285
私营企业	315	590	11	741934	17276
其他	8	54	1	25999	748
港、澳、台商投资企业	13	19	5	165040	3297
外商投资企业	17	621	10	1296386	21936
2. 按国民经济行业分组					
综合零售	69	629	7	1686560	35877
百货零售	36	55	3	631774	10219
超级市场零售	33	574	3	1053080	25406
其他综合零售			1	1706	252
食品、饮料及烟草制品零售	38	696	6	46716	4292
纺织、服装及日用品零售	34	62	13	167790	3295
文化、体育用品及器材零售	44	110	4	94787	4948
医药及医疗器材零售	46	382		80358	5284
汽车、摩托车、燃料及零配件零售	166	189	3	419445	8461
家用电器及电子产品零售	97	270	1	546341	8849
五金、家具及室内装修材料零售	18	20	5	190629	1491
无店铺及其他零售	11	38	3	24527	1626

表 10—2　续表 2

指　　标	法人企业（个）	所属全部批零住餐活动单位（个）	其他行业所属批零住餐产业活动单位（个）	年末营业面积（平方米）	年末从业人员（个）
3. 按经营方式分组					
独立门店	365	589	28	1455133	28437
连锁总店（总部）	31	1561		1504070	900
连锁门店	13	21	4	99303	34574
其他	114	225	10	198647	10212
4. 按零售业态分组					
食杂店			2	6145	96
便利店	3	14	1	2330	72
折扣店					
超市	18	48	4	57269	2905
大型超市	14	514	2	1001345	22692
仓储会员店			1	8572	230
百货店	34	53	2	603238	9390
专业店	271	1034	10	945315	22107
专卖店	151	695	17	348660	11762
家居建材店	6	8	2	159371	931
购物中心	7	11	1	119922	1045
厂家直销中心	17	17		4516	578
电话购物	1	1		170	11

表 10—2　续表 3

指　　标	法人企业（个）	所属全部批零住餐活动单位（个）	其他行业所属批零住餐产业活动单位(个)	年末营业面积（平方米）	年末从业人员（个）
二、住宿和餐饮业小计	554	873	47	913970	68989
(一) 住宿业	183	195	14	230398	28040
其中:国有控股	78	87	5	94791	13108
1. 按登记注册类型分组					
内资企业	173	183	10	212575	24620
国有企业	62	64	4	74198	10228
集体企业	6	6		5434	445
股份合作企业	1	1		140	37
联营企业	1	1		400	114
有限责任公司	49	56	2	66508	6717
股份有限公司	5	5		9154	1700
私营企业	48	49	4	54241	4832
其他	1	1		2500	547
港、澳、台商投资企业	4	4		6927	1840
外商投资企业	6	8	4	10896	1580
2. 按国民经济行业分组					
旅游饭店	130	139	10	203740	24279
一般旅馆	43	46	4	19162	3013
3. 按星级等级分组					
五星	1	1		200	30
四星	16	22	2	11790	1129
三星	48	49	2	57917	5837
二星	21	21		44619	5839
4. 按经营方式分组					
独立门店	163	175	10	214507	26339
连锁总店(总部)					
连锁门店	9	9	4	3082	658
其他	11	11		12809	1043

表 10—2 续表 4

指 标	法人企业（个）	所属全部批零住餐活动单位（个）	其他行业所属批零住餐产业活动单位（个）	年末营业面积（平方米）	年末从业人员（个）
（二）餐饮业	371	678	33	683572	40949
其中：国有控股	22	22	5	38401	3646
1. 按登记注册类型分组					
内资企业	346	412	24	578075	31397
国有企业	17	17	3	26490	1952
集体企业	3	3		1400	123
股份合作企业					
联营企业	1	1		1200	134
有限责任公司	49	72	4	114655	7970
股份有限公司	3	3	3	10121	480
私营企业	267	310	11	402509	19971
其他	6	6	3	21700	767
港、澳、台商投资企业	21	57	2	30904	2013
外商投资企业	4	209	7	74593	7539
2. 按国民经济行业分组					
正餐服务	340	387	19	559798	29681
快餐服务	17	277	7	106424	10280
饮料及冷饮服务	10	10	5	9880	499
其他餐饮服务	4	4	2	7470	489
3. 按经营方式分组					
独立门店	332	360	27	544155	28485
连锁总店（总部）	11	283		96639	
连锁门店	4	4	4	4383	9768
其他	24	31	2	38395	2696

表 10—2 续表 5

指　　标	法人企业（个）	所属全部批零住餐活动单位（个）	其他行业所属批零住餐产业活动单位（个）	年末营业面积（平方米）	年末从业人员（个）
补充资料:					
批发业:其他有限责任公司	172	309		367681	14313
其中:1. 国有控股	47	114		322151	4977
2. 集体控股	9	9		4800	620
股份有限公司	34	2094	2	3733491	16383
其中:1. 国有控股	20	2069	1	3733291	8070
2. 集体控股	2	9			250
零售业:其他有限责任公司	107	942	5	502895	17472
其中:1. 国有控股	14	106	1	107338	3047
2. 集体控股	10	186		16888	997
股份有限公司	15	49	4	394204	7285
其中:1. 国有控股	5	15	1	123026	3127
2. 集体控股					
住宿业:其他有限责任公司	47	54	2	64566	6434
其中:1. 国有控股	11	18	1	14497	1592
2. 集体控股	5	5		10609	1190
股份有限公司	5	5		9154	1700
其中:1. 国有控股	2	2		3754	891
餐饮业:其他有限责任公司	47	70	4	110655	7805
其中:1. 国有控股	2	2	1	2940	1234
2. 集体控股	1	9	1	7510	722
股份有限公司	3	3	3	10121	480
其中:1. 国有控股	1	1	1	4971	295

表 10—3 限额以上批发和零售业商品购进、库存总额（2009 年）

计量单位：万元

指　　标	购进总额	＃进　口	年末库存总额
总　　计	43393760.8	2592162	3819990.9
(一) 批发业	36492172.8	2333958.7	3147025.8
＃国有控股	21377336.6	1651371.8	1505589.3
1. 按登记注册类型分组			
内资企业	34816371.4	2304578.9	2946695.3
国有企业	5156254.8	494911.3	617925.2
集体企业	202327.1		19300.1
股份合作企业	12287.5		2732.3
联营企业	290590.3	26	219.6
有限责任公司	8031605.3	1000276.8	540474.7
股份有限公司	13440296.3	612036.4	1280614
私营企业	7550291.2	188323.2	469575.1
其他企业	132718.9	9005.2	15854.3
港、澳、台商投资企业	705114		51561
外商投资企业	970687.4	29379.8	148769.5
2. 按国民经济行业分组			
农畜产品批发	195630.5	30.1	88346.5
食品、饮料及烟草制品批发	1884486.9	42434.2	175857.5
纺织、服装及日用品批发	3787218.4	688044.2	385547.3
文化、体育用品及器材批发	698520	1860.8	91768.8
医药及医疗器材批发	863032.9	16503.6	59653.2
矿产品、建材及化工产品批发	21024690.4	519058.8	858781
机械、五金交电及电子产品批发	6967742.8	959179.7	1439756.5
贸易经纪与代理	490175.4	65657.6	16460.5
其他批发	580675.5	41189.7	30854.5
再生物资回收与批发	191539.6	2909.8	5368.5
其他未列明的批发	389135.9	38279.9	25486
3. 按经营方式分组			
独立门店	12684327.6	522044.9	1296218.7
连锁总店(总部)	9444381.3	24.2	364961.8
连锁门店	111185.9	1254	840.5
其他	14252278	1810635.6	1485004.8

表10—3 续表1

指　　标	购进总额	♯进　口	年末库存总额
(二)零售业	6901588	258203.3	672965.1
其中:国有控股	1290596.9	654.8	91813.2
1. 按经济注册类型分组			
内资企业	5246145	194335.8	417276.7
国有企业	236255.6	654.8	21432.2
集体企业	120580.8		11976
股份合作企业	6884.1		1101.5
联营企业	8799.2		640.7
有限责任公司	1711403.2	31031.6	141637.2
股份有限公司	1361781	22816.6	49341.7
私营企业	1741330.8	139832.8	185698.4
其他	59110.3		5449
港、澳、台商投资企业	023	705114	
外商投资企业	1447271.4	47200.8	238604
2. 按国民经济行业分组			
综合零售	1286676.3	47200.8	188115.8
百货零售	579483.1		22222.6
超级市场零售	696921.8	47200.8	164837.5
其他综合零售	10271.4		1055.7
食品、饮料及烟草制品零售	221572.9	654.8	23812.2
纺织、服装及日用品零售	197229.6	8604.2	23021
文化、体育用品及器材零售	220979.9	299.1	75432.3
医药及医疗器材零售	723454	3965.3	57203.3
汽车、摩托车、燃料及零配件零售	1959776.2	191994.3	142558.3
家用电器及电子产品零售	2043372.4	4502.3	140084.7
五金、家具及室内装修材料零售	160610	982.5	21318.4
无店铺及其他零售	87916.7		1419.1
3. 按经营方式分组			
独立门店	3583222.5	190549.2	332637.1
连锁总店(总部)	2399257.8		254673.7
连锁门店	216006.3	56821	20911.5
其他	703101.4	10833.1	64742.8

表 10—3　续表 2

指　　标	购进总额	#进　口	年末库存总额
4. 按零售业态分组			
食杂店	1444		333
便利店	3540.8		690.8
折扣店			
超市	153983		9856.1
大型超市	507362		153796
仓储会员店	47200.8	47200.8	3059.7
百货店	557201.6		20386.8
专业店	3549300.1	14325.4	297662.9
专卖店	1840774.8	188295.5	165032.4
家居建材店	68718.4		12574.7
购物中心	80784.3		1744
厂家直销中心	51193.6	8381.6	7428.5
电话购物	577.4		81.5
补充资料			
批发业:其他有限责任公司	7052627	473022.5	420851.7
其中:1. 国有控股	2629424.6	60041	155235.4
2. 集体控股	161244.3	23061.3	26179
股份有限公司	13440296.3	612036.4	1280614
其中:1. 国有控股	12322088.6	569139.2	612586.1
2. 集体控股	384304.6		61973.7
零售业:其他有限责任公司	1709295.1	31031.6	141177.7
其中:1. 国有控股	364218.1		35539.6
2. 集体控股	85900.5		9082.8
股份有限公司	1361781	22816.6	49341.7
其中:1. 国有控股	681658.7		33835.5
2. 集体控股			

表 10—4　限额以上批发和零售业商品销售总额（2009 年）

计量单位:万元

指　　标	商品销售总额	批发额	#出口	零售额
总　　计	53124922.2	41421285.8	6018780.5	11703636.4
(一) 批发业	43638792.2	40311504	6015516.1	3327288.2
#国有控股	22416436.9	19453104.5	3903165.4	2963332.4
1. 按登记注册类型分组				
内资企业	41426128.2	38143771.5	5990253.6	3282356.7
国有企业	5710852.6	5707919.9	1476993.9	2932.7
集体企业	218496.3	177147.2		41349.1
股份合作企业	15735.4	14793.2		942.2
联营企业	295683.1	295683.1	13231	
有限责任公司	8788609.9	8407182	2174212.5	381427.9
股份有限公司	17800554.9	15125770.9	1918224.5	2674784
私营企业	8402062.1	8226276.9	354516.9	175785.2
其他企业	194133.9	188998.3	53074.8	5135.6
港、澳、台商投资企业	966564	948500.5	2910	18063.5
外商投资企业	1246100	1219232	22352.5	26868
2. 按国民经济行业分组				
农畜产品批发	263282.8	253827	4326.2	9455.8
食品、饮料及烟草制品批发	2320134.3	2264003.1	166100.6	56131.2
纺织、服装及日用品批发	3938858.9	3916063.9	2583713.6	22795
文化、体育用品及器材批发	697254.4	684605.7	77730.4	12648.7
医药及医疗器材批发	1018975.6	964866.8	110105.9	54108.8
矿产品、建材及化工产品批发	21765116.3	18865889	956984	2899227.3
机械、五金及电子产品批发	12441128.3	12176736.2	1793006.8	264392.1
贸易经纪与代理	526767.9	526767.9	269511.9	
其他批发	667273.7	658744.4	54036.7	8529.3
再生物资回收与批发	210762.6	210751.3		11.3
其他未列明的批发	456511.1	447993.1	54036.7	8518
3. 按经营方式分组				
独立门店	18274853	17945192.8	2212318	329660.2
连锁总店(总部)	9495840.4	6791935.9		2703904.5
连锁门店	115126.3	110795.7	95536	4330.6
其他	15752972.5	15463579.6	3707662.1	289392.9

表 10—4　续表 1

指　　标	商品销售总额	批发额	#出口	零售额
（二）零售业	9486130	1109781.8	3264.4	8376348.2
其中:国有控股	1528470.2	281248.3	2631.1	1247221.9
1. 按经济注册类型分组				
内资企业	6197258.7	484076.3	3184.4	5713182.4
国有企业	292940.9	21318		271622.9
集体企业	137466.8	18942		118524.8
股份合作企业	8008.9	1012.9		6996
联营企业	9513.7			9513.7
有限责任公司	1972658.2	81778.7		1890879.5
股份有限公司	1682295.6	232710.1	2631.1	1449585.5
私营企业	2022510.8	124647.8	553.3	1897863
其他	71863.8	3666.8		68197
港、澳、台商投资企业	254843.5	11934.2	80	242909.3
外商投资企业	3034027.8	613771.3		2420256.5
2. 按国民经济行业分组				
综合零售	3283425.8	582278.1		2701147.7
百货零售	1211572	9563.7		1202008.3
超级市场零售	2053863.9	572714.4		1481149.5
其他综合零售	17989.9			17989.9
食品、饮料及烟草制品零售	288603.3	20980.9		267622.4
纺织、服装及日用品零售	264452.8	4146.6	80	260306.2
文化、体育用品及器材零售	252492	38962.6		213529.4
医药及医疗器材零售	822959	253785.4	2631.1	569173.6
汽车、摩托车、燃料及零配件零售	2188388.7	73871.1	43.4	2114517.6
家用电器及电子产品零售	2052987.9	109248.7	509.9	1943739.2
五金、家具及室内装修材料零售	220366.6	1179.6		219187
无店铺及其他零售	112453.9	25328.8		87125.1

表 10—4　续表 2

指　　标	商品销售总额	批发额	#出口	零售额
3. 按经营方式分组				
独立门店	4335740.6	314315.2	2674.5	4021425.4
连锁总店(总部)	3971729.6	641991.6		3329738
连锁门店	270668.7	15641.5		255027.2
其他	907991.1	137833.5	589.9	770157.6
4. 按零售业态分组				
食杂店	1788.4			1788.4
便利店	4054.6	507.8		3546.8
折扣店				
超市	177192.7	3991.5		173201.2
大型超市	1851440.6	565508.5		1285932.1
仓储会员店	47200.8	3321.6		43879.2
百货店	1181758.7	8948.7		1172810
专业店	3769428.7	369010.9	2711.1	3400417.8
专卖店	2146915	143701.2	43.4	2003213.8
家居建材店	95507			95507
购物中心	94022.5	1188.8		92833.7
厂家直销中心	60725.5	4213.9	509.9	56511.6
电话购物	615.2			615.2
补充资料				
批发业:其他有限责任公司	7650838.1	7269415.7	1801223.8	381422.4
其中:1. 国有控股	2825296.7	2539210.1	364456.9	286086.6
2. 集体控股	312986.9	312228.4	230743	758.5
股份有限公司	17800554.9	15125770.9	1918224.5	2674784
其中:1. 国有控股	12446832.7	9772525.1	1675494.9	2674307.6
2. 集体控股	370905.3	370905.3		
零售业:其他有限责任公司	1970321.3	81778.7		1888542.6
其中:1. 国有控股	400321.3	27835.2		372486.1
2. 集体控股	99187.6	7446.6		91741
股份有限公司	1682295.6	232710.1	2631.1	1449585.5
其中:1. 国有控股	826212	232095.1	2631.1	594116.9
2. 集体控股				

表 10—5　限额以上批发和零售业法人企业主要财务状况（2009 年）

计量单位：万元

指　　标	资产总计	负债合计	所有者权益	
				＃实收资本
总计	22285163	15873885.8	6411277.2	3516936
一、批发业	16449591.4	11911431.9	4538159.5	2255024.9
其中：国有控股	9167775.3	5918060.4	3249714.9	1557210.7
1. 按登记注册类型分组				
内资企业	15859572.5	11389924.7	4469647.8	2201818.3
国有企业	3617048.4	2346638.9	1270409.5	305823
集体企业	113938.9	87173.5	26765.4	11653
股份合作企业	6187.6	5219.1	968.5	1000
联营企业	6904.1	3864.1	3040	859
有限责任公司	3603388.8	2742753.7	860635.1	461523.9
股份有限公司	6128360.9	4249815.6	1878545.3	1011883.1
私营企业	2329217.5	1909849.9	419367.6	398745.6
其他企业	54526.3	44609.9	9916.4	10330.7
港、澳、台商投资企业	236654.7	206891	29763.7	20093.2
外商投资企业	353364.2	314616.2	38748	33113.4
2. 按国民经济行业分组				
农畜产品批发	337501.8	276948.3	60553.5	51263.9
食品、饮料及烟草制品批发	1264874.6	654626.2	610248.4	85830.4
纺织、服装及日用品批发	2924126.4	2081822.5	842303.9	354356.2
文化、体育用品及器材批发	612684.1	326195.1	286489	195351.6
医药及医疗器材批发	373094.7	314788.3	58306.4	48830.1
矿产品、建材及化工产品批发	4911599.4	3315866.4	1595733	1193360.5
机械、五金及电子产品批发	5649059.6	4646469.7	1002589.9	287630.5
贸易经纪与代理	141767.5	94774	46993.5	17353.9
其他批发	234883.3	199941.4	34941.9	21047.8
3. 按经营方式分组				
独立门店	7112943.6	5241351.1	1871592.5	657336.6
连锁总店（总部）	2318912.3	1023208.1	1295704.2	983485.5
连锁门店	30303.7	23022.6	7281.1	3020
其他	6987431.8	5623850.1	1363581.7	611182.8

表 10—5 续表 1

指　　标	资产总计	负债合计	所有者权益	
				#实收资本
二、零售业	5835571.6	3962453.9	1873117.7	1261911.1
其中：国有控股	870295	666154.3	204140.7	116093.4
1. 按登记注册类型分类				
内资企业	4164063	2795823.7	1368239.3	898854.4
国有企业	169421.8	140368.2	29053.6	24180.3
集体企业	14383.2	9804	4579.2	1924.8
股份合作企业	1361.3	857.1	504.2	133.5
联营企业	456.1	185.7	270.4	748
有限责任公司	849515	610101.6	239413.4	154956.2
股份有限公司	2201135.3	1247940	953195.3	562659.9
私营企业	890970.2	746982	143988.2	145628.2
其他企业	36820.1	39585.1	－2765	8623.5
港、澳、台商投资企业	73708.1	52310.3	21397.8	14398.9
外商投资企业	1597800.5	1114319.9	483480.6	348657.8
2. 按国民经济行业分组				
综合零售	1916403.1	1273643.8	642759.3	368808.5
百货零售	1217759.3	684118.1	533641.2	250248.7
超级市场零售	698643.8	589525.7	109118.1	118559.8
其他综合零售				
食品、饮料及烟草制品零售	73537.8	36114.8	37423	15989.3
纺织、服装及日用品零售	98729.3	70833	27896.3	22461.7
文化、体育用品及器材零售	140660.7	114767.1	25893.6	22262
医药及医疗器材零售	424824.5	342619.6	82204.9	57731.3
汽车、摩托车、燃料及零配件零售	736167	587435.1	148731.9	138437
家用电器及电子产品零售	2215563.4	1354574.3	860989.1	588791
五金、家具及室内装修材料零售	206215.7	167733.1	38482.6	40002.9
无店铺及其他零售	23470.1	14733.1	8737	7427.4

表 10—5　续表 2

指　　标	资产总计	负债合计	所有者权益	#实收资本
3. 按经营方式分组				
独立门店	2213043.5	1636945.6	576097.9	407069.2
连锁总店(总部)	3244983.7	2032965.6	1212018.1	803465.8
连锁门店	47929.9	44941.7	2988.2	6592.9
其他	329614.5	247601	82013.5	44783.2
4. 按零售业态分组				
食杂店				
便利店	3250.4	2468.2	782.2	650
折扣店				
超市	40916.7	38590.6	2326.1	11067.2
大型超市	655787.6	549204.2	106583.4	107292.6
百货店	1203113.3	670926.3	532187	246248.7
专业店	3010584.3	1981932	1028652.3	734630
专卖店	708864.5	534413.6	174450.9	107608.4
家居建材商店	117680.8	111327.7	6353.1	37006.5
购物中心	60318.3	44809	15509.3	11983.7
厂家直销中心	25252.4	19778.6	5473.8	2915
电话购物	996.3	427	569.3	509
补充资料:				
批发业:其他有限责任公司	2691114.9	2167504.6	523610.3	308144.2
其中:1. 国有控股	889384.8	685426	203958.8	127870.2
2. 集体控股	161506.4	139496	22010.4	10780
股份有限公司	6128360.9	4249815.6	1878545.3	1011883.1
其中:1. 国有控股	3742164.1	2306882.3	1435281.8	969278.8
2. 集体控股	199562	183737.6	15824.4	13679
零售业:其他有限责任公司	848199.8	608273.7	239926.1	151956.2
其中:1. 国有控股	193513.5	170526.9	22986.6	37181.5
2. 集体控股	42664.1	33591	9073.1	8572.6
股份有限公司	2201135.3	1247940	953195.3	562659.9
其中:1. 国有控股	505963.5	353359.8	152603.7	51213.6
2. 集体控股				

表 10—5　续表 3

指　　标	主营业务收入	主营业务成本	营业费用	管理费用
总计	46642683.3	43153638.7	1720537.3	805612.2
一、批发业	38720447.9	36120465.1	1181491	508417
其中:国有控股	20057868.4	18714806.9	540736.1	288228.2
1. 按登记注册类型分组				
内资企业	36994163.1	34699893.6	932953.3	482996.3
国有企业	4961816	4464131.1	109871	109482.4
集体企业	212990	184208.5	6964.9	8173.2
股份合作企业	14009.3	12287.5	1543.4	315
联营企业	22041.7	20248	812.1	464
有限责任公司	8095909.3	7584199.6	262160.3	124872.7
股份有限公司	16028564.8	15175797.7	373392.6	137833.5
私营企业	7483400.8	7095112.9	170753.6	98738
其他企业	175431.2	163908.3	7455.4	3117.5
港、澳、台商投资企业	804519.9	750034.1	26759.4	8207.7
外商投资企业	921764.9	670537.4	221778.3	17213
2. 按国民经济行业分组				
农畜产品批发	248298	224505.9	9838.2	12010.5
食品、饮料及烟草制品批发	1980259.1	1693237.7	62184.2	57892.2
纺织、服装及日用品批发	3876385.3	3607471.8	133153.6	82928.7
文化、体育用品及器材批发	617877.6	556117.3	29580.7	21926.3
医药及医疗器材批发	920572.5	762906.9	103130.9	29810.1
矿产品、建材及化工产品批发	18912979.8	17986740.6	420037.7	151703.1
机械、五金及电子产品批发	11065045.5	10261334.8	396719.5	136291.3
贸易经纪与代理	488844.5	453255.9	14963.4	9594.9
其他批发	610185.6	574894.2	11882.8	6259.9
3. 按经营方式分组				
独立门店	16137861.3	15052740.7	354911.8	210305.2
连锁总店(总部)	8720735.9	8166902.8	303676.3	83581.8
连锁门店	114846.4	109948.4	2636.7	1712.1
其他	13747004.3	12790873.2	520266.2	212817.9

表10—5 续表4

指 标	主营业务收入	主营业务成本	营业费用	管理费用
二、零售业	7922235.4	7033173.6	539046.3	297195.2
其中:国有控股	1286356.2	1148828	48730.6	62464.8
1. 按登记注册类型分类				
内资企业	5252098.2	4679987.9	252684.4	216568.7
国有企业	230820.6	200415.6	17108.3	13154.6
集体企业	91306.7	75819.8	5584.7	4650.7
股份合作企业	3130.4	2748.8	175.9	196
联营企业	8131.4	7609	84.9	582.6
有限责任公司	1728464.2	1563753.8	85082	49821.8
股份有限公司	1368107.8	1182880.8	45126.8	81207
私营企业	1757188.8	1591261.8	95404.9	62074.5
其他企业	64948.3	55498.3	4116.9	4881.5
港、澳、台商投资企业	178695.8	153319.5	20561.8	11729.5
外商投资企业	2491441.4	2199866.2	265800.1	68897
2. 按国民经济行业分组				
综合零售	2719454	2375572.7	260611.7	123599.9
百货零售	1008597.5	818191.7	51504.8	83220.2
超级市场零售	1710856.5	1557381	209106.9	40379.7
其他综合零售				
食品、饮料及烟草制品零售	204285.5	167397.7	13422.5	5420
纺织、服装及日用品零售	192253.4	154101.3	29905.3	8496.7
文化、体育用品及器材零售	163885.8	136826.7	17115.3	10502.5
医药及医疗器材专门零售	720461.8	659171.9	29567.4	22466.2
汽车、摩托车、燃料及零配件零售	1950836.2	1814001.4	51494.3	44617.3
家用电器及电子产品零售	1754056.6	1548699.2	106160.8	65157.2
五金、家具及室内装修材料零售	150334.2	121551.4	20313.7	14352.5
无店铺及其他零售	66667.9	55851.3	10455.3	2582.9

表 10—5　续表 5

指　　标	主营业务收入	主营业务成本	营业费用	管理费用
3. 按经营方式分组				
独立门店	3685966.3	3275663.6	181704.8	169569.5
连锁总店(总部)	3399775.6	3018372.9	294722.5	97871.2
连锁门店	157198.3	134444.4	18608.2	6241.7
其他	679295.2	604692.7	44010.8	23512.8
4. 按零售业态分组				
食杂店				
便利店	3777.6	3144.5	250.5	309.1
折扣店				
超市	150644.9	131445.2	8665.7	11755.8
大型超市	1557801	1423907.3	200262.6	28428.3
仓储会员店				
百货店	996794.9	807973.8	50578.6	81840.8
专业店	3234775.5	2889299.7	168238.1	113965.6
专卖店	1737442.6	1583180.8	68772	40945.3
家居建材商店	48436.4	33640.4	13261.9	9294.2
购物中心	89617	74061.5	17357	4520.6
厂家直销中心	55000.6	46715.3	2713.3	4579.1
电话购物	525.8	503.6	83.8	69.5
补充资料:				
批发业:其他有限责任公司	6933096.5	6505505.7	226520.2	89674.5
其中:1. 国有控股	2484048.9	2349980.3	66641.8	34745.5
2. 集体控股	293763.1	275886.8	7391.8	4112
股份有限公司	16028564.8	15175797.7	373392.6	137833.5
其中:1. 国有控股	11427149	10801753.6	327771.1	108338.1
2. 集体控股	369999.3	362136.1	3192.8	2873.1
零售业:其他有限责任公司	1726127.3	1561593.3	84748.3	49667.1
其中:1. 国有控股	371688.6	335050.3	19798.5	14869.2
2. 集体控股	85761.3	76292.3	5787.5	1777.4
股份有限公司	1368107.8	1182880.8	45126.8	81207
其中:1. 国有控股	675818.6	605830.4	11490.1	33791.3
2. 集体控股				

表 10—5　续表 6

指　　标	财务费用	营业利润	利润总额	本年应交增值税
总计	119388	1049767.4	1099649.2	575313.1
一、批发业	85405.8	835749.3	865834.9	406898.5
其中:国有控股	49281.5	464629.6	551759.1	188467.6
1. 按登记注册类型分组				
内资企业	78619.8	802290.3	847506.7	371662.3
国有企业	2817.3	230177	250898.4	49821.2
集体企业	2223.3	8108.1	4634	5058
股份合作企业	179.1	－457.8	278.4	1726.2
联营企业	2.7	513.6	1361.5	1669.8
有限责任公司	30025.2	114235.5	141200.1	96907.3
股份有限公司	18541	355739.4	407433.9	149744.3
私营企业	24415.9	93351.8	41114.6	64641.2
其他企业	415.3	622.7	585.8	2094.3
港、澳、台商投资企业	118.6	22094.7	5437.9	8727.3
外商投资企业	6667.4	11364.3	12890.3	26508.9
2. 按国民经济行业分组				
农畜产品批发	1741.6	5233.6	5821.4	913.8
食品、饮料及烟草制品批发	2951.2	148700.4	155799.9	52416.1
纺织、服装及日用品批发	7862.4	62345.3	106776.6	27691
文化、体育用品及器材批发	－50.6	11365	13507	9377.2
医药及医疗器材批发	1278	22312.8	10458.9	22546.1
矿产品、建材及化工产品批发	64260.3	271337.4	245527	158897.2
机械、五金及电子产品批发	3561.9	297490.7	316204.4	89837.8
贸易经纪与代理	1955.2	5939	7664.7	19022.9
其他批发	1845.8	11025.1	4075	26196.4
3. 按经营方式分组				
独立门店	18115.6	502977.3	452772	208447.4
连锁总店(总部)	17051.6	160802.6	167633.9	82362.1
连锁门店	－14.1	852.9	1121.7	－274.9
其他	50252.7	171116.5	244307.3	116363.9

表10—5　续表7

指　　标	财务费用	营业利润	利润总额	本年应交增值税
二、零售业	33982.2	214018.1	233814.3	168414.6
其中:国有控股	14168.1	22337.5	22935	22178.9
1. 按登记注册类型分类				
内资企业	42971.5	126292.6	118513.4	122905.8
国有企业	1778.6	-1124.4	359.7	5045.3
集体企业	185.4	5808.4	167.1	1234.3
股份合作企业	1.1	38.6	45.9	47.1
联营企业	3.9	-163.7	-164.6	46.5
有限责任公司	9480.9	42115	37537.2	28123.9
股份有限公司	21565	65279.1	67442.6	26967.3
私营企业	9213.6	14207.7	12995.1	60019.7
其他企业	743	131.9	130.4	1421.7
港、澳、台商投资企业	667.7	7409	7041.9	4517.5
外商投资企业	-9657	80316.5	108259	40991.3
2. 按国民经济行业分组				
综合零售	-622.8	95072.3	119586.7	56279.1
百货零售	-1758.7	97291.1	128313	31406.7
超级市场零售	1135.9	-2218.8	-8726.3	24872.4
其他综合零售				
食品、饮料及烟草制品零售	711.3	20623.3	22608.4	5448.5
纺织、服装及日用品零售	585.7	10626.3	6621.5	4790.1
文化、体育用品及器材零售	647.1	269.6	356.2	3247.5
医药及医疗器材零售	8377	4126.2	5541.1	9241.4
汽车、摩托车、燃料及零配件零售	12022.7	34463.8	33763.1	20973.9
家用电器及电子产品零售	8756.1	52127.4	51591.1	62167.5
五金、家具及室内装修材料零售	3446.1	-1842.1	-5303.2	4455.6
无店铺及其他零售	59	-1448.7	-950.6	1811

表 10—5　续表 8

指　　标	财务费用	营业利润	利润总额	本年应交增值税
3. 按经营方式分组				
独立门店	31105.8	78598.9	68082.4	65120
连锁总店(总部)	－421.4	116539.7	145286	89636.6
连锁门店	240.8	4521.7	4566	3697.3
其他	3057	14357.8	15879.9	9960.7
4. 按零售业态分组				
食杂店				
便利店	2.1	70.8	70.5	82.3
折扣店				
超市	281.1	773.6	－1576.7	3046.1
大型超市	853.3	－2994.4	－7151.6	21786.4
仓储会员店				
百货店	－2267.8	97765.3	128795.7	31159.8
专业店	21168.2	69927.2	65788.2	81903.8
专卖店	9687.7	53681.9	56248.2	22171.6
家居建材商店	3196.5	－9442.1	－13366.3	2107.1
购物中心	1009.9	5141.9	5597.6	3068.8
厂家直销中心	105.3	898.7	814.6	1495.3
电话购物		3.1	3.1	7.8
补充资料:				
批发业:其他有限责任公司	24825.7	95870.9	114223.5	88842.5
其中:1. 国有控股	8339.9	33404.1	41254.6	24677.9
2. 集体控股	1506.8	6164.5	9509	5709.9
股份有限公司	18541	355739.4	407433.9	149744.3
其中:1. 国有控股	32922.1	182170.3	231268	104233.9
2. 集体控股	2242.2	600.5	765	87.2
零售业:其他有限责任公司	9478.8	42285.7	37708.9	28116.5
其中:1. 国有控股	3022.9	4809.9	1710.4	4991
2. 集体控股	487.8	1376.2	1375.1	1679.3
股份有限公司	21565	65279.1	67442.6	26967.3
其中:1. 国有控股	9360.6	19011.1	21225.9	12132
2. 集体控股				

表 10—6 限额以上住宿和餐饮业经营情况（2009 年）

计量单位:万元

指　　标	营业额	#客房收入	#餐费收入	#商品销售收入
总　　计	1130230.6	218175.5	806471.9	52986.5
一、住宿业	456507.5	196206.8	186042.9	33129.9
其中:国有控股	220734.4	83493.4	91877.6	27263.8
1. 按登记注册类型分组				
内资企业	386791.4	161042.3	158862.8	32806
国有企业	133676.3	55479.8	60830.1	5089.9
集体企业	5728.3	2342.6	1543.3	735.7
股份合作企业	358.4	174.1	184.3	
联营企业	2185.1	947.1	918.5	156.3
有限责任公司	113647.9	52575.2	47986.5	2681.6
股份有限公司	57592	13866.9	15840.6	21714.3
私营企业	64319.2	32884.2	27622.3	802
其他	9284.2	2772.4	3937.2	1626.2
港、澳、台商投资企业	31552.6	15205.1	13631.6	36.1
外商投资企业	38163.5	19959.4	13548.5	287.8
2. 按国民经济行业分组				
旅游饭店	404925.3	164401.1	170763.2	31892.3
一般旅馆	43220	26504.5	12678.3	1205.5
其他住宿服务	8362.2	5301.2	2601.4	32.1
3. 按星级等级分组				
五星	165975.3	62001.2	66571.2	26025.7
四星	92710.5	37021.3	42519.4	2707.3
三星	65224	29453.9	28093.5	1838.4
二星	16132.2	7817.6	4178.3	498.9
一星	206.3	116.8	88.5	
其他	116259.2	59796	44592	2059.6
4. 按经营方式分组				
独立门店	432817.2	181104.9	179827.6	32320.6
连锁总店(总部)				
连锁门店	9882	8330	1313.2	102.6
其他	13808.3	6771.9	4902.1	706.7

表10—6 续表

指　　标	营业额	#客房收入	#餐费收入	#商品销售收入
二、餐饮业	673723.1	21968.7	620429	19856.6
其中:国有控股	36490	5567.7	27706.9	523
1. 按登记注册类型分组				
内资企业	426738.2	21864.7	376411	17113.5
国有企业	20238.5	3374.7	15625	518.2
集体企业	1090.9	338.2	664.6	23.9
股份合作企业				
联营企业	947		947	
有限责任公司	97891.8	9352.4	75539.1	8221
股份有限公司	14812.4	158.8	13767.6	4.8
私营企业	276949.5	8430.6	256171.6	8343.6
其他	14808.1	210	13696.1	2
港、澳、台商投资企业	41030.2	104	38063.3	2743.1
外商投资企业	205954.7		205954.7	
2. 按国民经济行业分组				
正餐服务	414733.9	21462.8	367631.5	15356.9
快餐服务	246576.5	505.9	245211.8	
饮料及冷饮服务	6545.4		4418.4	1899.7
其他餐饮服务	5867.3		3167.3	2600
3. 按经营方式分组				
独立门店	392621.8	19670.4	345767.7	18396.9
连锁总店(总部)	235229		234180.1	1048.9
连锁门店	5362	151.7	5135.3	
其他	40510.3	2146.6	35345.9	410.8

表 10—7 限额以上住宿和餐饮业法人企业主要财务状况（2009 年）

计量单位：万元

指　标	资产总计	负债合计	所有者权益合计	#实收资本
总　计	1362877.7	937287.4	425572.4	847260.7
一、住宿业	973420.7	648800.2	324620.5	325967.4
其中：国有控股	504861.1	248902.7	255958.4	160199.1
1. 按登记注册类型分组				
内资企业	800664.8	471888.8	328776	229426.1
国有企业	294141.6	169539.4	124602.2	113088.1
集体企业	5792.2	3216.9	2575.3	2016.5
股份合作企业	290.3	734.7	-444.4	40
联营企业	1152.1	3119.5	-1967.4	300
有限责任公司	231831.1	182922.8	48908.3	49546.6
股份有限公司	132104.7	21755.8	110348.9	33650
私营企业	129235.8	85062.2	44173.6	30684.9
其他企业	6117	5537.5	579.5	100
港、澳、台商投资企业	116541	142629.3	-26088.3	59493.4
外商投资企业	56214.9	34282.1	21932.8	37047.9
2. 按国民经济行业分组				
旅游饭店	923793.2	627229.5	296563.7	303366.8
一般饭店	41831.2	15024.3	26806.9	20475.7
其他住宿服务	7796.3	6546.4	1249.9	2124.9
3. 按星级等级分组				
五星	384417.2	260728.1	123689.1	159628.2
四星	219137.6	127371.7	91765.9	49142.4
三星	143595.9	119119.3	24476.6	43009.9
二星	19204.9	12977.9	6227	3450.8
一星	36	75.3	-39.3	280
其他	207029.1	128527.9	78501.2	70456.1
4. 按经营方式分组				
独立门店	948224.4	629840.1	318384.3	316036.3
连锁门店	8500.5	3635.7	4864.8	2018.2
其他	16695.8	15324.4	1371.4	7912.9

表 10—7　续表 1

指　　标	资产总计	负债合计	所有者权益合计	＃实收资本
二、餐饮业	389457	288487.2	100951.9	521293.3
其中：国有控股	25096.7	13128.5	11968.2	14601.8
1. 按登记注册类型分类				
内资企业	283239.1	217704.4	65516.8	488856.9
国有企业	11080.3	8730.1	2350.2	5970
集体企业	2289.1	1559	730.1	383.8
股份合作企业				
联营企业	137	107	30	5
有限责任公司	99035.7	64469.3	34548.5	368102.1
股份有限公司	906	1443.4	－537.4	150
私营企业	161382.3	132343.4	29038.9	113195.9
其他企业	8408.7	9052.2	－643.5	1050.1
港、澳、台商投资企业	24748.4	10997.9	13750.5	14206.4
外商投资企业	81469.5	59784.9	21684.6	18230
2. 按国民经济行业分组				
正餐服务	285164.3	216937.3	68209.1	498277.2
快餐服务	101993.7	69604.3	32389.4	21820.5
饮料及冷饮服务	1636.7	1381.9	254.8	920.7
其他餐饮服务	662.3	563.7	98.6	274.9
3. 按经营方式分组				
独立门店	264979.9	199677.6	65284.4	490071.3
连锁总店（总部）	98730.9	67828.5	30902.4	19250.7
连锁门店	688.3	824	－135.7	211.1
其他	25057.9	20157.1	4900.8	11760.2

表 10—7 续表 2

指　　标	主营业务收入	主营业务成本	营业费用
总　　计	1039466.6	424314.6	321131.6
一、住宿业	421341.7	142178.2	113367.6
其中:国有控股	213040.5	79544.7	55558.1
1. 按登记注册类型分组			
内资企业	368827.8	131713.8	99079.1
国有企业	126076.9	46761.4	36296.8
集体企业	5624.7	2857.5	1297.6
股份合作企业	358.4	118.3	201.6
联营企业	2185.1	647.8	754
有限责任公司	111644.9	31795	31819.4
股份有限公司	57592	24294	9794.5
私营企业	56061.6	20883	17659.3
其他企业	9284.2	4356.8	1255.9
港、澳、台商投资企业	31321	4707.4	9978.4
外商投资企业	21192.9	5757	4310.1
2. 按国民经济行业分组			
旅游饭店	375565.8	125291.1	99429.6
一般饭店	37516.4	13729.7	11868.5
其他住宿服务	8259.5	3157.4	2069.5
3. 按星级等级分组			
五星	143946.5	46918	31920.5
四星	91771.9	32155.4	20424.8
三星	62862.2	23643	19005.1
二星	14867.1	3820.6	6538.5
一星	206.3	133.5	36
其他	107687.7	35507.7	35442.7
4. 按经营方式分组			
独立门店	399936.6	137626.8	104954.1
连锁门店	7667.4	716.1	4429.7
其他	13737.7	3835.3	3983.8

表 10—7 续表 3

指　　标	主营业务收入	主营业务成本	营业费用
二、餐饮业	618124.9	282136.4	207764
其中：国有控股	25470.5	10080.3	7850.1
1. 按登记注册类型分类			
内资企业	383617	200086.8	116542.1
国有企业	17342.8	7573.8	5769.5
集体企业	1090.9	527.8	256.5
股份合作企业			
联营企业	947	563	313.7
有限责任公司	89769.6	41895.1	27718.1
股份有限公司	1555.6	665.9	764.2
私营企业	259632.6	140691.5	75597.6
其他企业	13278.5	8169.7	6122.5
港、澳、台商投资企业	37914.8	15134.7	14106.6
外商投资企业	196593.1	66914.9	77115.3
2. 按国民经济行业分组			
正餐服务	380037.3	198308.1	115811.5
快餐服务	232014.7	81115.3	90200.9
饮料及冷饮服务	3206.1	1313.9	1111.7
其他餐饮服务	2866.8	1399.1	639.9
3. 按经营方式分组			
独立门店	348010.2	181100.7	105575
连锁总店(总部)	235229	82616	91254.6
连锁门店	2709.7	1650.1	675.2
其他	32176	16769.6	10259.2

表 10—7 续表 4

指 标	财务费用	营业利润	利润总额
总 计	14102.2	45573.1	44102.9
一、住宿业	8752.1	18605.3	18521.6
其中:国有控股	2189	11357.6	12674.6
1. 按登记注册类型分组			
内资企业	6540.7	17894.7	18320.9
国有企业	2324.7	-728.9	-903.8
集体企业	45.2	48.9	78.8
股份合作企业	13	-32.7	-32.7
联营企业	3.9	-269.2	-257.7
有限责任公司	2141.9	5197.4	5119.8
股份有限公司	-6.5	11971.7	13450.3
私营企业	1978.5	1220.1	607.2
其他企业	40	487.4	259
港、澳、台商投资企业	280.6	357.4	152.6
外商投资企业	1930.8	353.2	48.1
2. 按国民经济行业分组			
旅游饭店	8051	16282	15949.5
一般饭店	671.2	2140.2	2149.1
其他住宿服务	29.9	183.1	423
3. 按星级等级分组			
五星	3525.1	14052.7	14960.8
四星	2692.3	1782.6	1200.4
三星	791.3	-2439.5	-2978.7
二星	101.2	2454.9	2203.9
一星	0.3	-9.0	-9.0
其他	1641.9	2763.6	3144.2
4. 按经营方式分组			
独立门店	7889.6	18319.4	17851.7
连锁门店	111.1	144.2	495.2
其他	751.4	141.7	174.7

表 10—7　续表 5

指　　标	财务费用	营业利润	利润总额
二、餐饮业	5350.1	26967.8	25581.3
其中:国有控股	－6.7	647.3	408
1. 按登记注册类型分类			
内资企业	3696.1	－1062.5	－1177.2
国有企业	52.8	389.4	148.8
集体企业	4.3	－38	－38
股份合作企业			
联营企业	5.9	12.3	12.3
有限责任公司	641.6	48.9	822.2
股份有限公司	12.3	－127.5	－129.8
私营企业	2902.2	－527.8	－1248.6
其他企业	77	－819.8	－744.1
港、澳、台商投资企业	178.2	2902	2888.7
外商投资企业	1475.8	25128.3	23869.8
2. 按国民经济行业分组			
正餐服务	3773.6	－2688.6	－2127.8
快餐服务	1526.9	29619.3	27698
饮料及冷饮服务	45	－12	－19.6
其他餐饮服务	4.6	49.1	30.7
3. 按经营方式分组			
独立门店	3582.1	－3723.9	－2862.8
连锁总店(总部)	1565.3	30179.9	27996.2
连锁门店	29.6	－20	－57.7
其他	173.1	531.8	505.6

表 10—8 亿元以上商品交易市场基本情况（2009 年）

指　　标	市场个数（个）	年末摊位总量（个）		
			年末出租摊位数	#出租给个体
合　　计	55	33413	31808	30881
一、按经营环境分				
（一）露天式	8	2076	2012	2000
（二）封闭式	43	29745	28335	27420
（三）其他	4	1592	1461	1461
二、按经营方式分				
（一）批发	19	12235	11407	10734
（二）零售	36	21178	20401	20147
三、按市场类别分				
（一）综合市场	19	10233	9653	9653
生产资料综合市场	1	795	749	749
工业消费品综合市场	2	522	515	515
农产品综合市场	15	8003	7622	7622
其他综合市场	1	913	767	767
（二）专业市场	36	23180	22155	21228
生产资料市场	7	3402	3283	2738
木材市场	1	74	74	72
建材市场	4	2015	1908	1899
金属材料市场	2	1313	1301	767
农产品市场	12	5034	4386	4258
粮油市场	2	168	168	168
肉禽蛋市场	2	280	277	269
水产品市场	3	2375	1887	1882
蔬菜市场	5	2211	2054	1939
干鲜果品市场				
食品、饮料及烟酒市场				
纺织、服装、鞋帽市场	3	4556	4543	4505
服装市场	1	1617	1617	1617
其他纺织服装鞋帽市场	2	2939	2926	2888
日用品及文化用品市场	2	3308	3150	3150
图书、报刊杂志市场	1	88	88	88
其他日用品及文化用品市场	1	3220	3062	3062
电器、通讯器材、电子设备市场	1	248	248	174
家具、五金及装饰材料市场	7	6300	6267	6126
家具市场	2	871	845	845
装饰材料市场	1	145	145	145
五金材料市场	2	2280	2273	2273
其他装修市场	2	3004	3004	2863
汽车、摩托车及零配件市场	4	332	278	277
# 汽车市场	4	332	278	277

表 10—8 续表 1

指标	本年商品成交额(亿元)	# 商品零售额	营业面积(万平方米)
合计	694.49	263.94	235.16
一、按经营环境分			
(一) 露天式	54.42	19.08	25.84
(二) 封闭式	607.36	232.73	202.67
(三) 其他	32.71	12.13	6.65
二、按经营方式分			
(一) 批发	497.71	75.76	138.02
(二) 零售	196.78	188.19	97.13
三、按市场类别分			
(一) 综合市场	60.49	55.30	20.94
生产资料综合市场	8.58	6.19	6.60
工业消费品综合市场	2.16	1.57	1.43
农产品综合市场	33.24	31.04	10.36
其他综合市场	16.50	16.50	2.55
(二) 专业市场	634.00	208.64	214.21
生产资料市场	292.62	11.44	39.76
木材市场	2.68	0.00	0.88
建材市场	40.80	11.44	35.70
金属材料市场	249.14	0.00	3.18
农产品市场	119.74	25.40	70.18
粮油市场	26.46	4.55	0.30
肉禽蛋市场	6.83	1.86	0.94
水产品市场	51.28	16.25	26.40
蔬菜市场	35.17	2.73	42.54
干鲜果品市场			
食品、饮料及烟酒市场			
纺织、服装、鞋帽市场	59.33	59.25	9.20
服装市场	5.79	5.79	3.35
其他纺织服装鞋帽市场	53.55	53.46	5.85
日用品及文化用品市场	56.48	34.12	14.20
图书、报刊杂志市场	3.09	3.09	0.50
其他日用品及文化用品市场	53.39	31.03	13.70
电器、通讯器材、电子设备市场	5.44	4.35	0.47
家具、五金及装饰材料市场	76.96	52.17	71.95
家具市场	2.64	2.64	11.10
装饰材料市场	1.52	1.52	1.20
五金材料市场	15.15	15.15	8.01
其他装修市场	57.65	32.86	51.63
汽车、摩托车及零配件市场	23.43	21.91	8.46
# 汽车市场	23.43	21.91	8.46

表 10—8　续表 2

指　　标	年末已出租摊位数(个)	成交额(亿元)
总　　计	31808	694.49
1. 粮油、食品、饮料、烟酒类	11252	153.69
(1) 粮油、食品类	11018	149.70
其中:粮油类	529	29.26
肉禽蛋类	2062	29.07
水产品类	1393	40.21
蔬菜类	5243	42.20
干鲜果品类	1299	5.24
(2) 饮料类	75	0.79
(3) 烟酒类	159	3.20
2. 服装、鞋帽、针纺织品类	6197	55.22
(1) 服装类	4231	33.40
(2) 鞋帽类	1011	9.06
(3) 针、纺织品类	955	12.76
3. 化妆品类	65	0.54
4. 金银珠宝类	11	0.01
5. 日用品类	2221	34.64
其中:洗涤用品类	997	19.10
儿童玩具类	75	1.17
6. 五金、电料类	1828	24.59
7. 体育、娱乐用品类	36	0.32
8. 书报杂志类	99	3.16
9. 电子出版物和音像制品类	29	0.59
10. 家用电器和音像器材类	155	1.70
11. 中西药品类	1	0.02
其中:西药类	1	0.02
12. 文化办公用品类	648	17.56
13. 家具类	1285	14.25
14. 通讯器材类	5	0.03
15. 煤炭及制品类		
16. 木材及制品类	424	19.91
17. 石油及制品类		
18. 化工材料及制品类	32	0.54
其中:化肥类		
19. 金属材料类	1320	250.46
20. 建筑及装潢材料类	5069	86.04
21. 机电产品及设备类	160	0.96
其中:农机类		
22. 汽车类	278	23.43
23. 种子饲料类		
24. 棉麻类		
25. 其他类	693	6.81

表10—9　批发和零售业、住宿和餐饮业连锁总店经营情况（2009年）

计量单位:亿元

指　　标	连锁总店（个）	连锁门店（个）	# 直营店	# 加盟店	# 设在市的门店
总　　计	53	10107	7098	3009	
一、批发和零售业	42	9819	6811	3008	
其中:外商及港澳台投资	10	1948	979	969	
按零售业态分					
1. 便利店	1	12	12		
2. 折扣店					
3. 超市	4	1840	811	1029	
4. 大型超市	4	24	24		
5. 仓储会员店					
6. 百货店	2	20	20		
7. 专业店	15	1790	1606	184	
其中:加油站					
8. 专卖店	4	450	450		
9. 家居建材店	1	2	2		
10. 厂家直销中心					
11. 其他					
二、住宿业					
三、餐饮业	11	288	287	1	
其中:外商及港澳台投资	3	241	241		
按行业分					
正餐	5	15	15		
快餐	5	269	268	1	
茶馆					
其他餐饮	1	4	4		

表 10—9 续表 1

指 标	商品购进总额	#接受统一配送商品金额	接受自有配送中心商品金额	接受非自有配送中心商品金额
总 计	2824.76	2664.07	2510.03	53.34
一、批发和零售业	2814.41	2653.83	2504.60	49.07
其中:外商及港澳台投资	515.28	487.50	392.91	5.85
按零售业态分				
1. 便利店	0.22	0.22	0.09	
2. 折扣店				
3. 超市	334.82	334.72	327.69	6.43
4. 大型超市	21.15	19.28	1.86	
5. 仓储会员店				
6. 百货店	72.40	70.19	0.12	
7. 专业店	1372.17	1223.74	1190.10	33.01
其中:加油站				
8. 专卖店	17.33	17.33	0.18	8.43
9. 家居建材店	1.26	1.26		
10. 厂家直销中心				
11. 其他				
二、住宿业				
三、餐饮业	10.35	10.25	5.43	4.27
其中:外商及港澳台投资	9.03	8.99	4.67	3.90
按行业分				
正餐	0.72	0.66	0.31	0.21
快餐	9.47	9.43	5.11	3.90
茶馆				
其他餐饮	0.15	0.15		0.15

表 10—9 续表 2

指　　标	商品销售总额	#商品零售额	零售营业面积（万平方米）	餐饮营业面积（万平方米）	年末从业人员数（人）
总　　计	2911.85	1840.09	1187.97	11.25	247340
一、批发和零售业	2911.85	1840.09	1187.97		229932
其中：外商及港澳台投资	528.93	465.06	320.77		80843
按零售业态分					
1. 便利店	0.24	0.19	0.22		61
2. 折扣店					
3. 超市	342.20	285.41	233.68		60877
4. 大型超市	24.89	24.89	28.54		4562
5. 仓储会员店					
6. 百货店	83.93	83.93	33.43		3736
7. 专业店	1355.39	744.49	437.59		119165
其中：加油站					
8. 专卖店	17.44	16.91	10.59		1728
9. 家居建材店	1.54	1.54	1.00		154
10. 厂家直销中心					
11. 其他					
二、住宿业					
三、餐饮业				11.25	17408
其中：外商及港澳台投资				9.11	15911
按行业分					
正餐				1.19	451
快餐				9.94	16842
茶馆					
其他餐饮				0.12	115

表 10—9 续表 3

指　　标	营业额	#餐费和商品销售额	餐位数(个)	自有配送中心面积（万平方米）	自有配送中心拥有运输车辆(台)
总　　计	23.53	23.53	41994	135.67	1479
一、批发和零售业				134.37	1459
其中:外商及港澳台投资				31.31	810
按零售业态分					
1. 便利店				0.03	1
2. 折扣店					
3. 超市				17.77	106
4. 大型超市				4.80	30
5. 仓储会员店					
6. 百货店				0.25	2
7. 专业店				85.46	1243
其中:加油站					
8. 专卖店				0.04	1
9. 家居建材店					
10. 厂家直销中心					
11. 其他					
二、住宿业					
三、餐饮业	23.53	23.53	41994	1.30	20
其中:外商及港澳台投资	21.12	21.12	35880	0.63	13
按行业分					
正餐	1.05	1.05	2950	0.15	3
快餐	22.15	22.15	38294	1.15	17
茶馆					
其他餐饮			750		

表10—10　批发和零售业、住宿和餐饮业连锁分店经营情况（2009年）

计量单位：亿元

指　　标	连锁门店数（个）	＃直营店	＃加盟店	商品购进总额	＃统一配送商品购进额
总　　计	7	7		11.88	11.84
一、批发和零售业	3	3		11.84	11.84
其中：外商及港、澳台投资					
按零售业态分					
1. 便利店					
2. 折扣店					
3. 超市					
4. 大型超市	2	2		7.12	7.12
5. 仓储会员店	1	1		4.72	4.72
6. 百货店					
7. 专业店					
其中：加油店					
8. 专卖店					
9. 家居建材店					
10. 厂家直销中心					
11. 其他					
二、住宿业	2	2			
三、餐饮业	2	2		0.03	
其中：外商及港澳台投资	1	1		0.02	

表 10—10 续表 1

指 标	商品销售总额	#商品零售额	营业额	#餐费收入和商品销售额
总 计	12.86	12.53	0.17	0.07
一、批发和零售业	12.86	12.53		
其中:外商及港、澳台投资				
按零售业态分				
1. 便利店				
2. 折扣店				
3. 超市				
4. 大型超市	8.14	8.14		
5. 仓储会员店	4.72	4.39		
6. 百货店				
7. 专业店				
其中:加油店				
.8. 专卖店				
9. 家居建材店				
10. 厂家直销中心				
11. 其他				
二、住宿业			0.10	0.01
三、餐饮业			0.07	0.06
其中:外商及港澳台投资			0.03	0.03

表 10—10 续表 2

指 标	零售或住宿和餐饮营业面积（万平方米）	客房数（间）	床位数（个）	餐位数（个）	从业人员数（人）
总 计	6.26	192	302	155	1275
一、批发和零售业	5.43				1205
其中：外商及港、澳台投资					
按零售业态分					
1. 便利店					
2. 折扣店					
3. 超市					
4. 大型超市	4.58				981
5. 仓储会员店	0.86				224
6. 百货店					
7. 专业店					
其中：加油店					
8. 专卖店					
9. 家居建材店					
10. 厂家直销中心					
11. 其他					
二、住宿业	0.80	192	302	10	47
三、餐饮业	0.03			145	23
其中：外商及港澳台投资	0.014			62	11

表 10—11　主要年份社会消费品零售总额

计量单位:亿元

年　份	社会消费品零售总额	批发和零售业	住宿和餐饮业	其他行业
1949	0.77			
1952	2.49			
1957	4.33			
1962	5.22			
1965	5.28			
1970	6.13			
1975	8.26			
1978	10.69			
1980	15.84			
1985	34.84			
1990	72.79			
1994	205.33			
1995	261.72			
1996	325.32			
1997	376.07			
1998	416.69	371.02		
1999	459.32	408.27		
2000	509.39	453.35		
2002	637.23	556.52		
2003	728.99	633.86		
2004	863.85	764.02	89.07	10.76
2005	1006.20	885.72	108.19	12.29
2006	1169.60	1029.39	126.28	13.93
2007	1385.30	1209.36	158.15	17.79
2008	1659.60	1442.56	195.08	21.96
2009	1961.58	1704.08	231.41	26.09

注:根据国家要求,在依据第二次全国经济普查数据对 2008 年社会消费品零售总额进行修订之后,对两次经济普查之间年份(即 2005 至 2007 年)的社会消费品零售总额进行修订。

主要统计指标解释

社会消费品零售总额 指各种经济类型的批发零售贸易业、餐饮业和其他行业对城乡居民和社会集团的消费品零售额总和。这个指标反映通过各种商品流通渠道向居民和社会集团供应的生活消费品来满足他们的生活需要，是研究人民生活、社会消费品购买力、货币流通等问题的重要指标。对居民的消费品零售额：指售给城乡居民用于生活消费的商品。对社会集团的消费品零售额：指售给机关、团体、部队、学校、企业、事业单位和城市街道居民委员会、农村村民委员会用公款购买的用作非生产、非经营使用的消费品。

批发和零售业、住宿和餐饮业（单位）统计限额以上标准 ① 批发业（包括外贸企业）同时具备以下两个条件：一是年商品销售总额在2000万元及以上，二是年末从业人员在20人及以上。② 零售业同时具备以下两条件：一是年商品销售总额在500万元及以上，二是年末从业人员在60人及以上。③ 住宿业是一星级及以上或为旅游饭店。④ 餐饮业同时具备以下两个条件：一是年营业总收入在200万元及以上，二是年末从业人员在40人及以上。

社会消费品零售额包括：（1）售给城乡居民作为生活用的商品及修建房屋用的建筑材料；（2）售给机关、团体、学校、部队、企业、事业单位的职工食堂和旅店（招待所）附设专门供本店旅客食用，不对外营业的食堂的各种食品、燃料；企业、单位和国营农场直接售给本单位职工和职工食堂的自己生产的产品；（3）售给部队干部、战士生活用的粮食、副食品、衣着品、日用品、燃料；（4）售给来华的外国人、华侨、港澳台同胞的消费品（包括友谊商店、在海关前后设立的免税商店、外轮供应公司等）；（5）居民自费购买的中、西药品，中药材及医疗用品；（6）报社、出版社直接售给居民和社会集团的报纸、图书、杂志，集邮公司（包括邮局集邮专柜）出售的新、旧（盖销的）纪念邮票、特种邮票、首日封、集邮册、集邮工具等；（7）旧货寄售商店（信托商店）自购、自销部分的商品；（8）煤气公司、液化石油气站售给居民和社会集团的的煤气灶具和灌装液化石油气；（9）售给社会集团的办公用品、纸张、帐册、文印用品、计算工具、书报杂志和奖品；公共用品和纺织品、针织品；学校用的教学用具；文体用品；非专用的劳动保护用品，如工作服、套袖、围裙、手套、毛巾、肥皂等；日用百货和杂品，包括职工食堂用的餐具、炊具、设备和清洁卫生工具等；家具、设备、日用电器、电讯设备、电影器材和照相器材等；取暖用的设备和燃料，防暑、降温的饮料；非生产经营用的交通工具如小轿车、面包车、工具车、卡车和油料；零星修理用的各种零配件、材料、工具、建筑材料等；举办各种招待会、茶话会、宴会用的烟酒茶和各种食品及馈赠的礼品；从公费医疗经费中开支的中、西药品、中药材和医疗器材以及其他非生产性设备和用品。

社会消费品零售额不包括：（1）农民之间相互买卖的商品；（2）城市居民通过市场或其他形式在城市居民中相互转让出售旧的生活用品；（3）售给农民或村办的生产单位各种生产工具、原材料和辅助材料；

(4) 售给国有农场、国有拖拉机站、排灌站、农村集体、农业生产单位和农民的各种农业生产资料和燃料；(5) 售给工业（包括科研单位附属的工厂、学校办工厂）、交通运输业、建筑安装企业和建筑单位用的各种生产资料和建筑材料；(6) 售给饮食业加工用的粮食、副食品、调味品、燃料等；(7) 售给批发零售贸易业、餐饮业、服务业（旅行社、理发店、旅馆、照相馆、日用品修理业等）、公共事业等单位直接用于业务经营活动方面的设备、工具、器材、原料、材料、燃料和印制各种票证用的纸张等；(8) 售给各种经济类型的批发零售贸易业、餐饮业作为转卖或加工后专卖的商品；(9) 旧货寄售商店（信托商店）受居民委托寄售卖出的商品；(10) 公用事业的营业收入（如市内公共汽车、电车、轮渡的车船票收入、公园门票收入等）、服务业的营业收入（如旅店的房租收入、理发店的理发收入、日用品修理行业的修理费收入等）、文化艺术事业收入（如电影、戏剧票收入、博物馆门票收入等）；(11) 邮电局出售邮票（包括普通邮票、纪念邮票、特种邮票）、汇款单、电报稿纸的收入；(12) 自来水、电力、煤气热力生产（供应）单位的产品通过管道、输电线路供应给居民和社会集团的水、电、煤气、暖气的收入；(13) 售给对外营业影剧院的设备和器材；(14) 售给自然科学研究单位直接用于科学研究的各种仪器仪表、化学试剂、元器件、工具和其它有关设备；(15) 售给消防队、清洁队、出租汽车公司等单位用于业务活动的设备、车辆和燃料；(16) 售给企业单位生产上专用的劳动保护用品，包括绝缘、防毒、耐酸、耐油、防烧、隔热以及高空、水下作业用的专用防护设备和用品；(17) 售给民政部门救灾用的商品，售给人防工程的设备和材料。

商品购进总额 指从本单位以外的单位和个人购进（包括从境外直接进口）作为转卖或加工后转卖的商品总额。

商品销售总额 指对本单位以外的单位和个人出售（包括对境外直接出口）本单位经营的商品总额（含增值税）。

商品批发额 指商品零售额以外的一切商品销售额。包括售给生产经营单位用于生产或经营用的商品销售额；售给批发零售贸易业、餐饮业用于转卖或加工后转卖的商品销售额；直接向国（境）外出口和委托外贸部门代理出口的商品销售额。

商品零售额 指售给城乡居民用于生活消费、售给社会集团用公款购买用作非生产、非经营使用的商品销售额。

商品库存总额 指报告期末各种登记注册类型的批发零售贸易企业、产业活动单位、个体经营者已取得所有权的商品。

亿元以上商品交易市场 指乡镇及以上经政府主管部门批准，有固定交易场所，进行经常性常年交易，并设有专职管理人员的年成交额在亿元以上的现货商品交易市场。

商品成交额 指市场所有摊位业主商品交易总额之和。

消费品零售额 指市场所有摊位业主商品交易总额之和中直接售予城乡居民用于生活消费和社会集团用于公共消费的商品金额。

营业面积 指市场营业用场地、仓库等营业用建筑面积，不包括为市场经营服务的办公室和附设的旅馆、招待所、餐馆、停车场等的面积。

连锁经营总店 指连锁经营的核心企业或管理中心。包括直接对其管理的外资连锁总部不在国内的港澳台商或外商投资并具有法人资格的外资连锁企业门店。

连锁经营分店 指连锁经营的核心企业或单位（总店）所属各分散经营的门店，也称为成员店。

门店数 指该连锁企业所拥有的全部连锁门店数量，包括总店（如果总公司有门店的话）和全部直营分店、加盟分店数。总店作为一个直营店处理。控股店按直营店统计。直营店和加盟店之和应等于门店总数。

直营连锁 也叫正规连锁。连锁门店均由总部全资或控股开设，在总部的直接领导下统一经营。

加盟连锁 加盟连锁包括特许连锁和自由连锁。

统一配送商品购进额 指企业统一购进商品后，配送到门店（包括加盟店）的商品金额（按购进价计算）。非自有配送中心配送比重指由第三方物流配送的商品购进额。直营店和加盟店的配送商品购进额，是指由总部统一配送或接受统一配送的商品购进额，而不是直营店和加盟店对外的配送商品购进额。

自有配送中心配送商品购进额 指连锁总部从自有配送中心购进商品的金额。

非自有配送中心配送商品购进额 指连锁总部从第三方物流配送中心购进商品的金额。

配送中心 是连锁企业的物流机构，承担着各门店所需商品的进货、库存、分货、加工、集配、运输、送货等任务。配送中心主要为本连锁企业服务，也可面向社会。如本企业没有配送中心而是利用本企业以外的物流中心配送，可不填自有配送中心数、配送中心面积和运输车辆，但应填统一配送商品购进额。

营业额 指住宿和餐饮业法人企业、产业活动单位在经营活动中因提供服务或销售商品等取得的收入。包括：客房收入、餐费收入、商品销售额（含增值税）和其他收入。

客房收入 指住宿和餐饮业法人企业、产业活动单位在经营活动中因提供住宿服务取得的客房收入。

餐费收入 指住宿和餐饮业法人企业、产业活动单位因为顾客提供就餐服务取得的收入。包括：经烹饪、调制加工后出售的各种食品，如主食、炒菜、凉拌菜等的收入。

商品销售额 指住宿和餐饮业法人企业、产业活动单位伴随服务而出售商品所取得的销售总额（含增值税）。

年末餐饮营业面积 指住宿和餐饮业法人企业、产业活动单位对外提供就餐服务的门店建筑面积和从事食品加工、烹饪、调制的厨房面积，不包括办公用房和仓库等面积。该指标按年末实有面积统计。

（十一）
对外经济贸易和旅游业

CHAPTER 11
FOREIGN TRADE AND ECONOMIC COOPERATION, TOURISM

表11—1 利用外资

指　　标	2009年	2008年	2009年为上年%
新签外商投资项目(个)	333	268	124.3
合资经营	86	66	130.3
合作经营	6	4	150.0
外商独资	240	197	121.8
外商股份制	1	1	100.0
新签合同外资(万美元)	455898	394868	115.5
合资经营	74492	35032	212.6
合作经营	9763	5312	183.8
外商独资	353723	333513	106.1
外商股份制	17920	515	3479.6
实际使用外资(万美元)	239199	237203	100.8
第一产业	678	1762	38.5
第二产业	122822	117353	104.7
第三产业	115699	118088	98.0

注:本表数据由市投资促进委员会提供。

表 11—2　对外劳务和承包工程情况

指　　标	2009 年	2008 年	2009 年为上年%
一、新签合同数(个)	159	122	130.3
二、新签合同金额(万美元)	115012	103682	110.9
三、完成营业额(万美元)	115684	102589	112.8
四、期末在外人员(人)	5406	6053	89.3

注:本表数据由市商务局提供。

表 11—3　涉外税收

计量单位:万元

指　　标	2009 年	2008 年	2009 年为上年%
合　　计	2416536	2066111	124.2
流转税	1123530	890092	126.23
企业所得税	400528	330573	121.2
个人所得税	98704	89664	110.1
车船使用牌照税	526	552	95.3
城市房地产税	21315	18748	113.7
其他各税	73947	55879	132.3
海关代征	697986	680603	102.6

注:本表数据由市国税局和地税局提供。

表 11—4 海关统计进出口贸易（2009 年）

计量单位:万美元

指 标	2009 年	2009 年为上年%
一、进出口总值(经营单位口径)	3374496	83.1
1. 出口	1845858	78.2
# 省直单位	627062	75.6
南京市	1218796	77.1
三资企业	648138	73.5
# 高新技术产品	502910	70.7
2. 进口	1528638	89.9
# 省直单位	312945	97.1
南京市	1215693	88.0
三资企业	889745	82.1
# 高新技术产品	606343	76.5
二、进出口总值(境内目的地、货源地)	3400553	85.1
1. 出口(境内货源地)	1554616	75.6
# 三资企业	651281	73.5
2. 进口(境内目的地)	1845937	95.1
# 三资企业	840052	74.7
三、进出口总值(口岸口径)	1970040	78.2
1. 出口	1012802	70.4
# 新生圩	799272	69.2
2. 进口	957238	88.6
# 新生圩	627983	88.0

表 11—5　进出口商品贸易方式总值表（按经营单位）（2009 年）

计量单位:万美元

贸易方式	进出口		出　口		进　口	
	数值	增长%	数值	增长%	数值	增长%
总　值	3374496	－16.9	1845858	－21.8	1528638	－10.1
一般贸易	1970034	－17.5	1136158	－26.7	833876	－0.3
国家间、国际组织无偿援助和赠送的物资	1524	104.8	1524	104.8	0	—
捐赠物资	230	1395.0	227	—	3	45.0
补偿贸易	0	—	0		0	
来料加工装配贸易	391454	－41.4	197906	－18.2	193548	－54.6
进料加工贸易	804567	－9.0	465726	－12.9	338841	－3.1
寄售代销贸易	0	—	0		0	
边境小额贸易	0	—	0		0	
加工贸易进口设备	47	－55.4	0	—	47	－55.4
对外承包工程出口货物	32653	67.5	32653	67.5	0	—
租赁贸易	163	470.9	0	—	163	470.9
外商投资企业作为投资进口的设备、物品	21917	－57.6	0	—	21917	－57.6
出料加工贸易	0		0		0	
易货贸易	0		0		0	
免税外汇贸易	0		0		0	
保税仓库进出境货物	145596	243.5	10351	－15.2	135244	348.2
保税区仓储转口贸易	0		0		0	
出口加工区进口设备	1454	－9.4	0	—	1454	－9.4
其他	4859	42.4	1313	260.3	3546	16.4

表 11—6 进口商品贸易方式企业性质总值表（按经营单位）（2009 年）

计量单位:万美元

贸易方式	合计		国有企业		外商投资企业		集体企业		私营企业	
	数值	增长%	数值	增长%	数值	增长%	数值	增长%	数值	增长%
总　　值	1528638	－10.1	527146	2.0	889745	－17.9	2796	108.7	108880	11.0
一般贸易	833876	－0.3	467782	2.1	297101	－5.9	2204	228.0	66771	7.8
国家间、国际组织无偿援助和赠送的物资	0		0		0		0		0	
捐赠物资	3	57.9	2	71.4	0	—	0	—	0.2	0.0
补偿贸易	0		0		0		0		0	
来料加工装配贸易	193547	－54.6	10565	－8.0	180908	－56.2	34	27.8	2040	－12.0
进料加工贸易	338841	－3.1	35200	－10.3	286475	－2.2	317	52700.0	16803	－3.4
寄售代销贸易	0		0		0		0		0	
边境小额贸易	0		0		0		0		0	
加工贸易进口设备	47	－55.4	0	—	47	－51.3	0	—	0	－100
对外承包工程出口货物	0		0		0		0		0	
租赁贸易	163	471.2	48	—	115	374.4	0	—	0	—
外商投资企业作为投资进口的设备、物品	21917	－57.6	0	—	21917	－57.6	0	—	0	—
出料加工贸易	0		0		0		0		0	
易货贸易	0		0		0		0		0	
保税仓库进出境货物	135244	348.2	13232	72.5	98647	1612.1	241	－62.4	23124	44.2
出口加工区进口设备	1454	－9.4	0	—	1450	－8.8	0	—	4	－73.9
其他	3546	16.4	317	－18.3	3085	38.2	1	900.0	137	－67.2

表 11—7　出口商品贸易方式企业性质总值表（按经营单位）（2009 年）

计量单位：万美元

贸易方式	合计		国有企业		外商投资企业		集体企业		私营企业	
	数值	增长%	数值	增长%	数值	增长%	数值	增长%	数值	增长%
总　值	1845858	－21.8	818970	－24.0	648139	－26.5	6549	－7.4	371201	－5.5
一般贸易	1136158	－26.7	637833	－31.2	182398	－30.0	3691	－21.2	311240	－12.9
国家间、国际组织无偿援助和赠送的物资	1524	104.8	1325	155.3			00		199	－11.8
捐赠物资	227	—	227	—						
补偿贸易										
来料加工装配贸易	197906	－18.2	9549	18.7	184512	－19.9	29	－5.0	3816	2.8
进料加工贸易	465726	－12.9	131270	9.6	279886	－28.4	2829	20.5	51741	140.8
寄售代销贸易										
边境小额贸易										
加工贸易进口设备										
对外承包工程出口货物	32653	67.5	32532	69.9	57	－41.4	0	—	64	－74.9
租赁贸易										
外商投资企业作为投资进口的设备、物品										
出料加工贸易										
保税仓库进出境货物	10351	－15.2	6150	204.6	373	49.8	0	—	3828	－61.5
保税区仓储转口货物										
出口加工区进口设备										
其他	1313	260.2	83	29.0	914	250.4	0	—	313	805.8

表 11—8 进出口商品国别（地区）总值表（按经营单位）（2009 年）

计量单位:万美元

进口原产国(地区)或出口最终目的国(地区)	进出口		出 口		进 口	
	数值	增长%	数值	增长%	数值	增长%
总 值	3374496	-16.9	1845858	-21.8	1528638	-10.1
亚洲	1665255	-19.3	683526	-24.6	981729	-15.3
# 香港	91120	-32.4	84540	-30.4	6580	-50.6
印度	83552	-22.6	70086	-15.1	13467	-47
印度尼西亚	42303	-20.9	25067	-27.7	17236	-8.4
日本	336148	-5.6	128634	-2.8	207514	-7.2
澳门	229	-81.7	227	-81.3	2	-95.4
马来西亚	46111	-42.3	20951	-57.3	25160	-18.5
巴基斯坦	9533	3.5	9053	-0.2	481	237.6
菲律宾	16745	6	9442	-3.8	7303	22.1
新加坡	72295	-33.4	56836	-29.1	15459	-45.4
韩国	575446	-16.7	97690	-35.9	477756	-11.3
泰国	41475	-0.3	17432	-24.1	24044	29.1
台湾省	168597	-30.3	30550	-21.1	138047	-32.1
非洲	123877	-11.1	95038	-3	28839	-30.3
欧洲	814948	-16.4	523944	-27.3	291004	14.2
# 比利时	28800	-14.8	22333	-19.6	6467	7.2
丹麦	9965	-22.4	6783	-29.8	3182	-0.2
英国	65588	-16.5	53577	-19.3	12011	-1.5
德国	244286	-11.4	124094	-26.6	120191	12.9
法国	65533	-3.7	49112	-7.1	16421	8.3
意大利	75008	-6.3	54458	-7.6	20550	-2.6
荷兰	61364	-41.3	52949	-44.4	8415	-9.1
西班牙	33237	-46.3	26099	-54.2	7138	47.4
芬兰	13799	-35.4	9808	-47.6	3991	50.1
挪威	8354	-30.2	4843	-24.9	3512	-36.3

表11—8 续表

进口原产国(地区) 或出口最终目的国(地区)	进出口		出口		进口	
	数值	增长%	数值	增长%	数值	增长%
瑞典	58524	-9.1	15222	-24.8	43302	-1.9
瑞士	10618	-12.2	5807	-16.1	4811	-7.1
白俄罗斯	720	-21.4	374	-41.9	347	27.1
俄罗斯联邦	30035	7.9	14178	-33.1	15857	139.0
捷克共和国	10689	51.4	9161	50.5	1527	57.1
乌克兰	15619	65.9	5338	-41.3	10282	3128.2
拉丁美洲	202042	-16.8	138225	-25.9	63817	13.6
北美洲	461599	-12.9	362700	-11.2	98900	-18.7
# 加拿大	54270	-28.3	43659	-23.7	10612	-42.6
美国	407303	-10.4	319015	-9.2	88288	-14.4
大洋洲	106709	-0.2	42422	6.1	64286	-3.9
#澳大利亚	82318	-3.7	31408	-7.7	50910	-1.1
新西兰	15433	14.0	3971	-24.6	11462	38.7
亚太经合组织	2140333	-15.7	974117	-19.1	1166216	-12.6
东南亚国家联盟	252742	-23.6	160037	-28.6	92705	-13.1
欧洲联盟	746192	-18.5	490704	-27.7	255488	8.1

注:1. 东南亚国家联盟包括:文莱、印度尼西亚、马来西亚、菲律宾、新加坡、泰国、越南、缅甸、老挝、柬埔寨。

2. 欧洲联盟包括:比利时、丹麦、英国、德国、法国、爱尔兰、意大利、卢森堡、荷兰、希腊、葡萄牙、西班牙、奥地利、芬兰、瑞典、塞浦路斯、捷克、爱沙尼亚、匈牙利、拉脱维亚、立陶宛、马耳他、波兰、斯洛伐克、斯洛文尼亚、保加利亚、罗马尼亚。

3. 亚太经济合作组织包括:文莱、中国香港、印度尼西亚、日本、马来西亚、菲律宾、新加坡、韩国、泰国、中国、中国台北、智利、墨西哥、加拿大、美国、澳大利亚、新西兰、巴布亚新几内亚、俄罗斯、秘鲁、越南。

表11—9 南京与国外缔结的友好城市

国 别	城 市	缔结日期
日 本	名古屋市	1978年12月21日
美 国	圣路易斯市	1979年11月2日
意大利	佛罗伦萨市	1980年2月22日
荷 兰	艾因霍温市	1985年10月9日
德 国	莱比锡市	1988年5月21日
墨西哥	墨西卡利市	1991年10月14日
塞浦路斯	利马索尔市	1992年9月23日
韩 国	大田市	1994年11月14日
加拿大	伦敦市	1997年5月7日
澳大利亚	珀斯市	1998年5月18日
南 非	布隆方丹市	2000年3月
哥伦比亚	巴兰基亚市	2001年6月3日
马来西亚	马六甲	2008年10月31日

注:本表资料由市外办提供。

表 11—10　旅游经济主要指标

指　　标	2009 年	2008 年	2009 年为上年％
全市接待国内外旅游者(万人次)	5633.36	5089.52	110.7
国内旅游者	5519.91	4970.00	111.1
入境旅游者	113.45	119.52	94.9
全市因私出境旅游者(万人次)	30.36	24.4	124.4
国际旅游创汇收入(亿美元)	8.37	8.73	95.9
全市旅游总收入(亿元)	822.16	714.3	115.1
全市拥有星级宾馆饭店(家)	131	131	100.0
全市拥有旅行社(家)	450	435	103.4
# 从事国际旅游业务	16	26	61.5
全市拥有旅游 A 级景区(个)	47	43	109.3
# 5A 级旅游景区	1	1	100.0
4A 级旅游景区	9	9	100.0
年接待量超过 10 万人次的景点(景区)(个)	70	69	101.4

注:本表数据由市旅游园林局提供。

表 11—11　接待入境旅游人数

计量单位:人次

指　　标	2009 年	2008 年	2009 年为上年%
接待入境旅游人数	1134515	1195175	95.5
(一) 外国人	743999	778451	96.2
1. 亚洲合计	349508	378700	92.8
# 日本	107073	118695	90.3
菲律宾	3859	3629	107.6
新加坡	46119	47459	98.0
泰国	8007	7867	98.2
印度尼西亚	11230	10624	94.1
马来西亚	71367	87427	82.8
韩国	72002	74494	97.1
2. 美洲合计	130475	127259	103.3
# 美国	98369	96273	103.0
加拿大	21557	21260	102.0
3. 欧洲合计	209517	216679	97.5
# 英国	34745	39630	88.6
法国	29527	33588	88.7
德国	64176	60761	106.4
意大利	21348	24012	89.2
西班牙	8992	9144	99.1
4. 大洋洲合计	33323	32673	97.1
# 澳大利亚	28534	27531	95.3
新西兰	2808	3117	90.4
5. 非洲合计	9517	10628	89.6
6. 其他	11659	12512	93.3
(二) 香港同胞	155470	172348	90.7
(三) 澳门同胞	10664	8605	123.7
(四) 台湾同胞	224382	235771	95.5
平均每天来宁人数	3108	3266	95.2

注:本表数据由市旅游园林局提供。

表 11—12　部分年份对外贸易主要指标

单位:亿美元

年　份	进出口总额（经营单位）	出口	# 三资企业出口	进口
1990	3.64	1.58	0.11	2.06
1995	51.74	38.06	2.52	13.68
2000	91.02	53.69	9.2	37.33
2001	95.88	57.51	11.49	38.37
2002	100.94	60.11	10.79	40.83
2003	147.12	76.65	19.57	70.47
2004	206.39	104.60	36.96	101.79
2005	270.90	142.45	60.3	128.45
2006	315.35	173.65	77.22	141.70
2007	362.00	206.46	86.26	155.53
2008	405.92	235.97	88.22	169.95
2009	337.45	184.59	64.81	152.86

表 11—13　部分年份开放型经济主要指标

单位:亿美元

年　份	实际使用外资	注册合同外资	投资总额	对外承包劳务完成营业额
1990	0.70	0.37	—	0.16
1995	4.15	12.3	—	0.65
2000	8.13	20.79	38.55	1.37
2001	9.02	10.68	13.14	1.50
2002	15.02	21.7	46.76	3.17
2003	22.10	40.09	73.02	4.16
2004	25.66	45.15	77.11	4.60
2005	20.09	25.58	82.53	4.83
2006	17.02	30.82	69.78	6.07
2007	20.61	37.85	80.16	7.44
2008	23.72	44.60	56.74	10.26
2009	23.92	45.59	74.42	11.57

表 11—14　部分年份旅游经济主要指标

单位:万人次

年　份	国内旅游人数	入境旅游人数				
			外国人	香港同胞	澳门同胞	台湾同胞
1990	—	26.33	7.29	—	18.79	—
1995	654	23.17	12.77	0.2	5.66	4.54
2000	1501	41.9	22.69	8.26	0.44	10.51
2001	1730	46.98	24.24	9.39	0.40	12.95
2002	2076	56.13	32.02	9.38	0.43	14.30
2003	2206	51.51	31.11	9.44	0.36	10.60
2004	2800	71.97	47.17	11.26	0.44	13.1
2005	3220	87.63	51.41	15.09	0.41	20.72
2006	3800	100.92	64.66	15.97	0.6	19.69
2007	4489	116.12	76.33	16.73	0.77	22.28
2008	4960	119.52	77.85	17.23	0.86	23.58
2009	5520	113.45	74.40	15.55	1.07	22.44

表 11—14　续表

年　份	旅游总收入(亿元)		
		国内旅游收入	国际旅游收入(亿美元)
1990	0.31	—	0.31
1995	62.36	53.89	1.02
2000	155.99	137.66	2.21
2001	180.73	160.48	2.44
2002	220.40	193.59	3.23
2003	244.00	217.60	3.18
2004	320.00	277.90	5.08
2005	379.00	333.00	5.76
2006	462.80	408.08	6.77
2007	585.45	530.51	8.08
2008	714.30	654.00	8.73
2009	822.16	765	8.37

主要统计指标解释

进出口总额 海关进出口总额指实际进出我国国境的货物总金额。包括对外贸易实际进出口货物，来料加工装配进出口货物，国家间、联合国及国际组织无偿援助物资和赠送品，华侨、港澳台同胞和外籍华人捐赠品，租赁期满归承租人所有的租赁货物，进料加工进出口货物，边境地方贸易及边境地区小额贸易进出口货物（边民互市贸易除外），中外合资企业、中外合作经营企业、外商独资经营企业进出口货物和公用物品，到、离岸价格在规定限额以上的进出口货样和广告品（无商业价值、无使用价值和免费提供出口的除外），从保税仓库提取在中国境内销售的进口货物，以及其他进出口货物。进出口总额用以观察一个国家在对外贸易方面的总规模。我国规定出口货物按离岸价格统计，进口货物按到岸价格统计。

商品经营单位所在地进、出口额 指所在地海关注册登记的有进出口经营权的企业实际进、出口额。

商品目的地进口额和商品货源地出口额 目的地进口额指进口货物的消费、使用或最终抵运地的实际进口额，货源地出口额是指出口货物的产地或原始发货地的实际出口额。

利用外资 指我国各级政府、部门、企业和其他经济组织通过对外借款、吸收外商直接投资以及用其他方式筹措的境外现汇、设备、技术等。

对外借款 是我国利用外资的重要部分。指通过对外正式签订借款协议，从境外筹措的资金，包括外国政府贷款、国际金融组织贷款、外国银行商业贷款、出口信贷以及对外发行债券等。1996 年及以前还包括对外发行股票。

外商直接投资 指外国企业和经济组织或个人（包括华侨、港澳台胞以及我国在境外注册的企业）按我国有关政策、法规，用现汇、实物、技术等在我国境内开办外商独资企业、与我国境内的企业或经济组织共同举办中外合资经营企业、合作经营企业或合作开发资源的投资（包括外商投资收益的再投资）。

外商其他投资 指除对外借款和外商直接投资以外的各种利用外资的形式。包括企业在境内外股票市场公开发行的以外币计价的股票（目前主要是在香港证券市场发行的 H 股和在境内证券市场发行的 B 股）发行价总额，国际租赁进口设备的应付款，补偿贸易中外商提供的进口设备、技术、物料的价款，加工装配贸易中外商提供的进口设备、物料的价款。

对外承包工程 指各对外承包公司以招标议标承包方式承揽的下列业务：(1) 承包国外工程建设项目，(2) 承包我国对外经援项目，(3) 承包我国驻外机构的工程建设项目，(4) 承包我国境内利用外资进行建设的工程项目，(5) 与外国承包公司合营或联合承包工程项目时我国公司分包部分，(6) 对外承包兼营的房屋开发业务。对外承包工程的营业额是以货币表现的本期内完成的对外承包工程的工作量，包括以前年度签订的合同和本年度新签订的合同在报告期内完成的工作量。

对外劳务合作 指以收取工资的形式向业主或承包商提供技术和劳动服务的活动。我国对外承包公司在境外开办的合营企业，中国公司同时又提供劳务的，其劳务部分也纳入劳务合作统计。劳务合作营业额按报告期内向雇主提交的结算数（包括工资、加班费和奖金等）统计。

旅游者人数 包括入境国际旅游者人数、出境居民人数和国内旅游者人数。

（1）入境国际旅游者人数：指来中国参观、访问、旅行、探亲、访友、休养、考察、参加会议和从事经济、科技、文化、教育、宗教等活动的外国人、华侨、港澳同胞和台湾同胞的人数。不包括外国在我国的常驻机构，如使领馆、通讯社、企业办事处的工作人员；来我国常住的外国专家、留学生以及在岸逗留不过夜人员。

（2）出境居民人数：指大陆居民因公务活动或私人事务短期出境的人数。公务活动出境居民人数包括在国际交通工具上的中国服务员工，因私出境居民人数不包括在国际交通工具上的中国服务员工。

（3）国内旅游者人数：指我国大陆居民和在我国常住1年以上的外国人、华侨、港澳台同胞离开常住地在境内其他地方的旅游设施内至少停留一夜，最长不超过6个月的人数。

国际旅游（外汇）收入 指入境旅游的外国人、华侨、港澳同胞和台湾同胞在中国大陆旅游过程中发生的一切旅游支出，对于国家来说就是国际旅游（外汇）收入。

（十二）财政、金融和保险

CHAPTER 12
FINANCE, BANKING AND INSURANCE

表 12—1 财政收入

计量单位:亿元

指　　标	2009 年	2008 年	2009 年为上年%
全市财政收入	901.15	742.40	121.4
1. 地方一般预算收入	434.51	386.56	112.4
# 增值税 25%	62.44	55.74	112.0
营业税	123.34	101.79	121.2
企业所得税 40%	51.08	59.54	85.8
个人所得税 40%	25.32	20.5	123.5
城市维护建设税	21.67	22.34	97.0
其他各项收入	150.66	126.65	118.9
2. 上划中央收入	466.64	355.84	131.1
# 增值税 75%	200.64	167.23	120.0
国内消费税	151.4	68.56	220.8
企业所得税 60%	76.63	89.3	85.8
个人所得税 60%	37.97	30.75	123.5
附:地方一般预算收入构成(%)	100	100	—
# 增值税 25%	14.4	14.4	—
营业税	28.4	26.3	—
企业所得税 40%	11.8	15.4	—
个人所得税 40%	5.8	5.3	—
城市维护建设税	5.0	5.8	—
其他各项收入	34.6	32.8	—

注:本表由市财政局提供,各项相关指标发展速度为剔除出口货物退税等不可比因素后的同口径比较数。

表 12—2　地方财政一般预算支出

计量单位:亿元

指　　标	2009 年	2008 年	2009 年为上年%
地方财政一般预算支出	461.27	404.67	114.0
# 一般公共服务	61.34	55.77	110.0
公共安全	35.62	33.93	105.0
教育	64.07	58.07	110.3
科学技术	13.79	9.48	145.5
文化体育与传媒	6.26	6.50	96.3
社会保障和就业	37.01	31.09	119.0
医疗卫生	26.19	20.44	128.1
环境保护	10.57	7.18	147.2
城乡社区事务	85.49	69.13	123.7
农林水事务	28.23	23.27	121.3
交通运输	19.43	16.67	116.6
工业商业金融等事务	51.43	48.55	105.9
其他支出	19.95	24.59	81.1

注:预算支出及部分分项指标发展速度为同口径比较数。

表 12—3　金融机构存、贷款余额

计量单位:亿元

指　　标	2009 年	2008 年
一、金融机构存款余额	11088.39	8562.27
1. 企事业单位存款	5490.80	4038.56
活期存款	3329.60	2366.74
定期存款	2161.20	1671.82
2. 储蓄存款	3125.00	2565.83
活期存款	979.55	732.39
定期存款	2145.44	1833.44
3. 信托存款		
4. 委托存款	103.17	132.41
5. 其他存款	2369.42	1825.47
二、金融机构贷款余额	9444.48	7483.10
1. 短期贷款	3089.65	2686.10
2. 中长期贷款	5848.49	4184.19
3. 信托贷款		
4. 委托贷款	11.20	42.95
5. 其他贷款	162.98	119.62
6. 票据融资	327.55	444.33
7. 各项垫款	4.62	5.91

注:本表由人行南京营业部提供;金融机构存款、贷款余额统计汇总范围为本外币(含外资)信贷收支。

表12—4 全市保险业务情况（2009年）

指　　标	保费收入（万元）	同比增长%	赔款及给付（万元）	同比增长%
全　　市	1754236	18.4	418097	－7.5
一、财产险小计	368103	21.2	188109	0.6
企财险	38979	－2.1	13420	－40.2
机动车辆险	258603	29.8	146219	10.2
船舶险	19923	10.8	8354	42.3
货运险	14483	－15.1	7216	12.4
工程险	23199	41.3	6180	3.4
家财险	1887	－8.9	462	－8.7
其他险	11029	－1.1	6258	－52.0
二、人身险小计	1386133	17.6	229988	－90.2
意外险	39231	26.0	7220	－46.6
健康险	58783	3.2	17161	97.3
养老金险	2911	－70.4	562	－88.5
子女教育婚嫁金险	4317	10.0	12667	9.9
其他	1280891	19.2	192378	－15.0

表12—5 主要年份财政收支

计量单位:万元

年份	财政总收入	#地方财政一般预算收入	财政支出
1949	732	—	165
1952	4073	—	3559
1957	5502	—	5878
1962	16503	—	3551
1965	23546	—	5247
1970	48300	—	10327
1975	69217	—	10584
1978	108538	—	17797
1979	176356	—	23414
1980	149578	—	22990
1985	247696	—	47576
1990	361775	—	98078
1995	651692	294266	362207
1998	1082397	507798	596533
1999	1284921	664299	732078
2000	1645808	925667	1012913
2003	3350330	1917830	2104688
2004	4036509	2378586	2589814
2005	5101688	2110746	3154413
2006	6039085	2464392	3710245
2007	6285266	3301883	—
2008	7423992	3865600	—
2009	9011450	4345080	—

主要统计指标解释

财政收入 指国家财政参与社会产品分配所取得的收入，是实现国家职能的财力保证。财政收入所包括的内容几经变化，目前主要包括：

(1) 各项税收：包括增值税、营业税、消费税、土地增值税、城市维护建设税、资源税、城市土地使用税、印花税、个人所得税、企业所得税、关税、农牧业税和耕地占用税等。

(2) 专项收入：包括征收排污费收入、征收城市水资源费收入、教育费附加收入等。

(3) 其他收入：包括基本建设贷款归还收入、基本建设收入、捐赠收入等。

(4) 国有企业亏损补贴：这项为负收入，冲减财政收入。

财政支出 国家财政将筹集起来的资金进行分配使用，以满足经济建设和各项事业的需要，主要包括：：基本建设支出、企业挖潜改造资金、地质勘探费用、科技三项费用、支援农村生产支出、农林水利气象等部门的事业费用、工业交通商业等部门的事业费、文教科学卫生事业费、抚恤和社会福利救济费、国防支出、行政管理费和价格补贴支出等。

中央财政收入和地方财政收入 指按财政体制划分的中央本级收入和地方本级收入。1994 年分税制财政体制以后，属于中央财政的收入包括关税、海关代征消费税和增值税，消费税，中央企业所得税，地方银行和外资银行及非银行金融企业所得税，铁道、银行总行、保险总公司等集中缴纳的营业税、所得税、利润和城市维护建设税，增值税的 75%部分，证券交易税（印花税）50%部分和海洋石油资源税。属于地方财政的收入包括营业税，地方企业所得税，个人所得税，城镇土地使用税，固定资产投资方向调节税，城镇维护建设税，房产税，车船使用税，印花税，屠宰税，农牧业税，农业特产税，耕地占用税，契税，增值税 25%部分，证券交易税（印花税）50%部分和除海洋石油资源税以外的其他资源税。

存款 指企业、机关、团体或居民根据资金必须收回的原则，把货币资金存入银行或其他信用机构保管并取得一定利息的一种信用活动形式。根据存款对象的不同可划分为企业存款、财政存款、机关团体存款、基本建设存款、城镇储蓄存款、农村存款等科目。它是银行信贷资金的主要来源。

贷款 指银行或其他信用机构根据资金必须归还的原则，按一定利率，为企业、个人等提供资金的一种信用活动形式。我国银行贷款分为流动资金贷款、固定资产贷款、城乡个体工商户贷款以及农业贷款等科目。

保险公司 在中国境内的、经过保险监督部门批准设立，并依法登记注册的各类商业保险公司。

保险金额 指保险人承担赔偿或者给付保险金责任的最高限额。

保费 指投保人为取得保险人在约定范围内所承担赔偿责任而支付给保险人的费用。

赔款 指保险人根据保险合同的规定，向被保险人支付的赔偿保险责任损失的金额。

给付 包括死伤医疗给付和满期给付。死伤医疗给付是指保险人根据人寿保险及长期健康保险合同的规定，因被保险人在保险期内发生保险责任范围内的保险事故支付给被保险人（或受益人）的金额。满期给付是指被保险人生存期满，保险人按人寿保险合同规定支付给被保险人的满期保险金额。

（十三）科技和教育

CHAPTER 13
SCIENCE AND TECHNOLOGY, EDUCATION

表 13—1 高新技术产业基本情况（2009 年）

计量单位:千元

指 标	工业总产值	主营业务收入	出口交货值	利润总额
合 计	244476070	245577056	42727169	15396595
航天航空制造业	2911182	3396629	928360	218423
计算机及办公室设备制造	50972539	48340170	21613697	538768
电子及通信设备制造业	48755782	50406015	14721166	1804714
医药制造业	9192708	10112355	952107	1405411
专用科学仪器设备制造	9325269	9663421	464560	1790675
电气机械及设备制造业	17693280	16473113	629476	2192739
新材料产业	105625310	107185353	3417803	7445865

表 13—2 专利申请量与授权量

计量单位:件

指 标	2009 年	2008 年
申请量合计	14220	11692
发明	6461	5019
实用新型	4317	3137
外观设计	3442	3536
授权量合计	6591	4816
发明	2039	1497
实用新型	2857	2468
外观设计	1695	851

注:本表由市科技局提供。

表 13—3 各类教育事业基本情况

计量单位：所

指　　标	2009 年	2008 年
全　　市	1160	1157
一、学校数		
高等教育	62	51
# 普通高校	53	41
成人高校	9	10
中等职业学校	73	79
# 普通中专	26	27
职业中学	5	7
成人中专	14	14
技工学校	32	31
普通中学	217	216
小学	347	355
特殊教育	13	13
幼儿园	444	443

注：技工学校含不招生学校。

表 13—3 续表

计量单位：人

指　　标	2009 年	2008 年
二、在校学生数		
在校学生总数	1785250	1762021
高等教育	943385	900224
# 普通高校	773394	725019
成人高校	169991	175205
中等职业学校	155583	169328
# 普通中专	64930	74820
职业中学	9533	11292
成人中专	17517	21237
技工学校	63603	61979
普通中学	261053	272683
小学	283221	285646
特殊教育	2405	2347
幼儿园	139603	131793

注：本表数据由市教育局提供，普通高校在校学生、毕业生、招生数均含研究生。

表 13—3 续表

计量单位：人

指标	2009 年	2008 年
三、毕业生数		
毕业生总数	482408	468417
高等教育	254486	233669
# 普通高校	194585	178105
成人高校	59901	55564
中等职业学校	41909	43397
# 普通中专	17891	15998
职业中学	3605	4777
成人中专	5984	11329
技工学校	14429	11293
普通中学	93143	97143
# 初中	58133	61794
高中	35010	35349
小学	49529	52879
特殊教育	382	322
幼儿园	42959	41007
小学毕业生升学率(%)	101	98.20
初中毕业生升学率(%)	98.75	99.1

注：本表数据由市教育局提供，普通高校在校学生、毕业生、招生数均含研究生。

表 13—3　续表

计量单位：人

指　标	2009 年	2008 年
四、招生数		
招生总数	530937	524471
高等教育	307968	291090
＃ 普通高校	249967	231322
成人高校	58001	59768
中等职业学校	45662	51048
＃ 普通中专	18201	20816
职业中学	2927	3286
成人中专	8360	5527
技工学校	16174	21419
普通中学	83346	86599
＃ 初中	50025	52958
高中	33321	33641
小学	45803	46669
特殊教育	368	404
幼儿园	47790	48661

注：本表数据由市教育局提供，普通高校在校学生、毕业生、招生数均含研究生。

表 13—3　续表

计量单位：人

指　标	2009 年	2008 年
五、专任教师数		
专任教师总数	108503	104720
高等教育	49797	47415
＃ 普通高校	48263	46040
成人高校	1534	1375
中等职业学校	7434	7038
＃ 普通中专	2752	2683
职业中学	755	812
成人中专	861	1067
技工学校	2520	2476
普通中学	22292	22167
小学	19327	19027
特殊教育	436	422
幼儿园	9217	8651

注：2009 年中等职业学校专任教师数中含其他中等职业教育机构专任教师人数。

表 13—4　高等学校基本情况（2009 年）

计量单位：人

学　校	毕业生数	招生数	在校学生数	教职员工数	# 专任教师	正副教授	中级	初级和无职称
全　市	174866	222475	693384	78253	48263	18727	18844	10692
# 南京大学	2988	3550	13569	4600	2086	1571	515	0
东南大学	3696	3827	16110	5708	2269	1441	808	20
南京航空航天大学	3661	3912	15774	2971	1634	975	578	81
南京理工大学	3920	3830	14735	3112	1594	874	648	72
南京工业大学	3136	4099	15088	2720	1489	721	696	72
南京邮电大学	2774	3171	12721	1622	1039	412	486	141
河海大学	4409	4575	18455	3245	1738	748	854	136
南京林业大学	3475	3764	15182	1856	1204	435	529	240
南京信息工程大学	3056	3915	15022	1647	1156	413	637	106
南京农业大学	3752	4218	16570	2702	1437	687	503	247
南京医科大学	1382	1418	6825	1536	752	308	248	196
南京中医药大学	2475	2156	9312	1267	762	296	366	100
中国药科大学	2194	2980	11075	1448	804	306	361	127
南京师范大学	3823	4922	19218	3312	1739	1032	594	113
南京财经大学	3338	3844	14957	1680	1042	537	404	101
江苏警官学院	2143	1828	7549	647	399	158	206	35
南京体育学院	500	517	2124	327	187	67	81	39
南京艺术学院	1297	2096	8173	1280	637	250	189	198
南京工业职业技术学院	3668	4145	12841	802	635	206	292	137
三江学院	3922	4362	15940	1124	813	406	261	146
南京工程学院	3483	4131	15786	1734	1120	375	493	252
南京审计学院	1714	3536	12754	1298	798	336	357	105
南京晓庄学院	1893	1821	7882	1027	626	234	243	149
江苏经贸职业技术学院	4755	4930	13917	959	639	193	297	149
南京特殊教育职业技术学院	481	1772	5228	338	260	78	87	95
南京森林公安高等专科学校	1433	1500	4475	367	252	82	106	64

注：全市高等学校招生数、在校学生数和毕业生数均不包括研究生，但包括成人教育院校、广播电视大学、教育学院对应届高中毕业生的招生数及相应的在校学生和毕业生；下表同。

表 13—4　续表

学　　校	毕业生数	招生数	在校学生数	教　职员工数	# 专任教师			
						正副教授	中级	初级和无职称
江苏联合职业技术学院	20710	38509	68667	11827	8959	2215	3159	3585
江苏海事职业技术学院	3254	3728	10887	700	503	118	203	182
应天职业技术学院	1718	2600	7458	471	280	95	62	123
东南大学成贤学院	1463	1987	9235	627	438	178	117	143
南京交通职业技术学院	2815	3398	9740	594	472	125	183	164
南京化工职业技术学院	3712	4039	11928	791	612	165	243	204
正德职业技术学院	1340	2399	6539	444	305	112	109	84
钟山职业技术学院	2435	2788	7786	499	354	89	115	150
金肯职业技术学院	1849	2301	6540	479	304	84	99	121
南京铁道职业技术学院	1884	4774	9179	779	483	108	194	181
南京信息职业技术学院	3766	4387	12216	776	557	149	155	253
金陵科技学院	2400	2894	9856	1072	790	207	436	147
南京大学金陵学院	589	2295	6986	435	310	115	32	163
南京理工大学紫金学院	2041	2455	9290	517	394	152	114	128
南京航空航天大学金城学院	1822	2854	11283	559	372	98	118	156
中国传媒大学南广学院	2511	2577	10979	789	593	161	192	240
南京工业大学浦江学院	2478	2334	9490	398	312	93	213	6
南京师范大学中北学院	1190	1732	6340	447	372	173	164	35
南京视觉艺术职业学院	376	527	1665	170	87	24	28	35
南京中医药大学翰林学院	551	549	2573	152	136	44	46	46
南京信息工程大学滨江学院	2389	3589	13671	420	340	83	150	107
南京邮电大学通达学院	1395	1947	7575	464	413	134	225	54
南京审计学院金审学院	1306	1692	7042	82	23	7	11	5
江苏城市职业学院	3898	7850	21226	3942	2697	595	1188	914
南京机电职业技术学院	1140	1485	4315	381	271	54	107	110
南京旅游职业学院	556	1764	3609	245	180	34	62	84
南京建康职业学院	515	900	2238	255	175	57	41	77

表 13—5 普通高校及科研院所研究生人数（2009 年）

计量单位:人

学 校	毕业生数	招生数	在学研究生数
全 市	19719	27492	80010
南京大学	3079	4138	11984
东南大学	3107	3798	11862
南京航空航天大学	1808	2445	7097
南京理工大学	1210	2523	6325
南京工业大学	1026	1463	4214
南京邮电大学	652	1017	2640
河海大学	1896	2575	7919
南京林业大学	631	924	2626
南京信息工程大学	334	662	1700
南京农业大学	1337	1982	6172
南京医科大学	699	807	2722
南京中医药大学	597	656	2282
中国药科大学	583	931	2565
南京师范大学	2053	2479	7023
南京财经大学	208	459	1003
南京体育学院	33	60	139
南京艺术学院	129	201	599
中科院南京天文光学技术研究所	19	18	50
中国科学院紫金山天文台	25	33	101
中科院南京地质古生物研究所	20	18	55
中科院南京地理与湖泊研究所	50	55	157
南京天文仪器研制中心	1	2	5
中国科学院南京土壤研究所	63	89	258
国网南京自动化研究院	22	22	65
南京水利科学研究院	26	44	144
南京电子技术研究所	59	39	139
江苏省植物研究所	17	15	47
中共江苏省委党校	35	37	117

注:本表数据由市教育局提供。

表13—6　主要中等专业（职业）学校基本情况（2009年）

计量单位：人

学　　校	毕业生数	招生数	在校学生数	教职员工数	#专任教师
南京高等职业技术学校	995	921	3447	274	211
江苏省南京工程高等职业学校	5302	1972	12532	296	197
兵工物资南京职业中等专业学校	31	77	88	35	23
江苏省戏剧学校	300	364	1452	291	199
江苏省中医学校	198	321	1328	48	28
江苏省新闻出版学校	545	478	1517	92	46
江苏广播电视学校	0	249	715	74	49
南京市中等专业(走读)学校	942	601	2042	37	20
南京市体育运动学校	74	87	232	100	61
南京市女子中等专业学校	51	48	140	105	63
金陵职业教育中心	694	908	2633	248	212
南京市财经学校	385	559	1978	125	94
南京旅游营养职业教育中心	296	640	1351	131	94
南京市鼓楼中等专业学校	631	680	1955	203	153
浦口区中等专业学校	1168	1702	4766	315	261
南京卫生学校	0	631	1978	159	98
南京中华职业教育中心	193	320	1341	99	78
南京市江宁职业技术教育中心	1310	1461	4272	285	229
江苏省六合职业教育中心校	1125	1141	3549	196	149
江苏省溧水职业教育中心校	1539	1250	4118	215	185
江苏省高淳职业教育中心校	912	1207	3445	321	178
南京艺术学院附属中等艺术学校	64	81	435	70	35
南京幼儿高等师范学校	0	444	1284	117	78
南京市玄武中等专业学校	518	760	2221	180	164
南京市莫愁中等专业学校	561	669	2415	178	165
南京市下关区职业教育中心	312	335	1110	206	170
南京新港职业学校	1210	699	2515	256	223
南京师苯职业技术学校	377	79	427	48	33

注：本表数据由市教育局提供。

表 13—7　技工学校基本情况（2009 年）

计量单位：人

学　校	毕业生数	招生数	在校学生数	教职员工数	#专任教师
总　计	14429	16174	63603	3589	2520
南京市高级技术学校(南京技师学院)	2401	1045	5715	314	228
南京市交通高级技工学校	2155	1254	4857	704	318
南京工程高级技术学校	4	676	4015	300	189
南京铁道车辆技术学校	1060	1526	4593	71	68
南京江宁高级技工学校	1086	723	2919	122	116
南京化工技工学校	860	821	3082	149	130
南京市公用事业技工学校	431	533	1607	109	80
南京市农垦技工学校	1326	1081	4166	126	99
南京市轻纺技工学校	705	377	1561	160	95
南京五洲制冷技工学校	192	277	712	38	27
江苏印刷技工学校	23	59	220	62	62
中国石化金陵石化公司技工学校	278	263	977	91	91
南京机电工业技工学校	916	948	3053	135	97
南京工业技工学校	190	472	9049	307	270
南京市华东电子集团公司技工学校	128	45	428	18	18
江苏省工会职业技术学校	180	134	932	48	17
南京电子信息技工学校	256	212	925	38	31
南京汽车集团有限公司技工学校	278	178	722	38	38
南京金肯技工学校	224	269	1111	114	73
南京市光电技术技工学校	313	585	2054	82	56
南京市望达技工学校	71	46	414	11	11
南京烹饪技工学校	58	527	655	88	52
南京通用技工学校	0	72	222	28	24
南京物流技工学校	0	530	843	44	39
南京领航技术学校	0	2203	5786	149	69
南京南洋技工学校	0	1280	1280	110	92
南京电子技工学校	836	0	966	117	114
南京航空技工学校	41	38	108	16	16
中国长江航运集团南京金陵船厂技工学校	112	0	262		0
南京机电技术学校	174	0	369		0
南京市绿洲机器厂技工学校	114	0	0		0
南京市商业技工学校	17	0	0		0

注：本表数据由市劳动保障局提供。

表13—8 普通中小学和其他学校基本情况（2009年）

计量单位：人

学校	个数（所）	毕业生数	招生数	在校学生数	专任教师
普通中学	217	93143	83346	261053	22292
高中	62	35010	33321	102357	8023
初中	155	58133	50025	158696	14269
职业中学	5	3605	2927	9533	755
技工学校	28	14429	16174	63603	2520
小学	347	49529	45803	283221	19327
特殊教育	13	382	368	2405	436

注：本表数据由市教育局提供。

表13—9 成人教育基本情况（2009年）

计量单位：人

学校	毕业生数	招生数	在校学生数	教职员工数	#专任教师
成人高等教育	59901	58001	169991	2546	1534
职工高等学校	797	358	1053	201	114
管理干部学院	2196	1987	4262	898	631
教育学院	4093	2691	10072	612	344
广播电视大学	1112	3156	7802	835	445
其他	51703	49809	146802	0	0
成人中等专业学校	5984	8360	17517	1924	861

注：成人高等教育是全社会口径，本表数据由市教育局提供。

表 13—10　成人高等学校一览表（2009 年）

计量单位:人

学　　校	毕业生数	招生数	在校学生数	教职员工数	#专任教师
一、广播电视大学	1112	3156	7802	835	445
南京市广播电视大学	365	1073	2491	588	345
江苏广播电视大学	747	2083	5311	247	100
二、教育学院	4093	2691	10072	572	344
江苏教育学院	4093	2691	10072	572	344
三、职工高等学校	797	358	1053	201	114
江苏电力职工大学	247	0	0	91	42
南京市职工大学	386	358	1043	66	40
空军第一职工大学	164	0	10	44	32
四、管理干部学校	2196	1987	4262	898	631
南京人口管理干部学院	673	291	291	449	303
江苏省省级机关管理干部学院	670	533	1576	241	164
江苏省青年管理干部学院	853	1163	2395	208	164

表 13—11　各级各类学校教学设施情况（2009 年）

指　　标	普通高校	普通中专	职业学校	普通中学		普通小学	特殊学校
				高中	初中		
占地面积（平方米）	59613269	1332770	186446	3923610	4884563	5493900	114841
# 运动场地面积	4259994	253824	52276	1077641	1297351	1592808	—
校均面积（平方米）	1124779	51260	37289	63284	31513	15833	8834
教学及辅助用房面积（平方米）	10025373	404100	66549	301497	519571	1395682	32907
# 教室	3834920	180765	32259	143958	265198	936775	21501
实验室	4143531	156483	27242	54915	90261	73392	817
图书室	1169280	39619	4724	21314	32300	60146	834
微机室	—	—	—	17722	25527	58804	815
语音室	—	—	—	4876	5376	6268	6087
生均教室面积（平方米）	5.53	2.78	3.38	1.41	1.67	3.31	8.94
图书资料	—	—	—	—	—	—	—
# 一般图书（万册）	5952.05	158.60	30.43	420.45	441.65	725.45	—
电子图书（GB）	168773.95	5736.27	176.2	54321.2	18117.9	49772.9	—
教学用计算机（台）	249263	12909	3140	27271	21351	39365	—
每百名学生拥有教学用计算机（台）	35.95	19.9	32.9	26.6	13.5	13.9	—
平均每一专任教师负担学生数（人）	14.37	24.20	11.74	12.76	11.12	14.65	5.52

注：本表数据由市教育局提供。

表 13—12 主要年份学校在校学生数

计量单位:万人

年份	普通高等学校	普通中学	小学
1949	0.35	1.82	12.06
1952	0.84	3.68	23.34
1957	2.35	6.98	31.46
1962	3.52	8.92	35.63
1965	2.98	11.29	48.00
1970	2.43	18.26	54.10
1975	1.87	25.23	60.19
1978	2.72	23.14	39.17
1979	3.51	21.8	39.84
1980	4.02	27.41	50.5
1985	6.04	23.86	41.85
1990	7.51	23.01	42.08
1995	10.37	23.57	41.72
1997	12.05	22.04	46.75
1998	13.24	21.80	48.11
1999	16.28	22.29	47.88
2000	21.69	25.38	45.41
2004	49.15	33.93	32.38
2005	56.11	32.26	30.51
2006	62.08	30.56	30.25
2007	67.79	28.53	29.07
2008	72.50	27.27	28.56
2009	77.34	26.11	28.32

注:高等学校在校学生数含普通高等学校、科研院所在学研究生。

主要统计指标解释

科技活动 指在自然科学、农业科学、医药科学、工程与技术科学、人文与社会科学领域（简称科学技术领域）中，与科技知识的产生、发展、传播和应用密切相关的有组织的活动。可分为研究与试验发展（R&D）、研究与试验发展成果应用及相关的科技服务三类活动。

企业办科技机构数 指企业自办、或与外单位合办，管理上同生产系统相对独立、或者单独核算的专门科技活动机构，如企业开办的技术中心、研究院所、开发中心、开发部、实验室、中试车间、试验基地等。企业办科技机构经过资源整合，被国家或省级有关部门认定为国家级或省级技术中心的，可按一个机构填报。企业科技管理职能科室（如科研处、技术科等）一般不统计在内；若科研处、技术科等同时挂有科技机构牌子，视其报告年度内主要工作任务而定，主要任务是从事科技活动的可以统计，否则不统计。本指标不含企业在中国境外设立的科技机构数。

科技活动人员 指直接从事或参与科技活动的人员，包括参加科技项目人员、从事科技活动管理和为科技活动提供直接服务的人员（包括工人）。科技活动人员不包括全年累计从事科技活动时间不足制度工作时间10%的人员，也不包括为科技活动提供间接服务的保卫、医疗保健、司机、食堂人员、茶炉工、水暖工、清洁工等人员。

研究与试验发展人员 指科技活动人员中从事基础研究、应用研究和试验发展三类活动的人员。包括直接参加上述三类项目活动的人员及这三类项目的管理和直接服务人员。上述三类项目的管理和直接服务人员，可按研究与试验发展（R&D）项目人员占全部科技项目人员的比重进行推算。

科技项目 指为系统地解决产品和工艺等方面的科学技术问题而确定的研究开发性工作。科技项目一般应按照企业制订的科技开发计划或签订的项目协议书确定，具体包括企业在报告年度当年立项并开展研制工作、以前年份立项仍继续进行研制的科技项目，以及当年完成和年内研制工作已告失败的科技项目，但不包括委托外单位进行研制的科技项目以及列入当年计划但未实施的项目。

科技活动经费筹集总额 指在报告年度从各种渠道筹集到的计划用于科技活动的经费，包括企业资金、金融机构贷款、政府资金、国外资金、其他资金等。

政府资金 指从各级政府部门获得的计划用于科技活动的经费，包括科学事业费、科技三项费、科研基建费、科学基金、教育等部门事业费中计划用于科技活动的经费以及政府部门预算外资金中计划用于科技活动的经费等。

企业资金 指从自有资金中提取或接受其他企业委托的、科研院所和高校等事业单位接受企业委托获得的，计划用于科研和技术开发的经费。不包括来自政府、金融机构及国外的计划用于科技活动的资金。

科技活动经费支出总额 指在报告年度实际支出的全部科技活动费用，包括列入技术开发的经费支出以及技措技改等资金实际用于科技活动的支出。不包括生产性支出和归还贷款支出。科技活动经费支出总额分为企业内部开展科技活动的经费支出和委托外单位开展科技活动的经费支出。

技术改造经费支出 指企业在报告年度进行技术改造而发生的费用支出。技术改造指企业在坚持科技进步的前提下，将科技成果应用于生产的各个领域（产品、设备、工艺等），用先进技术改造落后技术，用先进工艺代替落后工艺、设备，实现以内涵为主的扩大再生产，从而提高产品质量、促进产品更新换代、节约能源、降低消耗，全面提高综合经济效益。

技术引进经费支出 指在报告年度用于购买国外技术的费用支出，包括产品设计、工艺流程、图纸、配方、专利等技术资料的费用支出，以及购买关键设备、仪器、样机和样件等的费用支出。

消化吸收经费支出 指企业在报告年度对国外引进项目进行消化吸收所支付的经费。包括：人员培训费、测绘费、参加消化吸收人员的工资、工装、工艺开发费、必备的配套设备费、翻版费等。引进技术的消化吸收指对引进技术的掌握、应用、复制而开展的工作，以及在此基础上的创新。通过消化吸收国外技术，达到掌握引进技术，提高自我创新能力的目的。消化吸收经费支出中属于研究与试验发展的经费支出，除包含在本项外，还要计入企业研究与试验发展经费支出中。

购买国内技术经费支出 指企业在报告年度购买国内其他单位科技成果的经费支出。包括购买产品设计、工艺流程、图纸、配方、专利、技术诀窍及关键设备的费用支出。

专利申请数 指在报告年度内向专利行政部门提出专利申请并被受理的件数。

新产品产值 指年度本企业生产的新产品的产值。新产品是指采用新技术原理、新设计构思研制、生产的全新产品，或在结构、材质、工艺等某一方面比原有产品有明显改进，从而显著提高了产品性能或扩大了使用功能的产品。若产品只在外观、颜色、图案、包装上有改变，或仅在技术上有较小的变化，不作为新产品进行统计。本报表中的新产品指标既包括经政府有关部门认定并在有效期内的新产品，也包括企业自行研制开发，未经政府有关部门认定，从投产之日起一年之内的新产品。

新产品销售收入 指年度本企业销售新产品实现的销售收入。

新产品出口收入 指年度本企业将新产品出售给外贸部门和直接出售给外商所实现的销售收入。

年末生产经营用设备原值 指年末拥有的直接服务于企业生产、经营过程的各种机器设备的原价。

微电子控制设备原价 年末拥有的、利用微电子技术（包括电子计算机、集成电路等）对生产过程进行控制、观察测量、测试等生产机器设备的原价。

普通高等学校 指按照国家规定的设置标准和审批程序批准举办，通过国家统一招生考试，招收高中毕业生为主要培养对象，实施高等学历教育的全日制大学、独立设置的学院和高等专科学校、高等职业学校和其他机构。

成人高等学校　指按照国家规定的设置标准和审批程序举办的，通过全国成人高等教育统一招生考试，招收具有高中毕业或同等学历的人员为主要培养对象，利用脱产、业余或函授等多种形式对其实施高等学历教育的学校。包括广播电视大学、职工高等学校、农民高等学校、管理干部学院、教育学院、独立函授学院、其他机构。

初中毕业生升学率　计算初中毕业生升学率所用分子数为高级中学招生数，包括：普通高中招生数、职业高中招生数、技工学校招生数、普通中专招收初中毕业生数、普通中专举办的成人中专招收应届初中毕业生数及成人中专招收应届初中毕业生数，分母是初中毕业生人数。

（十四）文化、卫生和体育

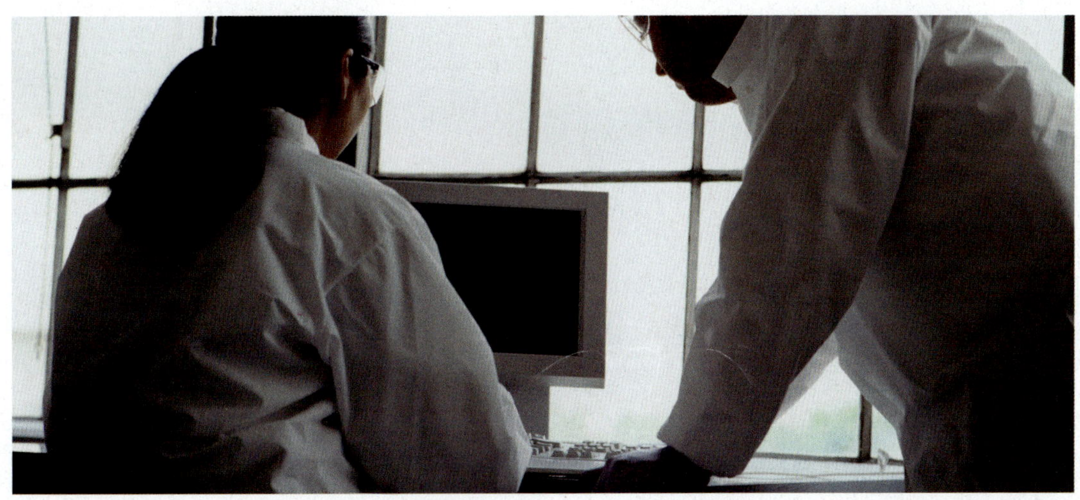

CHAPTER 14
CULTURE, PUBLIC HEALTH AND SPORTS

表 14—1　文化机构从业人员综合情况（2009 年）

指　　标	总　　计		文化部门		其他部门	
	机构数（个）	从业人员数（人）	机构数（个）	从业人员数（人）	机构数（个）	从业人员数（人）
总　　计	1988	20040	265	5102	1723	14938
一、文化及相关产业	1984	20021	261	5083	1723	14938
1. 艺术业	30	1841	25	1786	5	55
2. 图书馆业	18	808	18	808	0	0
3. 群众文化业	128	596	128	596	0	0
4. 艺术教育业	3	315	3	315	0	0
5. 文化市场经营单位	1666	12237	0	0	1666	12237
6. 文艺科研	1	30	1	30	0	0
7. 文物业	61	1623	40	923	21	700
8. 其他文化及相关产业	77	2571	46	625	31	1946
二、非文化及相关产业	4	19	4	19	0	0

注：本表数据由市文化局提供。

表 14—2　群众艺术馆、文化馆（站）（2009 年）

指　　标	合　　计	群　众艺术馆	文化馆	文化站
个数（个）	128	1	15	112
举办展览（场次）	731	8	134	589
组织文化活动次数（次）	3872	30	1043	2799
举办训练班（班次）	2464	475	758	1231
结业人次（人次）	85202	10191	21026	53985
藏书（千册）	1706.6	0	3.3	1703.3

注：本表数据由市文化局提供，不包括部、省在宁单位，文化站包括街道办站。

表 14—3 艺术团体（2009 年）

指 标	剧团数(个)	职工数(人)	国内演出(场次)	#在农村演出	国内观众人次(千人次)
全 市	13	1537	5289	2469	2478
一、按隶属关系分					
省级文化部门	2	1070	4509	2143	1216
市级文化部门	6	420	582	128	741
区县级文化部门	5	47	198	198	521
二、按剧种分					
话剧	1	51	61	0	80
歌舞	1	108	98	0	151
乐团	2	28	107	5	85
戏曲：	7	184	508	321	935
京剧	1	65	192	59	35
扬剧	1	12	63	63	75
锡剧	4	35	135	135	446
越剧	1	72	118	64	379
昆剧					
曲艺	1	103	28	0	28
杂技	1	103	28	0	28
综合性艺术表演团体	1	1063	4487	2143	1216

注：本表数据由市文化局提供。

表 14—4 文化市场经营机构基本情况（2009 年）

指 标	机构数(个)	从业人员(人)	经营活动情况(千元)			其他(千元)	
			营业收入	营业成本	主营业务利润	从业人员劳动报酬	所得税
合 计	1666	12237	1416558	888877	527681	255823	60391
# 演出经纪机构	45	154	63156	52145	11011	4136	1590
娱乐场所	599	5615	472286	264312	207974	105296	38863
网络文化经营机构	5	524	351084	287580	63504	8373	1803
互联网上网服务营业场所(网吧)	1014	5889	524754	278878	245876	137030	17705

注：本表数据由市文化局提供。

表 14—5 公共图书馆综合情况（2009 年）

指　　标	合计	省级	市级	区县级
机构数(个)	18	1	1	16
从业人员(人)	808	536	111	161
总藏量(千册)	12978.98	8901.69	1525.78	2551.52
其中:图书	11668.17	7897.59	1426.57	2344.00
报刊	918.96	691.63	87.30	140.04
视听文献、微缩制品	287.82	247.32	11.73	28.78
其他	104.04	65.14	0.18	38.71
在藏品中:开架书刊	3060.88	950.00	716.30	1394.57
本年新购藏量(千册)	516.63	292.32	92.97	131.34
共用房屋建筑面积(平方米)	144255	77860	31974	34421
其中:书库	21343	10251	3780	7312
阅览室	34664	17797	9395	7472
阅览室座席数(个)	8749	3000	1575	4174
总流通人次(千人次)	4251	1568	525	2158
其中:书刊文献外借人次	2424	904	310	1210
书刊文献外借册次(千册次)	4098	1709	402	1987
累计发放有效借书证数(千个)	396	239	69	88
为读者举办各种活动	—	—	—	—
# 组织各类讲座次数(次)	639	211	154	274
参加人次(千人次)	75	35	13	27
举办展览(次)	159	86	22	51
参观人次(千人次)	304	220	13	71
举办培训班(个)	254	6	74	174
培训人次(千人次)	70	0.4	59	10.6
计算机(台)	1818	951	306	561
其中:电子阅览室终端数	679	225	98	356

注:本表数据由市文化局提供。

表 14—6　博物馆综合情况（2009 年）

指　　标	总计	艺术类	综合性	历史类	自然科技类	其他
机构数(个)	38	5	6	20	5	2
省级	3	1	1	1	0	0
市级	19	2	1	10	5	1
区县级	16	2	4	9	0	1
从业人员(人)	1461	71	511	799	55	25
高级职称	119	5	64	37	13	0
中级职称	208	8	110	75	15	0
文物藏品(件)	742758	10316	535827	160276	35052	1287
# 一级品	1266	0	1223	43	0	0
参观人次(千人次)	13791	859	1430	10476	466	560
未成年人	3754	463	556	2433	247	55
本年收入(千元)	217703	7999	92560	110337	5407	1400
财政拨款	95293	1509	55917	32630	4017	1220
事业收入	64528	244	31703	31311	1270	
门票收入	71990	200	2217	68303	1270	
本年支出(千元)	202942	7999	76532	110025	6986	1400
基本支出	95593	3393	39217	46013	5570	1400
项目支出	96303	1127	37315	56445	1416	
公用建筑面积(平方米)	242523	18298	75953	124162	21560	2550
展览用房	142971	11182	46360	71449	12630	1350
文物库房	23955	740	17493	4512	1210	

注:本表数据由市文化局提供。

表 14—7　文物保护管理机构综合情况（2009 年）

指　　标	机构数（个）	从业人员（人）	文物藏品（件）	#一级藏品	展览（个）	参观人次（千人次）
总　　计	61	1623	1089312	1266	220	13902
# 文物保护管理机构	14	20	176	0	2	110
博物馆	38	1461	742758	1266	216	13791
艺术类	5	71	10316	0	30	859
综合性	6	511	535827	1223	69	1430
历史类	20	799	160276	43	100	10476
自然科技类	5	55	35052	0	10	466
其他	2	25	1287	0	7	560
文物商店	2	107	346378	0	0	0
文物科研、考古机构	1	2	0	0	2	1

注:本表数据由市文化局提供。

表 14—8　举办县级以上运动会情况

指　　标	体育系统	
	2009 年举办次数（次）	2008 年举办次数（次）
举办运动会次数	50	53
综合运动会	0	13
单项比赛	50	40
举办全民健身活动次数	473	501
其中:1000 人以上的活动	20	100

注:本表由市体育局提供。

表 14—9 运动员、教练员、裁判员基本情况（2009 年）

计量单位：人

指标	运动员	专职教练员	裁判员
合计	174	220	4565
国际级（健将）	6	0	33
国家级（运动健将）	34	4	237
一级（高级）	40	46	1558
二级（中级）	29	86	2737
三级（初级）	3	84	—

注：本表由市体育局提供，表中数据运动员为市属、不含省。

表 14—10 社区健身设施建设情况

指标	2009 年	2008 年
建设数（个）	1952	1884
器材数（件）	32440	12414
面积（万平方米）	946880	425000
投资金额（万元）	7600	7044

注：本表由市体育局提供，表中数据均为截止 2009 年末累计完成数；本表数据含新农村体育健身工程建设点。

表 14—11 艺术表演场所综合情况（2009 年）

指　　标	合　计	#剧场、影剧院	#正在活动场所
机构数(个)	13	13	13
省级	3	3	3
市级	7	7	7
区县级	3	3	3
从业人员(人)	217	217	217
座席数(个)	13098	13098	13098
演(映)出场次(场)	2221	2221	2221
其中:艺术演出场次	1020	1020	1020
观众人次(千人次)	923	923	923
其中:艺术演出观众人次	568	568	568
营业收入(千元)	17231	17231	17231
其中:艺术演出分成收入	10341	10341	10341
年末固定资产原值(千元)	293743	293743	293743
建筑面积(平方米)	84687	84687	84687
其中:演(映)业务用房	37081	37081	37081

注:本表数据由市文化局提供。

表14—12　广播、电视播出情况（2009年）

指　　标	节目套数(套)			全年公共节目播出时间(小时)	全年制作节目时间(小时)
	合计	公共节目	付费节目		
广播电台	25	25	0	164007	143020
省级广播电台	11	11	0	82003	80361
市级广播电台	7	7	0	57252	47501
区县级广播电台	7	7	0	24752	15158
电视台	28	24	4	151311	42512
省级电视台	13	9	4	65423	18320
市级电视台	8	8	0	60203	14413
区县级电视台	7	7	0	25685	9779

注:本表数据由市广电局提供。

表14—13　广播、电视覆盖情况（2009年）

指　　标	广播综合覆盖		电视综合覆盖		有线电视节目交易		
	覆盖人口数(万人)	覆盖率(%)	覆盖人口数(万人)	覆盖率(%)	总用户数(万户)	#数字电视(户)	入户率(%)
全　　市	771.31	100	771.31	100	193.49	1226667	94.10
市级覆盖	344.92	100	344.92	100	86.79	821329	105.47
区级覆盖	341.6	100	341.6	100	86.50	350300	89.41
县级覆盖	84.79	100	84.79	100	20.20	55038	72.4

注:本表数据由市广电局提供。

表 14—14 新华书店图书销售数量

计量单位:万册

指 标	2009 年	2008 年
总 计	3234	3020
哲学、社会科学	205	263
文化、教育	406	383
文学、艺术	199	207
自然科学、技术	176	95
少儿读物	159	84
大中专教材	308	304
课本	1125	973
教辅	611	676
其他出版物	7	9
非图书商品	38	26

注:本表由新华书店集团提供。

表 14—15 图书、杂志、报纸出版情况（2009 年）

指 标	图书	杂志	报纸
种数(种)	11296	298	54
# 新出版	8782	0	0
出版期数(期)	—	372	7380
平均期印数(万册/份)	—	388	797
总印数(万册/份)	48594	9128	174258
总印张数(万印张)	289632	—	—

注:本表数据由市新闻出版局提供。

表14—16　医疗卫生事业基本情况

指　　标	2009年	2008年
全市卫生机构数(个)	1764	1770
＃ 医院	165	165
社区卫生服务中心(站)	424	413
疾病控制中心、卫生防疫站	20	20
妇幼保健院(所、站)	14	14
全市实有床位数(张)	29883	27768
＃ 医院	24738	22865
社区卫生服务中心(站)	3275	2974
全市市卫生机构卫生人员数(人)	56100	53780
＃ 卫生技术人员	44577	42337
＃ 执业医师	15618	15094
执业助理医师	975	966
注册护士	17668	16254
药剂人员	2783	2725
检验人员	2919	2828
其他卫生技术人员	4614	4470
＃ 医院卫生人员	38431	36647
社区卫生服务中心卫生人员	7156	7281

注：本表数据由市卫生局提供，下同。

表14—17　各类医院基本情况（2009年）

指　　标	机构数(个)	实有床位数(张)	卫生人员数(人)	＃卫生技术人员	＃执业(助理)医师
全　　市	165	24738	38431	30713	10553
综合医院	111	15858	23520	19077	6552
中医院	12	2481	4342	3605	1301
中西医结合医院	2	663	1195	935	385
专科医院	39	5696	9321	7053	2301
护理院	1	40	53	43	14

表 14—18　医疗机构病床使用情况（2009 年）

指　　标	平均开放床位数（张）	病床周转次数（次）	病床使用率（%）	出院者平均住院日（日）
全　　市	28595	23.8	81	12.0
医院	16361	30.4	102	12.1
综合医院	9154	32.2	102	11.5
中医院	2344	29.9	108	13.2
中西结合医院	663	27.5	89	11.7
专科医院	4201	27.3	101	13.3
社区卫生服务中心(站)	2474	16.8	54	10.2
卫生院	1106	14.8	37	8.8
专科疾病防治院(所、站)	0	0	0	0

注:本表数据由市卫生局提供。

表14—19　主要年份卫生机构、卫生技术人员、医院床位数

年　份	卫生机构(个)	卫生技术人员数(人)	#医生	医院床位数(张)
1949	59			5300
1952	206	3900	1500	1616
1957	512	7300	2900	2961
1962	852	12400	4400	7360
1965	897	11300	4900	7431
1970	846	10500	4000	8996
1975	1132	17300	6900	10812
1978	1320	21300	7800	12231
1979	1424	23000	8200	12361
1980	1418	24000	9100	11989
1985	1486	30127	12556	13969
1990	1610	34476	15726	17407
1995	1501	36376	16384	19019
1997	1301	35957	15840	17599
1998	1285	35705	15543	17521
1999	1318	35773	16078	17789
2000	1269	35270	15239	18140
2004	1513	32857	13931	19104
2005	1612	34000	14292	19344
2006	2085	36935	15169	20100
2007	2241	40897	15705	21031
2008	1770	42337	16060	22865
2009	1764	56100	16593	24738

注:本表数据来源于市卫生局,从2002年起“医生”即“执业医师、执业助理医师”数。

主要统计指标解释

文化事业机构 指从事专业文化工作和为专业文化工作服务的独立建制的单位，不包括这些单位另外举办独立核算的其他机构和各部门的业余文化组织。

执业（助理）医师和注册护士 **指领取医师执业证书和注册护士证书的人员。**

艺术表演团体 指从事戏曲、音乐、舞蹈、杂技等专业艺术表演，有独立帐户的单位，不包括半工半艺、半农半艺和民间职业剧团。

等级运动员人数 指经考核正式批准授予等级运动员称号的人数。运动员等级分为国际级运动健将、运动健将、一级运动员、二级运动员、三级运动员、少年级运动员。

等级裁判员人数 指经考核正式批准授予等级裁判员称号的人数。裁判员等级分为国际裁判、国家级裁判、一级裁判、二级裁判、三级裁判。

卫生机构 指从卫生行政部门取得《医疗机构执业许可证》，或从民政、工商行政、机构编制管理部门取得法人单位登记证书，为社会提供医疗保障、疾病控制、卫生监督服务或从事医学科研和教育等工作的单位。

卫生技术人员 指卫生事业机构支付工资的全部职工中现任职务为卫生技术工作的专业人员，包括执业医师、执业助理医师、注册护士、药剂人员、检验人员和其他卫生技术人员。

有线电视入户率 指能接收到有线广播电视台、有线电视站（系统内和系统外）和共享天线系统播放的有线电视节目的家庭户数与总户数的比例。计算公式：

$$\text{有线电视入户率}=\frac{\text{年末有线电视总用户数}}{\text{年末总户数}}\times 100\%$$

（十五）司法、社会福利与其他社会活动

CHAPTER 15
JUDICATURE, SOCIAL WELFARE AND OTHERS

2010'NANJING STATISTICAL YEARBOOK 2010'NANJING STATISTICAL YEARBOOK 2010'NANJING STATISTICAL YEARBOOK 2010'NANJING STATISTICAL YEARBOOK
2010南京统计年鉴 2010南京统计年鉴 2010南京统计年鉴 2010南京统计年鉴 2010南京统计年鉴 2010南京统计年鉴

表 15—1 律师、公证、基层司法基本情况

指 标	2009 年	2008 年
律师工作		
律师事务所(个)	190	163
取得律师执业资格(人)	1752	1571
担任常年法律顾问(家)	4510	4252
民事诉讼代理(件)	20951	20062
经济诉讼代理(件)	7733	
行政诉讼代理(件)	284	271
非诉讼法律事务(件)	3358	5364
刑事辩护及代理(件)	3362	2309
公证工作		
公证处(个)	16	16
办结公证总数(件)	245084	211003
国内公证	168389	132266
民事公证	67593	37051
经济公证	100796	95215
涉外公证	73815	78737
基层司法工作		
法律服务所(个)	69	70
法律工作人员(人)	307	314
司法所工作人员(人)	805	717
年末人民调解委员会(个)	2468	2352
年末调解人员(人)	17601	13009
调解纠纷总数(件)	34950	29920
法律援助工作		
法律援助机构数(不含律师行)(个)	14	14
得到法律援助机构援助的妇女数(人)	2807	1835
得到法律援助机构援助的未成年人数(人)	488	654
基层法院建立少年法庭数(个)	6	4
# 审理案件数(件)	946	991

注:本表数据由市司法局、市法院提供。

表 15—2　民政事业费支出情况

计量单位：万元

指　　标	2009 年	2008 年
总　　计	158933.8	129092.5
抚恤费	11511	9995.7
安置	64483.3	47765.7
城镇居民最低生活保障费	19738	17294.1
农村及其他城镇社会救济	26206.9	20971.8
社会福利	12161.8	11166.5
民政管理事务	18107.7	16804.1
自然灾害生活救助	189.9	824.2
地方离退休人员经费	1780	1397.1
其他款项用于民政支出	4755.2	2873.3

注：本表数据由市民政局提供。

表 15—3 收养性社会福利单位情况（2009 年）

计量单位:人

指　标	机构数（个）	从业人员（人）	年末床位数（张）	年末在院总人数（人）	＃女性	康复和医疗门诊人次（人次数）
合计	232	3538	23037	16587	5725	405334
社会福利院	13	379	2566	2121	1028	25630
儿童福利院	2	246	544	615	181	4112
社会福利医院	2	498	1172	1005	368	292365
城镇老年福利机构	197	2280	17038	11449	3507	83227
农村老年福利机构	18	135	1717	1397	641	0
其他福利机构	0	0	0	0	0	0

注:本表数据由市民政局提供。

表 15—4 工会组织基本情况

指　　标	2009 年	2008 年
基层工会数(个)	9683	8998
其中、企业合计	7225	6681
其中:内资企业	6359	5621
港澳台商投资企业	265	330
外商投资企业	601	930
事业单位	1305	1185
机关	750	705
个体经济组织	403	227
工会会员数(人)	1704293	1606665
专职工会工作人员(人)	1972	1410
兼职工会工作人员(人)	46972	40903
联合工会涵盖单位数(个)	23009	21309
联合工会会员人数(人)	463374	474406
职代会职工代表人数(人)	142765	91963
其中:女性	55716	32784
建立董事会单位数(个)	1123	1037
职工董事人数(人)	967	895
其中:女性	346	417

注:本表数据由市总工会提供。

主要统计指标解释

民政事业费支出 指报告期内本辖区各项民政事业费实际支出的总数额。包括抚恤事业费、军队移交地方安置的离退休人员费用、社会救济福利事业费、救灾支出以及其它民政事业费。

城镇居民最低生活保障人数 指在报告期末家庭平均收入在当地规定的最低生活保障线以下的城镇居民数。包括“三无”对象、失业人员和在职、下岗、退休人员等。

农村居民最低生活保障人数 指报告期末在建立农村最低生活保障制度的地区，得到当地政府或集体给予最低生活保障的农业人口数。

农村传统救济人数 指未开展最低生活保障制度的农村地区，仍沿用传统救济制度救济贫困人口数。

社会福利企业 指以集中安置有一定劳动能力的残疾人就业为目的（残疾职工占生产人员 10%以上）、带有社会福利性质的特殊企业的总称。

律师 指受聘参加法律顾问处工作，担任法律顾问、刑（民）事代理人、刑事辩护人，办理非诉讼事件、解答法律询问，代写法律事务文书等主要从事律师业务的专职法律工作者和兼职律师。

公证人员 指在国家公证机关依法办理公证事务的司法人员，包括公证员、助理公证员和在公证处工作的其他人员。

办理公证文书 指公证处在一定时期内办结的公证文书件数。公证文书按司法部规定或批准的格式制作，包括国内公证和涉外公证两部分。国内公证分为经济合同公证和民事法律关系公证两大类。

调解人员 指在人民调解委员会担负调解民间一般民事纠纷和轻微违法行为引起纠纷的工作人员，包括调解委员会的委员和调解小组的调解员。

调解民间纠纷 指调解委员会依照法律规定，根据自愿原则，用说服教育的方法调解民间发生的有关民事权利和义务的争执，促成当事双方达到协议和谅解，解决纠纷。包括婚姻家庭纠纷，财产权益纠纷等，不包括法院受理调解的民事案件数。

（十六）
城市建设与环境保护

CHAPTER 16
URBAN CONSTRUCTION AND ENVIRONMENTAL PROTECTION

表 16—1 2000 年以来公共交通和轮渡

指　　标	2000 年	2005 年	2006 年	2007 年	2008 年	2009 年
运营车辆(辆)	3538	5158	5246	5709	5911	6201
# 地铁		84	120	120	120	120
标准运营车辆(标台)	3592	5914	6193	6926	7352	7791
# 地铁		210	300	300	300	300
运营线路网长度(公里)	1061	2656	2575	3080	3194	3141
# 地铁		22	22	22	22	22
公交客运总量(万人次)	134705	96920	100827	106481	112712	125200
# 地铁		357	5798	8016	10379	11535
出租汽车(辆)	8597	9055	9262	9997	10151	10364
运营船数(艘)	21	9	15	15	15	15
轮渡客运总量(万人次)	1797	1344	1329	1411	1334	1290.7

注:本表由市住房和城乡建设委员会提供。

表 16—2 城市煤气、液化石油气、天然气

指　　标	2004 年	2005 年	2006 年	2007 年	2008 年	2009 年
煤气供气总量(万立方米)	994094	1265490	1398020	1612365	1537567	1712275
# 家庭用量	15738	9261.00	2765	500	682	609
用气人口(万人)	92.51	35.99	5.87	4.57	4.30	4.27
液化石油气供气总量(吨)	170267	145509	168276	165489	133368	154397
# 家庭用量	88712	81903	78962	80505	76863	83297.7
用气人口(万人)	302.08	295.86	259.94	273.50	257.90	253.21
天然气供气总量(万立方米)	1061	14173.00	31492	38408	42941	45195
# 家庭用量	477	3886.00	6444	8350	10639	11748
用气人口(万人)	54.09	132.00	165.51	181.68	211.20	231.75

注:本表由市住房和城乡建设委员会提供;2007 年城市建设部分指标口径变化,与往年不可比,下同。

表 16—3　城市设施水平

指　　标	2000 年	2005 年	2006 年	2007 年	2008 年	2009 年
城市人口密度(人/平方公里)	2966	1084	1815*	1933	1546	1596
人均拥有城市维护建设基金(元)	2042	2414	2784	4440	6909	9519.47
人均日生活用水量(升)	493.96	318.06	239.96	234.41	252.04	262.41
用水普及率(%)	100.00	92.06	100.00	100.00	100.00	100.00
每万人拥有公共交通车辆(标台)	14.04	11.52	14.36	14.84	15.38	16.14
气化率(%)	99.59	90.35	100.00	97.56	99.00	99.32
人均拥有道路面积(平方米)	8.54	14.47	17.14	17.12	18.41	18.91
排水管道密度(公里/平方公里)	6.80	6.59	1.38*	1.82	1.47	1.55
污水处理率(%)	63.63	81.21	83.20	83.58	85.96	87.50
人均公共绿地面积(平方米)	8.79	11.96	13.20	12.99	13.2	13.6
建成区绿化覆盖率(%)	40.96	44.94	45.49	45.92	46.12	44.11
生活垃圾粪便无害处理率(%)	85.76	87.46	94.58	96.64	96.93	74.88

注:本表由市住房和城乡建设委员会提供,不含两县数据,下同; * 从 2006 年开始,城市人口密度和排水管道密度计算口径调整,与往年不可比。

表 16—4　城市供水和节约用水

指　　标	2004 年	2005 年	2006 年	2007 年	2008 年	2009 年
综合生产能力(万立方米/日)	576.86	589.80	579.40	726.00	613.00	596.00
供水总量(万立方米)	116275	118875	117604	104760	105130	108735
用水总量(万立方米)*	178506	173769	278500	324593	340401	356317
# 工业用量	164089	158360	236971	183399	241197	219120
生活用量	14417	15409	41529	141194	99204	137197
节约用水量(万立方米)	3986	2513	2803	3280	3780	4230
生产用水重复利用量(万立方米)	108882	107934	178913	141768	198746	178802
用水人口(万人)	430.08	472.62	431.32	466.75	478.16	492.61

注:本表由市住房和城乡建设委员会提供; * 用水总量为新取水量加上重复利用量。

表 16—5　市政工程设施

指　　标	2000 年	2005 年	2006 年	2007 年	2008 年	2009 年
道路长度(公里)	1802	6132	5244	5273	5358	5467
道路面积(万平方米)	2185	7427	7392	7991	8805	9314
路灯盏数(盏)	45914	172280	143555	172314	180033	198457
排水管道长度(公里)	1370	3380	3274	4390	4540	4747
桥梁数(座)	464	1359	1154	1154	1396	1419
污水年排放量(万吨)	121199	120628	67817	75191	77523	76094
污水日处理能力(万吨)	226.77	384.82	431.30	392.30	424.30	426.50
污水年处理量(万吨)	77122	97964	56426	62843	66637	66582
防洪堤长度(公里)	497	1454	1464	1464	1464	1488

注:本表由市住房和城乡建设委员会提供,下表同。

表 16—6　城市园林绿化

指　　标	2000 年	2005 年	2006 年	2007 年	2008 年	2009 年
绿化覆盖面积(公顷)	11118	75226	78918	81279	82279	83198
# 建成区	8250	23037	26156	26517	27307	26384
园林绿地面积(公顷)	10587	71020	74276	75612	76317	75538
公共绿地面积(公顷)	2250.16	6139.99	—	—	—	—
公园绿地面积(公顷)	—	—	5694	6064	6312	6699
公园个数(个)	40	59	59	60	62	62
公园面积(公顷)	1725	2605	2606	2717	2790	2790
游人量(万人次)	1192	806	752*	798	886	772

注:* 从 2006 年开始,游人量按风景名胜区游人量统计,故 2006 年数据与以往年份不可比。

表 16—7 环境经济

指　　标	2000 年	2005 年	2006 年	2007 年	2008 年	2009 年
环境保护投资(亿元)	20.83	72.55	85.00	99.69	113.21	127.18
# 城市环境基础设施建设投资	12.31	63.28	76.58	73.17	74.71	84.10
环境保护投资占地区生产总值比例(%)	2.04	3.00	3.06	3.04	3.00	3.01

注:本表由市环保局提供,下同。

表 16—8 城市环境质量

指　　标	2000 年	2005 年	2006 年	2007 年	2008 年	2009 年
集中式饮用水水源地水质达标率(%)	98.81	100.00	99.53	100.00	100.00	100
地表水功能区水质达标率(%)	86.11	97.20	93.75	100.00	100.00	100
可吸入颗粒物浓度年均值(毫克/立方米)	—	0.109	0.109	0.107	0.098	0.100
二氧化硫浓度年均值(毫克/立方米)	0.029	0.052	0.063	0.058	0.054	0.035
二氧化氮浓度年均值(毫克/立方米)	—	0.054	0.052	0.051	0.053	0.048
环境空气质量良好以上天数(天)	293	304	305	312	322	315
区域互不干涉噪声平均值(dB(A))	54.4	54.0	53.8	54.1	53.6	54.7
交通干线噪声平均值(dB(A))	69.2	69.4	68.3	68.6	69.0	68.5

表 16—9 环境建设与管理

指　　标	2000 年	2005 年	2006 年	2007 年	2008 年	2009 年
自然保护区面积(平方公里)	589.24	665.44	729.32	749.00	758.5	760.40
自然保护区覆盖率(%)	8.93	10.11	11.08	11.34	11.52	11.55
环境噪声达标区面积(平方公里)*	133.84	385.86	452.10	517.48	544.10	551.28
环境噪声达标区域覆盖率(%)	66.45	75.36	78.60	90.00	90.40	92.20
烟尘控制区面积(平方公里)*	273.46	567.43	666.50	709.90	736.50	736.50
城市污水处理厂(座)	3	7	7	7	16	24

注:*指建成区。

表 16—10 工业污染排放与治理

指 标	2000 年	2005 年	2006 年	2007 年	2008 年	2009 年
废水排放量(亿吨)	6.49	4.70	4.32	4.04	3.77	3.63
废水中化学需氧量排放量(万吨)	3.61	3.03	2.84	2.69	2.56	2.25
废水排放达标率(%)	84.24	91.34	93.01	95.06	95.45	95.41
重复用水率(%)	58.2	72.31	80.90	87.10	86.78	87.24
废气排放量(亿标立方米)	2155	3754	3921	4042	4362	4734
二氧化硫排放量(万吨)	13.23	14.91	14.56	13.84	13.76	13.40
烟尘排放量(万吨)	5.15	4.76	4.26	3.71	3.39	3.12
粉尘排放量(万吨)	5.41	5.37	5.27	4.84	4.44	4.17
二氧化硫去除量(万吨)	7.76	31.56	34.50	42.41	42.03	49.47
烟尘去除量(万吨)	137.98	283.78	276.90	257.69	271.79	242.71
粉尘去除量(万吨)	58.11	71.05	84.40	74.62	78.73	77.96
工业固体废物产生量(万吨)	652.24	1159.10	1277.50	1340.10	1384.06	1442.24
# 危险废物	14.49	21.30	23.10	25.30	18.91	18.25
工业固体废物综合利用量(万吨)	530.95	1051.6	1174.50	1259.05	1283.42	1318.72
# 危险废物	13.49	17.37	19.45	19.57	13.84	13.73
工业固体废物综合利用率(%)	79.10	87.43	88.47	91.10	92.40	91.37
工业固体废物处置量(万吨)	23.04	17.88	13.78	16.24	15.31	18.94
# 危险废物	1.00	3.11	3.61	5.67	5.47	5.02
重点污染治理项目数(个)	299	135	117	138	128	101
污染治理项目完成投资额(万元)	32331	20593	52712	58591	64284	77425.9

注:本表由市环保局提供。

表 16—11 城市环境卫生

指 标	2000 年	2005 年	2006 年	2007 年	2008 年	2009 年
全年生活垃圾清运量(万吨)	99.24	169.00	161.50	160.60	163.04	160.46
粪便清运量(万吨)	126.40	193.90	12.24*	10.36	10.38	10.49
环卫机械车辆总数(辆)	579	777	780	974	986	968
公厕数量(座)	937	1559	1315	1060	1098	1145
环卫职工人数(人)	5782	13101	11218	—	—	—

注:本表由市城市管理局提供。*从 2006 年开始,将原有粪便产生量统计改变为实际清运量统计,故 2006 年数据与以往年份不可比。

主要统计指标解释

供水综合生产能力 指按供水设施取水、净化、送水、出厂输水干管等环节实际测定计算的综合生产能力。

供水管道长度 指从送水泵至用户水表之间所有管道的长度。在同一条街道埋设两条或两条以上管道时，应按每条管道的长度计算。

供水总量 指报告期供水企业（单位）供出的全部水量。包括有效供水量和漏损水量。

生活用水量 指居民日常生活与公共福利设施的用水量，包括居民、饮食店、旅馆、医院、理发店、浴池、洗衣店、游泳池、商店、学校、机关、部队等单位的用水量。

城市人口用水普及率 指城市用水人口数与城市人口总数之比。

计算公式为：用水普及率=城市用水人口数/城市人口总数＊100％

燃气综合生产能力 指报告期末燃气生产厂制气、净化、输送等环节的综合生产能力，不包括备用设备能力。一般按设计能力计算，如果实际生产能力大于设计能力时，应按实际测定的生产能力计算。测定时应以制气、净化、输送三个环节中最薄弱的环节为主。

燃气供气管道长度 指报告期末从气源厂压缩机的出口或门站出口至各类用户引入管之间的全部已经通气投入使用的管道长度。不包括煤气生产厂、输配站、液化气储存站、灌瓶站、储配站、气化站、混气站、供应站等长（站）内的管道。按不同的材质、压力级别、管径分别统计。

燃气供应总量 指报告期燃气企业（单位）向用户供应的燃气数量。包括销售量和损失量。

燃气普及率 指报告期末使用燃气的城市人口数与城市人口总数的比率。

计算公式：燃气普及率=用气人口数/城市人口总数＊100％

道路长度 指道路长度和与道路相通的桥梁、隧道的长度，按车行道中心线计算。

排水管道长度 指所有排水总管、干管、支管、检查井及连接井进出口等长度之和。计算时应按单管计算，即在同一条街道上如有两条或两条以上并排的排水管道时，应按每条排水管道的长度相加计算。

城市污水处理能力 指污水处理厂（或处理装置）每昼夜处理污水量的设计能力。

运营车数 指报告期末公交企业（单位）用于运营业务的全部车辆数。以企业（单位）固定资产台帐中已投入运营的车辆数为准；新购、新制和调入 的运营车辆，自投入之日起开始计算；调出、报废和调作他用的运营车辆，自上级主管机关批准之日起不再计入。

园林绿地面积 指报告期末用作园林和绿化的各种绿地面积。包括公共绿地、居住区绿地、单位附属绿地、防护绿地、生产绿地、道路绿地和风景林地面积。不包括：

1. 屋顶绿化、垂直绿化、阳台绿化和室内绿化。

2. 以物质生产为主的林地、耕地、牧草地、果园和竹园等。

3. 城市总体规划中不列入绿地的水域。

公共绿地 指向公众开放的市级、区级、居住区级各类公园、街旁游园，包括其范围内的水域。其中居住区级公园应不小于1万平方米，街旁游园的宽度不小于8米，面积不小于400平方米。

工业废水排放量 指经过企业厂区所有排放口排到企业外部的工业废水量。包括生产废水、外排的直接冷却水、超标排放的矿井地下水和与工业废水混排的厂区生活污水，不包括外排的间接冷却水（清污不分流的间接冷却水应计算在内）。

工业废水排放达标量 指各项指标都达到国家或地方排放标准的外排工业废水量，包括未经处理外排达标和经过处理后外排达标两部分。

工业废水处理量 指报告期内各种水治理设施实际处理的工业废水量，包括处理后外排和处理后回用的工业废水量和虽经处理但未达到国家或地方排放标准的废水量。如车间和厂排放口均有治理设施，并对同一废水分级处理时，不应重复计算工业废水处理量。

工业废气排放量 指企业厂区内燃料燃烧和生产工艺过程中产生的各种排入空气的含有污染物的气体总量，按标准状态〔273 K，101325 Pa〕计算。

工业二氧化硫排放量 指企业在燃料燃烧和生产工艺过程中排入大气的二氧化硫数量。

工业烟尘排放量 指企业厂区内燃料燃烧产生的烟气中夹带的颗粒物数量。

工业粉尘排放量 指企业在生产工艺过程中排放的颗粒物重量，如钢铁企业的耐火材料粉尘、焦化企业的筛焦系统粉尘、烧结机的粉尘、石灰窑的粉尘、建材企业的水泥粉尘等。不包括电厂排入大气的烟尘。

工业固体废物产生量 指企业在生产过程中产生的固体状、半固体状和高浓度液体状废弃物的总量，包括危险废物、冶炼废渣、粉煤灰、炉渣、煤矸石、尾矿、放射性废物和其他废物等；不包括矿山开采的剥离废石和掘进废石（煤矸石和呈酸性或碱性的废石除外）。酸性或碱性废石指采掘的废石其流经水、雨淋水的pH值小于4或pH值大于10．5者。

工业固体废物处置量 指将固体废物焚烧或者最终置于符合环境保护规定要求的场所，并不再回取的工业固体废物量（包括当年处置往年的工业固体废物累计贮存量）。处置方法有填埋（其中危险废物应安全填埋）、焚烧、专业贮存场（库）封场处理、深层灌注、回填矿井等。

工业固体废物排放量 指将所产生的固体废物排到固体废物污染防治设施、场所以外的数量，不包括矿山开采的剥离废石和掘进废石（煤矸石和呈酸性或碱性的废石除外）。

（十七）区县社会经济

CHAPTER 17
SOCIAL ECONOMY BY DISTRICT AND COUNTY

表 17—1 分区、县户籍人口及构成（2009 年末）

计量单位:人

地 区	总人口	按性别分		性别比例（以女性为 100）
		男	女	
全 市	6297730	3191601	3106129	102.75
市 区	5459758	2761116	2698642	102.32
城 区	2442357	1240823	1201534	103.27
玄 武	515253	267076	248177	107.62
白 下	466483	235236	231247	101.73
秦 淮	253275	125412	127863	98.08
建 邺	227200	112454	114746	98.00
鼓 楼	673653	342137	331516	103.20
下 关	306493	158508	147985	107.11
郊 区	3017401	1520293	1497108	101.55
浦 口	548718	275342	273376	100.72
栖 霞	431977	218949	213028	102.78
雨花台	221799	115932	105867	109.51
江 宁	927292	461528	465764	99.09
六 合	887615	448542	439073	102.16
县	837972	430485	407487	105.64
溧 水	413690	211167	202523	104.27
高 淳	424282	219318	204964	107.00

注:本表户籍资料根据市公安局提供的数据编制。

表17—2　分区、县年末户数(2009年末)

计量单位:户

地　区	2009年	比上年增加
全　市	2056372	47545
市　区	1772187	44367
城　区	782207	27374
玄　武	139361	1303
白　下	158474	653
秦　淮	101051	482
建　邺	83504	3421
鼓　楼	186798	1314
下　关	113019	20201
郊　区	989980	16993
浦　口	176204	5291
栖　霞	135519	2812
雨花台	78534	1703
江　宁	312337	6419
六　合	287386	768
县	284185	3178
溧　水	140438	1295
高　淳	143747	1883

注:本表户籍资料根据市公安局提供的数据编制。

表 17—3 分区、县年末常住人口

计量单位:万人

地　　区	2009 年	2008 年	比上年增加
全　　市	771.31	758.89	12.42
市　区	686.52	675.37	11.15
城　区	344.92	339.63	5.29
玄　武	64.33	63.37	0.96
白　下	62.88	61.95	0.93
秦　淮	39.16	38.54	0.62
建　邺	46.06	45.40	0.66
鼓　楼	86.71	85.30	1.41
下　关	45.78	45.07	0.71
郊　区	341.60	335.74	5.86
浦　口	60.94	59.97	0.97
栖　霞	52.54	51.60	0.94
雨花台	36.14	35.49	0.65
江　宁	99.66	97.94	1.72
六　合	92.32	90.74	1.58
县	84.79	83.52	1.27
溧　水	41.72	41.09	0.63
高　淳	43.07	42.43	0.64

注:本表根据全市人口抽样调查数据推算。

表 17—4 分区、县人口出生与死亡（2009 年）

计量单位：人、‰

地区	出生		死亡		自然增长	
	人数	出生率	人数	死亡率	人数	增长率
全市	49327	7.87	35654	5.69	13673	2.18
市区	41146	7.57	29780	5.48	11366	2.09
城区	17491	7.17	12237	5.01	5254	2.16
玄武	3260	6.35	1956	3.81	1304	2.54
白下	3445	7.38	2624	5.62	821	1.76
秦淮	1981	7.84	1814	7.17	167	0.67
建邺	2295	10.32	1260	5.67	1035	4.65
鼓楼	4433	6.51	2593	3.81	1840	2.70
下关	2077	6.81	1990	6.53	87	0.28
郊区	23655	7.90	17543	5.86	6112	2.04
浦口	4475	8.27	3443	6.37	1032	1.90
栖霞	2831	6.57	2119	4.92	712	1.65
雨花台	1931	8.78	1087	4.94	844	3.84
江宁	8011	8.72	5090	5.54	2921	3.18
六合	6407	7.23	5804	6.55	603	0.68
县	8181	9.80	5874	7.03	2307	2.77
溧水	3368	8.17	2581	6.26	787	1.91
高淳	4813	11.38	3293	7.78	1520	3.60

注：本表户籍资料根据市公安局提供的数据编制。

表17—5　分区、县计划生育情况（2009年）

计量单位：人

地　区	出生人数	一　孩	二　孩	三孩及三孩以上	计划内生育
全　市	42087	39124	2886	77	41982
市　区	38009	36074	1872	63	37926
城　区	17430	16868	536	26	17425
玄　武	2665	2581	84	0	2663
白　下	2158	2071	74	13	2158
秦　淮	2393	2250	139	4	2393
建　邺	2961	2919	42	0	2961
鼓　楼	4756	4641	112	3	4753
下　关	2497	2406	85	6	2497
郊　区	20579	19206	1336	37	20501
浦　口	3663	3449	209	5	3659
栖　霞	2425	2362	63	0	2425
雨花台	2006	1940	66	0	2002
江　宁	6837	6318	504	15	6813
六　合	5648	5137	494	17	5602
县	4078	3050	1014	14	4056
溧　水	2001	1543	449	9	1986
高　淳	2077	1507	565	5	2070

注：本表数据由市人口和计划生育委员会提供。

表17—6　分区、县婚姻登记情况（2009年）

地　区	内地居民登记结婚对数（对）	内地居民再婚人数（人）	内地居民准予登记离婚对数（对）
全　市	74178	28320	18316
市　区	67197	25583	16857
城　区	34070	13807	8702
玄　武	9293	2254	1501
白　下	5398	1999	1534
秦　淮	3098	1767	990
建　邺	3115	2409	1024
鼓　楼	9423	3961	1869
下　关	3743	1417	1784
郊　区	33127	11776	8155
浦　口	5939	1806	1519
栖　霞	4342	1666	1169
雨花台	2949	1146	687
江　宁	9947	4314	3063
六　合	9950	2844	1717
县	6981	2737	1459
溧　水	3483	173	756
高　淳	3498	2564	703

注:本表数据由市民政局提供。

表 17—7 分区、县地区生产总值(在地口径)(2009 年)

计量单位:亿元

地 区	地区生产总值	第一产业增加值	第二产业增加值	第三产业增加值
玄武区	329.32	0.10	36.26	292.96
白下区	316.20		41.86	274.34
秦淮区	102.21	0.03	31.23	70.95
建邺区	190.87	0.66	119.42	70.78
鼓楼区	385.99		52.67	333.31
下关区	177.32		36.25	141.07
浦口区	270.43	16.00	143.52	110.91
栖霞区	385.16	4.12	250.65	130.39
雨花台区	162.01	0.49	71.35	90.17
江宁区	553.74	21.44	336.70	195.60
六合区	519.68	22.53	382.07	115.08
溧水县	199.37	14.24	122.60	62.53
高淳县	205.14	16.22	113.10	75.82

表17—8　分区、县地区生产总值（评价口径）（2009年）

计量单位：亿元

地　　区	地区生产总值	第一产业增加值	第二产业增加值	#工业增加值	第三产业增加值
玄武区	237.95	0.10	21.00	9.00	216.85
白下区	250.31		34.76	17.19	215.55
秦淮区	85.89	0.03	31.48	23.23	54.38
建邺区	76.67	0.66	18.43	8.39	57.58
鼓楼区	277.06		26.50	13.10	250.56
下关区	153.65		35.54	27.55	118.11
浦口区	247.56	16.22	138.67	120.31	92.67
栖霞区	366.95	4.12	290.74	266.54	72.10
雨花台区	143.03	0.51	69.85	59.71	72.67
江宁区	496.92	22.26	312.78	264.17	161.88
六合区	334.14	22.53	218.84	194.86	92.77
溧水县	191.08	14.66	123.16	105.12	53.26
高淳县	199.43	21.36	113.10	89.80	64.97

表 17—9 分区、县地区生产总值发展速度（评价口径）（2009 年）

计量单位：%

地　区	地区生产总值	第一产业增加值	第二产业增加值	#工业增加值	第三产业增加值
玄武区	111.9	90.0	103.5	91.6	112.7
白下区	111.8		103.4	97.3	113.1
秦淮区	111.6	82.0	109.5	116.4	113.3
建邺区	113.0	94.2	115.2	116.3	112.5
鼓楼区	111.6		102.7	89.7	112.5
下关区	111.6		114.1	113.1	110.9
浦口区	115.7	104.0	116.8	117.7	116.2
栖霞区	110.9	95.0	108.9	108.5	120.5
雨花台区	114.9	82.1	112.9	112.5	117.5
江宁区	118.0	104.1	117.8	118.7	120.6
六合区	111.6	105.8	111.9	111.6	112.4
溧水县	116.1	104.3	118.4	119.0	114.7
高淳县	117.2	104.5	118.8	117.8	120.5

注：本表发展速度按可比价计算。

表17—10　分区、县私营和个体从业人员（2009年）

计量单位：人

地　　区	私营企业从业人员	个体从业人员
全　　市	1267112	423243
市　区	1095403	387286
玄　武	98226	31505
白　下	96560	41779
秦　淮	51146	26872
建　邺	60618	25444
鼓　楼	100038	29767
下　关	38474	29606
浦　口	67149	36438
栖　霞	73004	28850
雨花台	47679	29787
江　宁	160322	69026
六　合	152236	38212
县	171709	35957
溧　水	80337	19900
高　淳	91372	16057

注：本表数据由市工商局提供。

表 17—11　分区、县地方财政一般预算收入（2009 年）

计量单位:亿元

地　区	2009 年	2009 年为上年%
全　市	434.51	112.4
玄武区	22.42	115.1
白下区	23.53	111.3
秦淮区	8.87	114.1
建邺区	19.09	120.4
鼓楼区	33.24	114.3
下关区	12.69	112.9
浦口区	39.46	110.1
栖霞区	29.21	112.6
雨花台区	16.87	113.0
江宁区	71.60	130.1
六合区	27.66	114.6
溧水县	14.42	143.9
高淳县	10.67	118.3

注：本表数据由市财政局提供。

表 17—12　分区、县城镇居民人均可支配收入（2009 年）

计量单位:元

地　区	2009 年	2009 年为上年%
玄 武 区	27700．22	110．0
白 下 区	26505．32	110．1
秦 淮 区	22831．17	110．0
建 邺 区	22981．95	112．0
鼓 楼 区	28018．78	110．0
下 关 区	24398．32	112．0
浦 口 区	23542．49	110．6
栖 霞 区	23553．07	110．4
雨花台区	23011．94	110．0
江 宁 区	24750．04	111．0
六 合 区	23011．69	110．9
溧 水 县	22015．05	111．7
高 淳 县	23010．31	110．9

表 17—13 农村经济概况（2009 年）

指标	全市	其中		
		浦口	栖霞	雨花台
一、基本情况				
镇数(个)	32	4		
村民委员会数(个)	573	62	35	10
总人口(万人)	629.77	54.87	43.20	22.18
＃乡村人口(万人)	207.04	24.89	6.94	3.27
乡村总户数(万户)	65.11	7.69	2.47	1.26
年末乡村从业人员(万人)	121.01	13.02	4.44	2.17
＃农林牧渔业从业人员(万人)	30.40	2.61	1.67	0.20
工业从业人数(万人)	34.69	4.07	1.39	0.96
二、农业				
1. 生产条件				
有效灌溉面积(千公顷)	188.34	24.03	7.08	1.76
旱涝保收面积(千公顷)	136.74	18.77	5.52	1.76
受灾面积(千公顷)	3.79	0.05	0.06	
绝收面积(千公顷)	0.23	0.02	0.04	
农业机械总动力(万千瓦)	202.77	22.13	5.15	2.45
＃排灌机械动力(万千瓦)	66.60	6.75	2.15	1.29
机耕地面积(千公顷)	238.94	21.62	6.83	0.67
化肥施用量(折纯量)(吨)	94302	4670	5631	2281
农药使用量(吨)	2612	43	284	77
地膜使用量(吨)	2130	260	268	28
农村用电量(万千瓦小时)	263579	23853	8151	18100

注：本表受灾面积和绝收面积数据来源于市民政局。

表 17—13　续表 1

指　　标	江　宁	六　合	溧　水	高　淳
一、基本情况				
镇数(个)		12	8	8
村民委员会数(个)	77	133	91	134
总人口(万人)	92.73	88.76	41.37	42.43
#乡村人口(万人)	50.96	52.14	30.90	35.49
乡村总户数(万户)	16.22	15.01	10.25	11.21
年末乡村从业人员(万人)	30.70	29.64	17.48	22.35
#农林牧渔业从业人员(万人)	7.11	7.92	4.46	6.03
工业从业人数(万人)	10.95	7.09	4.83	5.13
二、农业				
1. 生产条件				
有效灌溉面积(千公顷)	48.80	44.70	28.97	28.90
旱涝保收面积(千公顷)	40.12	28.20	11.24	27.03
受灾面积(千公顷)		0.02	3.51	
绝收面积(千公顷)		0.004	0.16	
农业机械总动力(万千瓦)	46.20	49.87	27.72	49.25
#排灌机械动力(万千瓦)	21.07	7.42	16.96	10.96
机耕地面积(千公顷)	50.53	61.42	51.00	46.87
化肥施用量(折纯量)(吨)	13140	31366	11524	24862
农药使用量(吨)	707	416	548	483
地膜使用量(吨)	517	371	312	228
农村用电量(万千瓦小时)	84042	39902	51637	26876

表 17—13 续表 2

指 标	全 市	其 中		
		浦 口	栖 霞	雨花台
2. 农作物总播种面积(千公顷)	341.88	40.94	13.78	1.03
粮食	160.9	16.75	5.98	0.3
稻谷	98.16	9.68	2.16	0.21
小麦	42.66	4.5	2.62	0.08
玉米	8.49	0.8	0.82	—
大豆	4.98	0.9	0.32	—
油菜籽	52.49	5.24	0.58	0.11
棉花	2.90	0.24	—	—
苎麻	1.00	—	—	—
糖料	0.23	0.01	—	—
蔬菜	92.38	13.94	6.78	0.62
3. 农林牧渔业产品产量(吨)				
粮食	1106909	111351	36185	1890
稻谷	795441	77366	17552	1591
小麦	205223	21340	12418	272
玉米	57167	4953	5165	—
大豆	13524	2524	776	—
油菜籽	125235	12755	1367	215
棉花	4016	342	—	—
苎麻	2378	—	—	—
糖料	10453	460	—	—
烤烟				
茶叶	2084	190		29
园林水果	107016	21675	419	738
猪牛羊肉总产量	78160	16467	1874	1708
#猪肉产量	72328	15761	1854	1701
牛奶产量	86526	15577	5297	960
水产品产量	202652	39764	4494	1002
全年造林面积(公顷)	5869	560	410	152

表 17—13　续表 3

指　标	江　宁	六　合	溧　水	高　淳
2. 农作物总播种面积(千公顷)	69.83	100.3	60.57	53.76
粮食	31.31	48.37	32.95	25.24
稻谷	22.02	26.18	20.42	17.49
小麦	5.51	14.32	9.48	6.15
玉米	0.78	4.93	0.65	0.51
大豆	1.24	1.16	0.82	0.54
油菜籽	11.96	13.3	10.3	11
棉花	1.26	0.57	0.54	0.29
苎麻	0.16	0.07	0.77	—
糖料	0.1	—	0.11	0.01
蔬菜	18.15	31.85	11.98	7.39
3. 农林牧渔业产品产量(吨)				
粮食	230165	318670	223521	185127
稻谷	188020	199828	163869	147215
小麦	24602	69971	46508	30112
玉米	4730	35407	3666	3246
大豆	3263	31146	2027	1788
油菜籽	26144	31885	23928	28941
棉花	1637	808	789	440
苎麻	492	180	1706	—
糖料	4600	—	5003	390
烤烟				
茶叶	542	58	591	667
园林水果	29534	5260	36652	6124
猪牛羊肉总产量	10291	24334	11496	9589
＃猪肉产量	9782	22104	9658	9067
牛奶产量	47610	8655	274	—
水产品产量	50623	38911	26662	40172
全年造林面积(公顷)	1299	1069	1046	1334

表 17—13　续表 4

指　　标	全　市	其　　中		
		浦　口	栖　霞	雨花台
4. 农林牧渔及服务业总产值(现价)(万元)	2236617	319246	84065	10480
农业	1228116	171803	67427	4884
林业	30453	5560	712	
牧业	387016	74878	6826	3899
渔业	477113	55249	6378	1569
农林牧渔服务业	113919	11756	2722	128
农林牧渔及服务业增加值(现价)(万元)	1291836	162185	44761	5057
三、农民人均收入和支出情况				
(一) 农民人均纯收入(元)	9858	9902	11362	11480
1. 工资性收入	6141	5803	8668	8624
2. 家庭经营收入	3061	3258	1868	965
3. 财产性收入	285	366	497	1217
4. 转移性收入	371	475	329	674
(二) 农民人均支出(元)	10091	10336	10768	9164
#生活消费支出	7588	8002	8650	8162
家庭经营支出	1312	1484	1076	546
税费支出	54	31	4	10
购置生产性固定资产	202	1	0	0
财产性支出	29	6	1	0
转移性支出	906	812	1037	446

表 17—13　续表 5

指　　标	江　宁	六　合	溧　水	高　淳
4. 农林牧渔及服务业总产值(现价)(万元)	444648	431220	291261	354721
农业	257876	266400	171857	141774
林业	3486	8870	2750	3693
牧业	71000	82400	50571	47280
渔业	100420	62300	45083	156248
农林牧渔服务业	11866	11250	21000	5726
农林牧渔及服务业增加值(现价)(万元)	222612	232827	146562	164260
三、农民人均收入和支出情况				
(一) 农民人均纯收入(元)	10008	9545	9547	9881
1. 工资性收入	6628	6505	5156	4907
2. 家庭经营收入	2541	2701	3841	4308
3. 财产性收入	484	125	133	255
4. 转移性收入	355	214	417	411
(二) 农民人均支出(元)	9629	9352	10201	11539
#生活消费支出	7711	7297	7477	7370
家庭经营支出	560	793	1687	2840
税费支出	133	2	45	56
购置生产性固定资产	31	188	335	555
财产性支出	0	56	0	80
转移性支出	1194	1016	657	638

表17—14 分区、县规模以上工业产销情况（2009年）

地　区	企业单位数（个）	工业总产值（千元）	工业销售产值（千元）	工业产销率（%）
全　市	3520	679976523	666866705	98.1
玄武区	55	4158908	4124456	99.2
白下区	43	6627791	6476231	97.7
秦淮区	72	9105783	8871211	97.4
建邺区	40	3324055	3361219	101.1
鼓楼区	49	4706456	4576170	97.2
下关区	50	11316507	11474969	101.4
浦口区	470	51872034	51748081	99.8
栖霞区	410	129984464	126042419	97.0
雨花台区	245	23586349	22695499	96.2
江宁区	896	94485079	92394016	97.8
六合区	450	78004661	76046384	97.5
溧水县	470	36464075	35466201	97.3
高淳县	254	29690709	29115809	98.1

表17—15　分区、县规模以上工业企业主要经济指标(2009年)

计量单位:千元

地　　区	企业单位数(个)	#亏损企业	工业总产值
全　　市	3520	528	679976523
玄武区	55	10	4158908
白下区	43	10	6627791
秦淮区	72	12	9105783
建邺区	40	12	3324055
鼓楼区	49	7	4706456
下关区	50	10	11316507
浦口区	470	46	51872034
栖霞区	410	92	129984464
雨花台区	245	60	23586349
江宁区	896	168	94485079
六合区	450	74	78004661
溧水县	470	15	36464075
高淳县	254	8	29690709

表17—15　续表1

地　　区	资产总计	流动资产	固定资产原价	累计折旧	负　债	流动负债
全　　市	581866800	293303051	310652267	119807884	339465650	285379418
玄武区	5199657	1970687	3008986	741073	2649623	1953905
白下区	10346663	5972847	4182204	1545994	5244537	4539024
秦淮区	12753658	7719259	4331643	1321365	8259259	7629343
建邺区	6355233	3053557	696896	286231	4303223	4210886
鼓楼区	7489334	5003520	1923004	775592	4685013	4184528
下关区	17386017	10908159	4456991	1989225	14103759	10988567
浦口区	41690407	26408961	15720370	5454602	24653594	22297777
栖霞区	82602264	43981011	40738781	16110292	51008521	40411917
雨花台区	20610537	11280555	11682586	4702623	13257273	10559825
江宁区	93413108	55024503	39894428	11993122	55824442	49065426
六合区	78285643	25610069	54219791	15027116	47382416	33502764
溧水县	20480460	10407210	10557881	3302838	11564817	10654528
高淳县	15387510	8217452	5031890	1501641	9152734	7902152

表 17—15　续表 2

地　　区	主营业务收入	主营业务税金及附加	利税总额	盈亏相抵后利润总额	从业人员平均人数（人）
全　　市	673098777	19485390	73889151	35417881	733882
玄 武 区	4709972	12408	583008	458497	7167
白 下 区	6768283	32441	479485	308184	12274
秦 淮 区	9326293	21266	666832	450220	15490
建 邺 区	3374360	5231	537367	359604	5737
鼓 楼 区	4832446	26595	633065	335697	10955
下 关 区	10873989	18347	1322986	1087340	11162
浦 口 区	52073924	193920	6360252	4138988	74801
栖 霞 区	123888379	131577	5770416	4066202	105734
雨花台区	22458084	117455	1779145	820891	42339
江 宁 区	90332075	670092	8874944	5727408	166277
六 合 区	78465839	260283	6990304	4673156	95076
溧 水 县	34918927	187519	3781003	2161136	57093
高 淳 县	29558326	99288	2750295	1800570	53949

表 17—16 分区、县全社会固定资产投资（2009 年）

计量单位:亿元

地 区	全社会固定资产投资	#工业投资	#房地产开发投资
全 市	2668.03	1300.40	595.68
玄武区	80.76	3.62	45.15
白下区	85.12	2.83	59.79
秦淮区	60.62	5.84	25.30
建邺区	135.28	2.62	90.72
鼓楼区	75.18	1.01	44.87
下关区	67.91	1.04	29.03
浦口区	290.98	149.73	61.15
栖霞区	240.42	127.38	81.09
雨花台区	185.02	63.08	45.30
江宁区	520.05	315.31	76.46
六合区	350.01	260.18	21.03
溧水县	165.02	140.10	9.64
高淳县	143.11	101.28	6.15

表 17—17　分区、县社会消费品零售总额（2009 年）

计量单位:亿元

地　　区	2009 年	2009 年为上年%
全　市	1961.58	118.8
玄武区	261.45	117.1
白下区	365.22	116.2
秦淮区	133.26	121.0
建邺区	76.97	119.8
鼓楼区	294.08	116.5
下关区	122.61	117.6
浦口区	89.27	120.3
栖霞区	90.22	121.6
雨花台区	100.38	124.5
江宁区	167.1	122.2
六合区	134.43	120.6
溧水县	58.87	119.6
高淳县	67.72	119.5

表 17—18 分区、县出口总额（按经营单位口径）（2009 年）

计量单位:万美元

地　　区	2009 年	2009 年为上年%
全　　市	1845858	78.2
玄 武 区	23197	80.3
白 下 区	79385	79.3
秦 淮 区	15923	92.4
建 邺 区	7384	85.4
鼓 楼 区	30099	87.9
下 关 区	5022	85.6
浦 口 区	84052	68.1
栖 霞 区	327591	79.4
雨花台区	14761	121.2
江 宁 区	240800	80.3
六 合 区	34715	69.9
溧 水 县	22410	58.1
高 淳 县	16549	97.3

注:本表数据由市商务局提供。

表 17—19　分区、县新批三资企业数（2009 年）

计量单位:个

地　　区	2009 年	2009 年为上年%
全　　市	333	124.3
玄 武 区	16	123.1
白 下 区	25	104.2
秦 淮 区	8	80.0
建 邺 区	11	100.0
鼓 楼 区	21	105.0
下 关 区	9	112.5
浦 口 区	56	622.2
栖 霞 区	22	244.4
雨花台区	12	109.1
江 宁 区	79	121.5
六 合 区	33	132.0
溧 水 县	24	184.6
高 淳 县	16	80.0

注:本表数据由市投促委提供。

表17—20　分区、县实际使用外资（2009年）

计量单位:万美元

地　区	2009年	2009年为上年%
全　市	239199	100.8
玄武区	7005	98.3
白下区	7338	72.3
秦淮区	8706	99.3
建邺区	16574	76.1
鼓楼区	22847	123.8
下关区	6928	101.8
浦口区	26288	139.7
栖霞区	36136	105.4
雨花台区	7559	76.1
江宁区	60055	99.2
六合区	31365	93.2
溧水县	8022	106.7
高淳县	2087	126.6

注:本表数据由市投促委提供。

表 17—21　分区、县对外承包劳务实际完成营业额（2009 年）

计量单位：万美元

地　区	2009 年	2009 年为上年%
玄 武 区	50	—
白 下 区	6206	80.5
秦 淮 区	0	—
建 邺 区	50	98.0
鼓 楼 区	10116	99.9
下 关 区	1000	92
浦 口 区	4625	156.6
栖 霞 区	12715	100.9
雨花台区	1600	275.4
江 宁 区	74970	116.6
六 合 区	4002	133.4
溧 水 县	300	535.7
高 淳 县	50	—

注：本表数据由市商务局提供。

表 17—22　中小学、幼儿园分区、县学校数（2009 年）

计量单位:所

地　　区	普通中学		小　学	幼儿园
	完中及高中	初　中		
全　　市	62	142	347	444
市　区	55	117	290	402
城　区	29	36	137	196
玄　武	7	5	23	37
白　下	6	7	27	39
秦　淮	3	3	19	22
建　邺	2	8	13	25
鼓　楼	8	7	35	43
下　关	3	6	20	30
郊　区	26	81	153	206
浦　口	4	19	34	31
栖　霞	4	11	26	47
雨花台	3	3	12	25
江　宁	10	23	30	57
六　合	5	25	51	46
县	7	25	57	42
溧　水	3	15	26	22
高　淳	4	10	31	20

注:本表数据由市教育局提供。

表 17—23　中小学、幼儿园分区、县在校学生数（2009 年）

计量单位:人

地　区	普通中学		小　学	幼儿园
	完中及高中	初　中		
全　市	102357	158696	283221	139603
市　区	85036	133955	246628	121817
城　区	42315	53874	108320	52767
玄　武	9822	12339	19626	9742
白　下	9173	8998	19433	9597
秦　淮	3912	4491	11872	5476
建　邺	2695	8323	12579	6825
鼓　楼	12959	13657	29748	14390
下　关	3754	6066	15062	6737
郊　区	42721	80081	138308	69050
浦　口	5952	15239	25795	10084
栖　霞	3686	9206	19268	10126
雨花台	3534	6089	11451	8172
江　宁	16066	25765	43580	23592
六　合	13483	23782	38214	17076
县	17321	24741	36593	17786
溧　水	9466	12061	18333	9267
高　淳	7855	12680	18260	8519

注:本表数据由市教育局提供,其中浦口区、六合区数据含小学附设幼儿班。

表 17—24　中小学、幼儿园分区、县专任教师数（2009 年）

计量单位：人

地　　区	普通中学	小　学	幼儿园
全　　市	22292	19327	8374
市　区	19183	16609	7520
城　区	8548	7367	3597
玄　武	1745	1290	697
白　下	1656	1344	740
秦　淮	938	838	370
建　邺	1020	879	377
鼓　楼	2270	1939	981
下　关	919	1077	432
郊　区	10635	9242	3923
浦　口	1981	1853	651
栖　霞	1414	1402	657
雨花台	770	673	570
江　宁	3554	2820	1360
六　合	2916	2494	685
县	3109	2718	854
溧　水	1640	1267	442
高　淳	1469	1451	412

注：本表数据由市教育局提供。

表 17—25　分区、县公共文化设施数(2009 年)

计量单位:个

地　区	图书馆	艺术表演场所	群艺馆	文化馆	文化站	博物馆
全　市	18	13	1	15	112	38
玄武区	4	4	1	2	8	12
白下区	1	3	0	1	7	3
秦淮区	1	1	0	1	5	3
建邺区	1	0	0	1	7	2
鼓楼区	1	2	0	1	7	2
下关区	1	0	0	1	6	2
浦口区	1	0	0	1	11	1
栖霞区	1	0	0	1	10	1
雨花台区	1	0	0	1	7	4
江宁区	1	1	0	1	9	3
六合区	2	1	0	2	19	3
溧水县	2	1	0	1	8	1
高淳县	1		0	1	8	1

注:本表数据由市文化局提供。

表 17—26 分区、县卫生机构情况（2009 年）

计量单位:个

地 区	机构数	其 中			
		医 院	疾病预防控制中心（防疫站）	社区卫生服务中心、卫生院	妇幼保健所（站）
总 计	1764	165	20	424	14
玄武区	160	15	2	17	1
白下区	195	22	1	17	1
秦淮区	75	11	1	11	1
建邺区	77	3	1	16	1
鼓楼区	218	29	4	15	2
下关区	116	7	2	13	1
浦口区	129	11	1	42	1
栖霞区	147	16	1	13	1
雨花区	68	5	2	20	1
江宁区	336	20	1	228	1
六合区	140	7	2	21	1
溧水县	43	5	1	2	1
高淳县	60	14	1	9	1

注:本表数据由市卫生局提供。

表 17—27　分区、县卫生机构床位和人员情况（2009 年）

地　　区	床位数（张）	卫生人员（人）	执业医师和助理医师（人）	注册护士（人）
总　计	29883	56100	16593	17668
玄武区	2456	5204	1543	1431
白下区	2504	5795	1736	1879
秦淮区	2348	4274	1280	1391
建邺区	926	2278	662	680
鼓楼区	8932	16902	4556	5797
下关区	1503	2690	857	922
浦口区	1474	2400	771	648
栖霞区	1503	2782	973	857
雨花区	771	1410	502	372
江宁区	2595	5018	1544	1446
六合区	2517	3896	1172	1292
溧水县	1035	1502	476	443
高淳县	1319	1949	521	510

注：本表数据由市卫生局提供。

表 17—28　分区、县参加农村合作医疗情况

计量单位:万人

地　区	参加农村合作医疗的人数	
	2009 年	2008 年
全　市	194.89	200.16
玄武区	—	—
白下区	—	—
秦淮区	—	—
建邺区	1.17	1.75
鼓楼区	—	—
下关区	—	—
浦口区	21.11	21.33
栖霞区	10.83	10.79
雨花区	3.17	3.01
江宁区	48.99	52.00
六合区	50.10	50.87
溧水县	27.78	29.49
高淳县	31.74	30.92

注:本表数据由市卫生局提供。

表 17—29　分区、县社会福利单位、床位和社区服务设施基本情况（2009 年）

地　区	社会福利收养性单位数（个）	社会福利收养性单位床位数（张）	社区服务设施数（个）
全　市	232	23037	2113
市本级	4	2628	0
玄武区	18	1705	177
白下区	22	1509	66
秦淮区	20	1295	214
建邺区	15	975	81
鼓楼区	20	1590	119
下关区	21	1343	79
浦口区	14	1055	78
栖霞区	22	1377	348
雨花区	15	907	301
江宁区	21	2571	131
六合区	19	2413	419
溧水县	10	1174	80
高淳县	11	2495	20

注:本表数据由市民政局提供。

（十八）附录

CHAPTER 18 APPENDIX

表 18—1　2009 年度（第九届）镇及涉农街道综合实力“二十强”排名

序　号	单位名称
01	江宁区东山街道
02	浦口区泰山街道
03	浦口区江浦街道
04	雨花台区宁南街道
05	溧水县永阳镇
06	江宁区汤山街道
07	浦口区沿江街道
08	江宁区秣陵街道
09	江宁区禄口街道
10	六合区雄州街道
11	雨花台区板桥街道
12	高淳县淳溪镇
13	雨花台区铁心桥街道
14	栖霞区迈皋桥街道
15	雨花台区西善桥街道
16	栖霞区燕子矶街道
17	六合区葛塘街道
18	浦口区桥林街道
19	栖霞区栖霞街道
20	江宁区谷里街道

表18—2　2009年度（第十五届）综合实力百强村

序　号	单位名称	序　号	单位名称
001	高淳县古柏镇武家嘴村	026	江宁区汤山街道古泉村
002	江宁区东山街道章村村	027	高淳县阳江镇东湖村
003	高淳县古柏镇江张村	028	江宁区汤山街道孟墓村
004	江宁区汤山街道锁石村	029	江宁区东山街道上坊村
005	高淳县淳溪镇西舍村	030	溧水县永阳镇戴家村
006	浦口区泰山街道桥北村	031	浦口区江浦街道团结村
007	浦口区沿江街道冯墙村	032	浦口区盘城街道江北村
008	江宁区汤山街道上峰村	033	栖霞区栖霞街道新合村
009	江宁区东山街道中前村	034	溧水县永阳镇工农兵村
010	栖霞区迈皋桥街道奋斗村	035	高淳县桠溪镇桠溪村
011	江宁区禄口街道彭福村	036	江宁区东山街道泥塘村
012	雨花台区西善桥街道油坊村	037	雨花台区西善桥街道梅山村
013	江宁区汤山街道麒麟铺村	038	浦口区泰山街道柳州村
014	江宁区东山街道泉水村	039	雨花台区西善桥街道古遗井村
015	溧水县永阳镇城郊村	040	栖霞区栖霞街道石埠桥村
016	江宁区汤山街道麒麟门村	041	栖霞区迈皋桥街道兴卫村
017	高淳县淳溪镇宝塔村	042	浦口区盘城街道盘城村
018	浦口区泰山街道锦城村	043	江宁区汤山街道晨光村
019	雨花台区西善桥街道西善桥村	044	栖霞区迈皋桥街道合班村
020	六合区雄州街道桥西村	045	浦口区沿江街道京新村
021	栖霞区迈皋桥街道万寿村	046	雨花台区板桥街道新建村
022	溧水县和风镇张家村	047	高淳县淳溪镇八字角村
023	雨花台区铁心桥街道尹西村	048	高淳县桠溪镇桥李村
024	雨花台区铁心桥街道铁心村	049	江宁区汤山街道东流村
025	六合区葛塘街道中山村	050	高淳县淳溪镇戴村

表18—2 续表

序号	单位名称	序号	单位名称
051	浦口区沿江街道新化村	076	浦口区桥林街道滨江村
052	浦口区盘城街道老幼岗村	077	江宁区湖熟街道和进村
053	高淳县淳溪镇甘村	078	江宁区淳化街道青山村
054	六合区横梁镇石庙村	079	江宁区汤山街道汤山村
055	浦口区泰山街道大桥村	080	溧水县洪蓝镇西旺村
056	浦口区江浦街道光明村	081	江宁区禄口街道石埝村
057	六合区葛塘街道工农村	082	江宁区秣陵街道杨村村
058	浦口区沿江街道复兴村	083	江宁区禄口街道马铺村
059	江宁区秣陵街道牛首村	084	溧水县晶桥镇芝山村
060	江宁区东山街道永安村	085	浦口区顶山街道吉庆村
061	浦口区顶山街道石佛村	086	浦口区泰山街道天景村
062	江宁区湖熟街道新跃村	087	雨花台区板桥新城大方村
063	溧水县白马镇石头寨村	088	溧水县石湫镇明觉村
064	高淳县淳溪镇王村	089	雨花台区板桥街道三山村
065	江宁区湖熟街道湖熟村	090	雨花台区板桥街道永安村
066	雨花台区板桥街道孙家村	091	浦口区永宁镇侯冲村
067	江宁区淳化街道青龙村	092	浦口区江浦街道五里村
068	六合区雄州街道钱仓村	093	雨花台区板桥新城柿子树村
069	雨花台区铁心桥街道高家库村	094	溧水县东屏镇方边村
070	溧水县洪蓝镇付家边村	095	浦口区桥林街道西山村
071	江宁区秣陵街道长山村	096	溧水县石湫镇光明村
072	江宁区东山街道建南村	097	雨花台区板桥新城古雄村
073	江宁区秣陵街道殷巷村	098	江宁区横溪街道甘泉湖村
074	江宁区东山街道高桥村	099	浦口区江浦街道白马村
075	浦口区盘城街道永丰村	100	溧水县和风镇沙塘庵村

表 18—3　2009 年工业企业 100 强

企业名称	主要产品	地　址
中国石化股份有限公司金陵分公司	原油加工	栖霞区甘家巷 388 号
中国石化扬子石油化工有限公司	有机化工原料	浦口区高科一路
南京钢铁集团有限公司	钢铁冶炼	六合区卸甲甸南钢二村
乐金显示(南京)有限公司	液晶显示模组	南京经济技术开发区 LG 产业园 LG 路 1 号
南京爱立信熊猫通信有限公司	通信设备	江宁区池田路 32 号
扬子石化-巴斯夫有限责任公司	有机化学原料	南京市六合区新华东路 8 号
江苏中烟工业有限责任公司南京卷烟厂	卷烟	建邺区梦都路 30 号
上海梅山钢铁股份有限公司	热轧板卷	雨花台中华门外
南京华新有色金属有限公司	有色金属	南京经济技术开发区恒业路 1 号
南京汽车集团有限公司	汽车	浦口区浦泗路 18 号
南京 LG 新港显示有限公司	显示器	南京经济技术开发区尧新大道 346 号
南京夏普电子有限公司	液晶电视	南京经济技术开发区尧新路 318 号
红太阳集团有限公司	化学农药	高淳县淳溪镇宝塔路 269 号
中国长江航运集团金陵船厂	船舶	下关区燕江路 55 号
上海大众汽车有限公司南京分公司	汽车	江宁开发区胜太西路 66 号
长安福特马自达汽车有限公司南京公司	汽车	江宁区苏源大道
中国石化集团南京化学工业有限公司	苯胺	六合区葛关路 189 号
中石化资产经营管理有限公司金陵石化分公司	烷基苯	栖霞区甘家巷
南车南京浦镇车辆有限公司	铁路客车	浦口区高新区
乐金化学(南京)信息电子材料有限公司	偏光板	南京经济技术开发区恒谊路 17 号
瀚斯宝丽显示科技(南京)有限公司	液晶显示面板	南京经济技术开发区恒通大道 18 号
南京高速齿轮制造有限公司	风电齿轮箱	江宁区江宁开发区
南京晨光集团有限责任公司	改装汽车	秦淮区 1 号
南京长安汽车有限公司	微型汽车	溧水县毓秀路
东华汽车实业有限公司	汽车零部件	鼓楼区芦席营 68 号
国睿集团有限公司	电子设备	建邺区奥体大街 69 号
塞拉尼斯(南京)化工有限公司	冰醋酸	六合区南京化学工业园区 B07－01 地块
熊猫电子集团有限公司	无线电通信	玄武区中山东路 301 号
塞拉尼斯(南京)多元化有限公司	长玻纤增强热塑性塑料	六合化工园区方水路 168－003
南京瀚宇彩欣科技有限责任公司	液晶显示面	栖霞区南京经济技术开发区恒飞路 18 号
金城集团有限公司	航空产品	白下区中山东路 518 号
南京医药产业(集团)有限责任公司	中成药	玄武区唱经楼西街 65 号
江苏雨花集团有限公司	钢材	雨花台区油坊村 166 号

表 18—3 续表 1

企业名称	主要产品	地 址
喜星电子(南京)有限公司	背光模组	栖霞区南京经济技术开发区兴友路 30 号
南京汽轮电机(集团)有限责任公司	汽轮机	下关区中央北路 80 号
华宝通讯(南京)有限公司	手机	江宁开发区苏源大道 68-2 号
南京乐金熊猫电器有限公司	全自动洗衣机	白下区海福巷 118 号
中石化资产经营管理有限公司扬子石化分公司	发电	六合沿江工业开发区新华路 777 号
南京南瑞集团公司	电力控制系统	浦口区高新区 D11 栋
南京锦湖轮胎有限公司	汽车外胎	栖霞区和燕路 418 号
南京雨润食品有限公司	肉制品	建邺区雨润路 17 号
南京大吉铁塔制造有限公司	输变电铁塔	浦口区三泉社区
惠生(南京)化工有限公司	一氧化碳	南京化工园园区西路 168 号
邦基(南京)粮油有限公司	大豆油	南京经济技术开发区新港大道 99 号
博西华电器(江苏)有限公司	小家电、厨房电器	南京经济技术开发区尧新大道 208 号
长安福特马自达发动机有限公司	车用发动机	江宁区吉印大道 1299 号
南京帝斯曼东方化工有限公司	己内酰胺	六合区永利路 1 号
南京炼油厂有限责任公司	聚丙烯树脂	栖霞区甘家巷 388 号
江苏华瑞国际实业集团有限公司	服装	江宁开发区诚信大道 509 号
南京南瑞继保工程技术有限公司	继电保护品	江宁区苏源大道 69 号
国电南京自动化股份有限公司	继电保护品	鼓楼新模范马路 38 号
南京金浦锦湖化工有限公司	烧碱	南京化工园丰华路 139 号
江苏帕威尔电气有限公司	中置柜	江宁区帕威路 8 号
南京红宝丽股份有限公司	聚氨酯硬泡	高淳县淳溪镇太安路 128 号
扬子巴斯夫苯乙烯系列有限公司	苯乙烯	南京市六合区长芦水家湾
南京喜之郎食品有限公司	果冻	溧水县机场路
南京扬子石化炼化有限责任公司	乙烷	南京市大厂区新华路 710 号
塞拉尼斯(南京)乙酰衍生物有限公司	醋酐	南京市六合区化工园 168 号-052
德纳(南京)化工有限公司	二元醇醚	南京市化学工业园白龙路 2 号
南京金晟达电工材料有限公司	铜材	溧水县交山
艾欧史密斯(中国)热水器有限公司	热水器	南京经济技术开发区尧新大道 336 号
南京先声东元制药有限公司	化学药品制剂	浦口区高新开发区兴隆路 8 号
南京华润热电有限公司	电力	雨花经济开发区
中电电气(南京)光伏有限公司	太阳能电池板	江宁区佛城西路 123 号
南京华东电子集团有限公司	电子束管	栖霞区华电路 1 号
南京中萃食品有限公司	饮料	浦口区新科三路 16 号

表 18—3　续表 2

企业名称	主要产品	地　址
仕达利恩(南京)光电有限公司	背光模组	南京经济技术开发区恒飞路 31 号
南京云海特种金属股份有限公司	镁合金	溧水县新桥居委会
南京立业电力变压器有限公司	变压器	浦口区高新开发区万寿路 6 号
可利亚多元醇(南京)有限公司	聚醚多元醇	六合化学工业园区白龙路 8 号
南京普天通信股份有限公司	配线分线设备	秦淮区普天路 1 号
国电南瑞科技股份有限公司	电力控制系统设备	浦口区高新路 20 号
瑞仪光电(南京)有限公司	导光板	南京经济技术开发区恒通大道 35 号
南京港华燃气有限公司	燃气供应	玄武区中央路 214 号
南京南车浦镇城轨车辆有限责任公司	城轨地铁车辆	浦口区高新开发区柳州路
华能国际电力股份有限公司南京电厂	火力发电	六合区大厂凤南路 98 号
南京高精齿轮集团有限公司	齿轮	雨花台区中华门外小行尤家凹 3 号
南京中船绿洲机器有限公司	船起重机	雨花台区绿洲新村
江苏广丰羽毛有限公司	羽绒产品	浦口区江浦
南京化纤股份有限公司	粘胶长丝	六合区红山工业园
南京造币厂	造币	江宁区天印大道 919 号
华能南京金陵发电有限公司	火力发电	栖霞区润华路 2 号
菱天(南京)精细化工有限公司	二甲基甲酰胺	南京市化学工业园区丰华路 168 号
江苏金桐化学工业有限公司	支链烷基苯	南京经济技术开发区恒发路 18 号
南京南瑞继保电气有限公司	电力保护设备	江宁区胜太路 99 号
金桐石油化工有限公司	支链烷基苯	南京经济技术开发区尧新大道 201 号
英华达(南京)科技有限公司	小灵通	江宁区将军大道 6 号
南京金陵塑胶化工有限公司	聚丙烯	栖霞区和燕路 390 号
上海梅山矿业有限公司	铁矿石采选	雨花台区梅山
南京宁凯机械有限公司	机械加工	雨花台区西善桥街道油坊村贾东村 102 号
中国水泥厂有限公司	水泥	栖霞区水泥厂路 185 号
海信(南京)电器有限公司	电冰箱	南京经济技术开发区恒飞路 19 号
南京扬子石化金浦橡胶有限公司	丁苯橡胶	六合区化工园方水路 90－668
高尔特硅橡胶制品(南京)有限公司	硅橡胶	浦口区桥林
扬子石化百江能源有限公司	液化石油气供应	六合区长芦街道陆营社区
江苏钟山化工有限公司	环氧丙烷	栖霞区太新路 46 号
南京德朔实业有限公司	电动工具	江宁区将军大道 159 号
南京菲尼克斯电气有限公司	通用端子	江宁区菲尼克斯路 36 号
南京溧水精诚电工材料有限公司	无氧铜丝	溧水县双牌石
南京天嘉服装有限公司	服装面料	浦口区浦泗路 18 号

表 18—4 2009 年大中型工业企业名单

企业名称	规模	企业名称	规模
中国石化股份有限公司金陵分公司	大型	南京德朔实业有限公司	大型
中国石化扬子石油化工有限公司	大型	南京武家嘴船舶制造有限公司	大型
南京钢铁集团有限公司	大型	美丽华企业(南京)有限公司	大型
乐金显示(南京)有限公司	大型	南京金箔集团有限责任公司	大型
南京爱立信熊猫通信有限公司	大型	南京三乐电子信息产业集团有限公司	大型
江苏中烟工业有限责任公司南京卷烟厂	大型	南京金宁电子集团有限公司	大型
上海梅山钢铁股份有限公司	大型	统宝光电(南京)有限公司	大型
南京汽车集团有限公司	大型	南京白象食品有限公司	大型
红太阳集团有限公司	大型	南京市自来水总公司	大型
中国长江航运集团金陵船厂	大型	南京法伯耳纺织有限公司	大型
上海大众汽车有限公司南京分公司	大型	江苏高淳陶瓷股份有限公司	大型
长安福特马自达汽车有限公司南京公司	大型	扬子石化-巴斯夫有限责任公司	中型
中国石化集团南京化学工业有限公司	大型	南京 LG 新港显示有限公司	中型
中石化资产经营管理有限公司金陵石化分公司	大型	南京夏普电子有限公司	中型
南车南京浦镇车辆有限公司	大型	南京高速齿轮制造有限公司	中型
乐金化学(南京)信息电子材料有限公司	大型	南京长安汽车有限公司	中型
瀚斯宝丽显示科技(南京)有限公司	大型	江苏雨花集团有限公司	中型
南京晨光集团有限责任公司	大型	喜星电子(南京)有限公司	中型
东华汽车实业有限公司	大型	南京乐金熊猫电器有限公司	中型
国睿集团有限公司	大型	南京雨润食品有限公司	中型
熊猫电子集团有限公司	大型	南京大吉铁塔制造有限公司	中型
南京瀚宇彩欣科技有限责任公司	大型	博西华电器(江苏)有限公司	中型
金城集团有限公司	大型	长安福特马自达发动机有限公司	中型
南京医药产业(集团)有限责任公司	大型	南京帝斯曼东方化工有限公司	中型
南京汽轮电机(集团)有限责任公司	大型	南京炼油厂有限责任公司	中型
华宝通讯(南京)有限公司	大型	南京南瑞继保工程技术有限公司	中型
中国石化集团资产经营管理有限公司扬子石化分公司	大型	江苏帕威尔电气有限公司	中型
南京南瑞集团公司	大型	南京红宝丽股份有限公司	中型
南京锦湖轮胎有限公司	大型	南京先声东元制药有限公司	中型
江苏华瑞国际实业集团有限公司	大型	南京华润热电有限公司	中型
国电南京自动化股份有限公司	大型	南京中萃食品有限公司	中型
南京喜之郎食品有限公司	大型	仕达利恩(南京)光电有限公司	中型
艾欧史密斯(中国)热水器有限公司	大型	南京云海特种金属股份有限公司	中型
中电电气(南京)光伏有限公司	大型	南京立业电力变压器有限公司	中型
南京华东电子集团有限公司	大型	南京普天通信股份有限公司	中型
瑞仪光电(南京)有限公司	大型	国电南瑞科技股份有限公司	中型
南京化纤股份有限公司	大型	南京港华燃气有限公司	中型
英华达(南京)科技有限公司	大型	华能国际电力股份有限公司南京电厂	中型
上海梅山矿业有限公司	大型	南京高精齿轮集团有限公司	中型

表 18—4 续表 1

企业名称	规模	企业名称	规模
南京中船绿洲机器有限公司	中型	南京娃哈哈饮料有限公司	中型
南京造币厂	中型	南京消防器材股份有限公司	中型
南京南瑞继保电气有限公司	中型	南京菲时特管业有限公司	中型
南京金陵塑胶化工有限公司	中型	江苏奕淳武家嘴船舶重工有限公司	中型
中国水泥厂有限公司	中型	南京长江电子信息产业集团有限公司	中型
海信(南京)电器有限公司	中型	南京际华三五二一特种装备有限公司	中型
江苏钟山化工有限公司	中型	南京小洋人生物科技发展有限公司	中型
南京菲尼克斯电气有限公司	中型	南京永华船业有限公司	中型
南京奥托立夫汽车安全系统有限公司	中型	南京中大金陵双层客车制造有限公司	中型
南京长江给排水管道有限责任公司	中型	代傲电子控制(南京)有限公司	中型
西门子数控(南京)有限公司	中型	南京江标集团有限责任公司	中型
幸星(南京)数码有限公司	中型	英华通(南京)科技有限公司	中型
菲尼克斯亚太电气(南京)有限公司	中型	江苏长江涂料有限公司	中型
南京北方信息产业集团有限公司	中型	南京汪海投资发展集团有限公司	中型
兰精(南京)钎维有限公司	中型	南京电气(集团)有限公司	中型
南京宝庆首饰总公司	中型	东洋电子(南京)有限公司	中型
华飞彩色显示系统有限公司	中型	南京港口机械厂	中型
南京第二热电厂	中型	江苏银茂控股(集团)有限公司	中型
江苏汇通电力设备有限公司	中型	江苏金陵机械制造总厂(5311 厂)	中型
南京奥特佳冷机有限公司	中型	南京威孚金宁有限公司	中型
南京佳和日化有限公司	中型	中国石化集团第二建设公司扬子分公司	中型
南京卫岗乳业有限公司	中型	南京高特齿轮箱制造有限公司	中型
伟创力(南京)科技有限公司	中型	南京宝钢住商金属制品有限公司	中型
南京宝色股份有限公司	中型	艾志工业技术集团有限公司	中型
江苏中圣高科技产业有限公司	中型	汉成电子(南京)有限公司	中型
江苏奥赛康药业有限公司	中型	溢泰(南京)环保科技有限公司	中型
南京景鹰制衣有限公司	中型	江南一小野田水泥有限公司	中型
南京百事可乐饮料有限公司	中型	大唐南京发电厂	中型
南京业基电器设备有限公司	中型	南京金岛服装有限公司	中型
埃梯梯(南京)有限公司	中型	弓箭玻璃器皿(南京)有限公司	中型
南京梅山能源有限公司	中型	南京金龙化工厂	中型
东爵有机硅(南京)有限公司	中型	南京正大天晴制药有限公司	中型
璨宇光学(南京)有限公司	中型	南京协众汽车空调集团有限公司	中型
江苏南热发电有限责任公司	中型	南京江宁水务集团有限公司	中型
南京华泰船业有限公司	中型	南京新南宇玻璃有限公司	中型
南京菲克斯特脚手架有限公司	中型	南京深宁磁电有限公司	中型
南京三龙水泥有限责任公司	中型	南京百江液化气有限公司	中型
南京线路器材厂	中型	南京桂花鸭集团有限公司	中型
南京东嘉船舶制造有限公司	中型	上海铁路局南京东车辆段	中型

表 18—4 续表 2

企业名称	规模	企业名称	规模
南京台康科技有限公司	中型	南京中联水泥有限公司	中型
南京华晶集团有限公司	中型	南京二机齿轮机床有限公司	中型
中车集团南京七四二五工厂	中型	南京智达电气有限公司	中型
南京际华五三零二服饰装具有限责任公司	中型	南京劲草时装实业有限公司	中型
南京轻工业机械厂	中型	南京新仑服装有限公司	中型
中电电气(南京)特种变压器有限公司	中型	南京飞燕活塞环股份有限公司	中型
南京云台山硫铁矿有限公司	中型	南京扬子塑料化工有限责任公司	中型
南京胜利体育用品实业有限公司	中型	南京金石磊交通工程材料有限公司	中型
南京三和管桩有限公司	中型	南京钢铁集团冶山矿业有限公司	中型
南京京滨化油器有限公司	中型	南京压缩机股份有限公司	中型
丸仁电子(南京)有限公司	中型	金田企业(南京)有限公司	中型
南京钛白化工有限责任公司	中型	南京三乐照明有限公司	中型
南京兰埔成实业有限公司	中型	南京恩瑞特实业有限公司	中型
南京工艺装备制造有限公司	中型	南京宏光空降装备厂	中型
南京际华三五〇三服装有限公司	中型	南京江陵机电制造有限责任公司	中型
南京龙源铁塔制造有限公司	中型	南京音飞储存设备工程有限公司	中型
小原(南京)机电有限公司	中型	南京秣陵铸造总厂有限公司	中型
南京圣迪奥时装有限公司	中型	南京宝泰特种材料有限公司	中型
南京小营药业集团有限公司	中型	南京华德火花塞有限公司	中型
长源(南京)铸造有限公司	中型	南京多伦科技有限公司	中型
南禧幸星电子(南京)有限公司	中型	南京大桥机器有限公司	中型
南京昊天制衣有限公司	中型	南京真旺塑料有限公司	中型
南京宇扬金属有限公司	中型	江苏惠浦机械集团有限公司	中型
南京新一棉纺织印染有限公司	中型	南京海尔曼斯集团有限公司	中型
南京富士通计算机设备有限公司	中型	南京栖霞化工有限公司	中型
南京市江宁区造纸厂	中型	南京大东玩具有限公司	中型
立维腾电子(南京)有限公司	中型	南京爱德印刷有限公司	中型
南京老山药业股份有限公司	中型	金城化学(江苏)有限公司	中型
南京蓝深制泵集团股份有限公司	中型	南京特种电机厂有限公司	中型
南京圣诺热管有限公司	中型	南京中燃城市燃气发展有限公司	中型
南京汉德森科技股份有限公司	中型	江苏舒逸纺织有限公司	中型
通用磨坊食品(南京)有限公司	中型	南京金三力橡塑有限公司	中型
南京通洋纺织有限公司	中型	江苏卡思迪莱服饰有限公司	中型
南京金露服装有限公司	中型	南京沿江冶金废渣利用厂	中型
南京金龙客车制造有限公司	中型	南京东陶有限公司	中型
江苏龙潭重型机械有限公司	中型	南京莱斯信息技术股份有限公司	中型
南京华舜轮毂有限公司	中型	南化集团研究院	中型
南京五洲制冷集团有限公司	中型	南京奥能锅炉有限公司	中型
南京中盛铁路车辆配件有限公司	中型	南京机轮调味品有限公司	中型

表 18—4 续表 3

企业名称	规模	企业名称	规模
南京西普机电工程有限公司	中型	江苏东航食品有限公司	中型
南钢江苏冶金机械有限公司	中型	世德催化剂(南京)有限公司	中型
南京六合煤矿机械有限责任公司	中型	江苏南化永大实业公司	中型
南京东华汽车内饰系统有限公司	中型	江苏天冰冷饮有限公司	中型
南京光明乳品有限公司	中型	南京徐工汽车制造有限公司	中型
南京第一机床厂有限公司	中型	南京轴承有限公司	中型
南京爱生雅工业材料包装有限公司	中型	南京电子网板科技股份有限公司	中型
南京润泽华针纺织科技发展有限公司	中型	南京先正电子有限公司	中型
中国人民解放军第三三〇四工厂	中型	南京梅山冷轧板有限公司	中型
南京鹏力科技有限公司	中型	乐金电子(南京)等离子有限公司	中型
南京汇特利服装有限公司	中型	南京通孚轻纺有限公司	中型
南京忠信交通设施有限公司	中型	南京长山化工有限责任公司	中型
南京华鼎电子有限公司	中型	南京江南永新光学有限公司	中型
南京科瑞达电子装备有限责任公司	中型	南京测绘仪器厂	中型
南京扬子检修安装有限责任公司	中型	南京钢铁集团盛达实业有限公司	中型
南京英博金陵啤酒有限公司	中型	南京三瀛运动器具有限公司	中型
美国钻采系统(南京)有限公司	中型	南京摩德利钢琴有限公司	中型
南京制药厂有限公司	中型	乾元浩生物股份有限公司南京生物药厂	中型
南京驰力汽车传动装置有限公司	中型	德昌电机(南京)有限公司	中型
南京起重机械总厂有限公司	中型	江苏新华印刷厂	中型
南京万里集团有限公司	中型	南京大有服装有限责任公司	中型
南京海欣丽宁长毛绒有限公司	中型	南京华峰油泵有限公司	中型
南京吉姆服饰有限公司	中型	新兴迪基塔尔电子有限公司	中型
南京奥联汽车电子电器有限公司	中型	南京鑫业电动工具制造有限公司	中型
南京建纺实业有限公司	中型	江苏紫金电子集团有限公司	中型
南京瑞祥服装有限公司	中型	南京宁峰水泥厂	中型
南京瑞麦食品有限公司	中型	南京 NS 南西电子有限公司	中型
南京民光高压油管厂	中型	江苏花山集团有限公司	中型
泰艺电子(南京)有限公司	中型	南京利民机械有限责任公司	中型
南京华德仓储设备制造有限公司	中型	欧仕美(南京)文具制造有限公司	中型
南京扬子检维修有限责任公司	中型	南京天正容光达电子(集团)有限公司	中型
汉桑(南京)科技有限公司	中型	南京调速电机股份有限公司	中型
南京金江水泥厂	中型	江苏三鸿食品有限公司	中型
南京搏峰电动工具有限公司	中型	爱生雅(南京)包装有限公司	中型
南京群业五金制品有限公司	中型		
南京浦镇车辆厂工业公司	中型		
南京新东方铁路机车车辆实业有限公司	中型		
南京苏研科创农化有限公司	中型		
南京扬子动力工程有限责任公司	中型		

表 18—5 重点企业集团基本情况（2009 年）

计量单位:万元

指标	单位数（个）	从业人员（人）	研发人员（人）	年末资产总计	固定资产净值
总计	103	1046129	20707	178261380	49322619
按审批部门分					
国务院	2	46827	1195	2574865	761648
国务院主管部门	5	31205	2207	6030272	2697361
省级人民政府	21	221154	4589	37527418	17540882
省级政府主管部门	8	43954	1471	3388612	604077
其他	67	702989	11245	128740213	27718651
按控股情况分					
国有控股	55	605662	16686	149075086	41021972
集体控股	2	15707	927	3567391	1390024
私人控股	13	260316	2192	10172838	1520361
港澳台商控股	11	20634	78	2373892	1262117
外商控股	22	143810	824	13072173	4128145
按主营行业分					
农业	1	102834	534	875592	223418
工业	59	285664	18706	48203926	21492415
建筑业	3	86394	19	1789049	185346
交通运输、仓储和邮政业	2	33263	0	22629315	13429414
批发零售业和住宿餐饮业	25	302994	831	20045729	2699696
电信业	3	167076	130	9846255	6185023
服务业	9	65761	487	74023599	5097691
房地产业	1	2143		847915	9616
按登记注册类型分					
国有企业	13	89337	5720	16172728	4461447
国有独资企业	30	309926	7560	76727586	30891602
其他有限责任公司	18	311314	5562	16357793	6129121
股份有限公司	13	214570	1334	59589838	5027375
中外合资企业	8	82437		4221344	857413
外商投资股份有限公司	11	15256	13	2330571	625509
港澳台合资企业	4	13299	440	2396403	1215577
港澳台商投资股份有限公司	6	9990	78	465117	114575
附:上市公司	33	199720	2047	32878682	2807407

表 18—5 续表 1

指　　标	累计折旧	#本年折旧	累计对外投　资	#本年对外投资	存　货	流动资产年平均余额
总　　计	24221687	5109803	5764395	992208	10035468	50138375
按审批部门分						
国务院	340328	46716	151945	8634	492212	1377568
国务院主管部门	3277054	153472	450561	2324	1112250	2282506
省级人民政府	5511535	772715	3036506	499538	2517294	9830812
省级政府主管部门	495665	72527	68261	6669	725915	1782289
其他	14597105	4064373	2057122	475043	5187797	34865200
按控股情况分						
国有控股	19022489	3352526	5002345	730942	7233987	37230692
集体控股	789204	143054	114371	5649	626152	1698766
私人控股	358806	64688	267171	32461	1430270	5478364
港澳台商控股	266557	1363794	175383	171378	124337	674572
外商控股	3784631	185741	205125	51778	620722	5055981
按主营行业分						
农业	118556	28420	102780	7489	218870	451577
工业	15013239	2189096	1167514	98891	4755214	17757060
建筑业	133843	15612	41648	6774	125542	1088927
交通运输、仓储和邮政业	2355831	405213	1010601	198606	425958	2132841
批发零售业和住宿餐饮业	1737538	232068	757204	80308	2611527	12678987
电信业	2719314	1891521	172378	168373	32217	2333671
服务业	2140473	347039	2508416	431767	1353897	13121686
房地产业	2893	834	3854		512243	573626
按登记注册类型分						
国有企业	3560347	360155	283432	37307	2729994	9785768
国有独资企业	13015035	2392968	4227090	678392	2877227	22554198
其他有限责任公司	2234646	685802	377439	27236	1957288	6390635
股份有限公司	3515871	246134	492154	27881	1752486	7764961
中外合资企业	1331038	35844	163209	25206	224828	1415167
外商投资股份有限公司	245666	20783	24392	20554	231027	1134392
港澳台合资企业	226846	1353556	193674	172627	190135	785954
港澳台商投资股份有限公司	92238	14561	3005	3005	72483	307300
附:上市公司	1448269	133052	858190	135988	3526826	13293911

表 18—5　续表 2

指　　标	投资收益	年末负债合　计	年末股东（所有者）权益合计	营业收入	＃营业成本	＃营业税金及附加
总　　计	600134	126121355	52140424	136041861	106768335	4353747
按审批部门分						
国务院	13896	1700628	874237	8934629	7096093	9684
国务院主管部门	70280	2378230	3652042	11858241	9839808	1275057
省级人民政府	329850	25799310	11728108	24471639	18841738	184553
省级政府主管部门	3041	2404514	984098	1927815	1576669	46121
其他	183067	93838673	34901939	88849537	69414027	2838332
按控股情况分						
国有控股	586561	110115861	38959225	84561370	67438635	4085570
集体控股	18912	2421022	1146369	5568347	5035402	33599
私人控股	11319	5825778	4347060	23237953	18464220	78905
港澳台商控股	—34282	1432940	940952	2628371	2229276	14738
外商控股	17624	6325754	6746818	20045820	13600802	140935
按主营行业分						
农业	4363	593277	282315	2015794	1327987	4787
工业	89395	27547660	20656665	59440212	50530995	3540077
建筑业	639	782587	1006462	2395613	1904485	30754
交通运输、仓储和邮政业	11106	16534570	6094745	2986486	1755493	75820
批发零售业和住宿餐饮业	112361	12116251	7929478	49514222	39270148	270421
电信业		3539735	6306520	6444653	2601788	189007
服务业	381201	64309467	9714132	13030019	9231922	219845
房地产业	1069	697808	150107	214862	145517	23036
按登记注册类型分						
国有企业	46756	5600558	10572170	25067206	17637161	2799067
国有独资企业	451362	56366716	20360870	41415742	35863953	265767
其他有限责任公司	36752	9261626	7096167	17656416	14543384	193695
股份有限公司	52204	49395067	10194771	34359202	24778516	1039870
中外合资企业	38572	2230891	1990453	9588867	7216516	25759
外商投资股份有限公司	5591	1554194	776776	4970710	4202918	14489
港澳台合资企业	—34156	1427164	969239	2117167	1771555	14863
港澳台商投资股份有限公司	3053	285139	179978	866551	754332	237
附：上市公司	125121	24136999	8741683	16665938	14081714	150884

表 18—5 续表 3

指　　标	出口销售总额	利润总额	应交所得税	固定资产投资完成额	研究开发费用
总　　计	6805401	8611949	1928457	5815903	562711
按审批部门分					
国务院	654452	246018	87889	40185	72406
国务院主管部门	46076	599026	50935	229012	152243
省级人民政府	4551960	1485386	376496	1680662	100009
省级政府主管部门	64795	14153	22548	171315	39026
其他	1488118	6267366	1390589	3694729	199027
按控股情况分					
国有控股	6382754	5590038	1296367	4869982	421797
集体控股	94916	170434	29279	70212	59428
私人控股	72636	908370	162716	131479	66129
港澳台商控股	253657	105185	18500	15616	4116
外商控股	1438	1837922	421595	728614	11241
按主营行业分					
农业	28242	78598	11147	177946	16578
工业	1956684	2354530	341601	1291512	470823
建筑业	393317	47449	9912	175	
交通运输、仓储和邮政业		466634	159407	2083411	
批发零售业和住宿餐饮业	4301230	1994811	550360	144097	24793
电信业		1738477	492404	1334874	4477
服务业	125928	1886113	346984	783888	46040
房地产业		45337	16642		
按登记注册类型分					
国有企业	1316348	2409026	476127	713747	195746
国有独资企业	3957279	1533423	499201	3149046	106630
其他有限责任公司	871758	1036300	215436	990012	201672
股份有限公司	376462	3058866	658570	928820	36433
中外合资企业		349866	46312		
外商投资股份有限公司		66433	6917		4726
港澳台合资企业	29897	135921	22889	18871	13388
港澳台商投资股份有限公司	253657	22114	3005	15407	4116
附:上市公司	893954	1171225	281693	699821	73737

表 18—6 重点企业（集团）名单（2009 年）

企业名称	所在地区	企业名称	所在地区
中化江苏有限公司	白下区	江苏五星电器有限公司	鼓楼区
江苏省纺织(集团)总公司	白下区	中国石油化工股份有限公司江苏石油分公司	鼓楼区
江苏东恒国际集团有限公司	白下区	江苏省惠隆资产管理有限公司	鼓楼区
苏果超市有限公司	白下区	东华汽车实业有限公司	鼓楼区
江苏汇鸿国际集团有限公司	白下区	南京大地建设集团有限责任公司	鼓楼区
金城集团有限公司	白下区	南京市国有资产投资管理控股(集团)有限责任公司	鼓楼区
南京莱斯大型电子系统工程公司	白下区	江苏金浦集团	鼓楼区
南京宝庆首饰总公司	白下区	中国石油天然气股份有限公司江苏销售分公司	鼓楼区
南京物资实业集团总公司	白下区	中国联通有限公司江苏分公司	鼓楼区
华泰证券股份有限责任公司	白下区	江苏省烟草公司	建邺区
江苏弘业国际集团有限公司	白下区	南京卷烟厂	建邺区
江苏开元国际集团	白下区	南京金鹰国际集团有限公司	建邺区
南京华能南方实业开发股份有限公司	白下区	江苏雨润食品产业集团有限公司	建邺区
江苏省盐业集团有限责任公司	鼓楼区	中国东方航空江苏有限公司	江宁区
南京金陵饭店集团有限公司	鼓楼区	统宝光电(南京)有限公司	江宁区
江苏省电力公司	鼓楼区	华宝通讯(南京)有限公司	江宁区
江苏方源集团有限公司	鼓楼区	英华达(南京)科技有限公司	江宁区
江苏博西电器销售有限公司	鼓楼区	南京帕威尔电气有限公司	江宁区
江苏宏图高科技股份有限公司	鼓楼区	中电电气(南京)光伏有限公司	江宁区
中国江苏国际经济技术合作公司	鼓楼区	英华通(南京)科技有限公司	江宁区
南瑞集团	鼓楼区	中国石化集团南京化学工业有限公司	六合区
南京纺织品进出口股份有限公司	鼓楼区	南京钢铁集团有限公司	六合区
太平洋建设集团有限公司	鼓楼区	扬子巴斯夫苯乙烯系列有限公司	六合区
苏宁电器股份有限公司	鼓楼区	中国石化集团资产经营管理有限公司扬子石化分公司	六合区
中国移动通信集团江苏有限公司	鼓楼区	扬子石化-巴斯夫有限责任公司	六合区

表 18—6 续表 1

企业名称	所在地区	企业名称	所在地区
塞拉尼斯(南京)化工有限公司	六合区	江苏交通控股有限公司	玄武区
惠生(南京)化工有限公司	六合区	江苏省海外企业集团有限公司	玄武区
中国石化扬子石油化工有限公司	六合区	江苏省农垦集团有限公司	玄武区
中国南车集团浦镇车辆厂	浦口区	熊猫电子集团有限公司	玄武区
南京先声东元制药有限公司	浦口区	南京栖霞建设集团有限公司	玄武区
南京中萃食品有限公司	浦口区	南京新华海科技产业有限公司	玄武区
江苏广丰羽毛有限公司	浦口区	江苏省粮食集团有限公司	玄武区
南京汽车集团有限公司	浦口区	宏图三胞高科技股份有限公司	玄武区
南京立业电力变压器有限公司	浦口区	江苏省国信资产管理集团有限公司	玄武区
南京华东电子集团有限公司	栖霞区	南京医药产业(集团)有限责任公司	玄武区
南京锦湖轮胎有限公司	栖霞区	江苏省电信有限公司	玄武区
南京夏普电子有限公司	栖霞区	南京市交通建设投资控股(集团)有限责任公司	玄武区
LG 新港彩色显示系统有限责任公司	栖霞区	三胞集团	玄武区
中国石化集团金陵石化公司	栖霞区	江苏银行股份有限公司	玄武区
乐金飞利浦液晶显示(南京)有限公司	栖霞区	江苏省丝绸集团有限公司	雨花台区
仕达利恩(南京)光电有限公司	栖霞区	江苏舜天国际集团有限公司	雨花台区
喜星电子(南京)有限公司	栖霞区	上海梅山钢铁股份有限公司	雨花台区
瑞仪光电(南京)有限公司	栖霞区	南京中船绿洲机器有限公司	雨花台区
南京华新有色金属有限公司	栖霞区	雨花集团	雨花台区
邦基(南京)粮油有限公司	栖霞区	上海梅山矿业有限公司	雨花台区
中国水泥厂有限公司	栖霞区	南京高精齿轮集团有限公司	雨花台区
南京晨光集团有限责任公司	秦淮区	南京华润热电有限公司	雨花台区
江苏凤凰出版传媒集团	下关区	华为软件技术有限公司	雨花台区
江苏中烟工业公司	下关区	红太阳集团有限公司	高淳县
南京汽轮电机(集团)有限责任公司	下关区	南京喜之郎食品有限公司	溧水县
中国长江航运集团金陵船厂	下关区	江苏交通控股有限公司	玄武区
南京长安汽车有限公司	下关区	江苏省海外企业集团有限公司	玄武区
江苏苏美达集团公司	玄武区	江苏省农垦集团有限公司	玄武区

表 18—7　2009 年零售额前 30 位企业排名

排名	企业名称	主要业务活动	地　址
1	中国石油化工股份有限公司江苏石油分公司	石油及制品批发	中山北路 375 号
2	苏果超市有限公司	超级市场零售	解放路 55 号
3	江苏五星电器有限公司	家用电器零售	中山北路 241 号
4	中国石油天然气股份有限公司江苏销售分公司	石油及制品批发	北京西路 69 - 2 号
5	苏宁电器连锁集团股份有限公司	家用电器零售	山西路 8 号
6	南京宏图三胞企业发展有限公司	计算机网络设备零售	太平北路 106 号
7	金鹰国际商贸(中国)有限公司	服装零售	汉中路 89 号
8	南京中央商场股份有限公司	百货零售	中山南路 79 号
9	南京朗驰集团有限公司	汽车零售	建宁路 45 号
10	南京医药股份有限公司	化学制剂药零售	中山东路 486 号
11	南京新街口百货商店股份有限公司	百货零售	中山南路 3 号
12	江苏高速公路石油发展有限公司	石油及制品批发	长江路 188 号 3A 层
13	江苏省苏舜工贸集团有限公司	汽车零售	中山东路 311 - 1 号
14	南京悦家超市有限公司	超级市场零售	大桥南路 7 号
15	南京福中信息产业集团有限公司	电脑零售	玄武大道 699 - 10 号
16	江苏苏盛商贸有限公司	香烟零售	汉口西路 1 号
17	南京宁星汽车维修服务有限公司	汽车零售	宁南大道 28 号
18	江苏博特新村材料有限公司	化工产品批发	北京西路 10 号
19	江苏省医药公司	药品批发	上海路 68 - 1 号
20	江苏卜蜂莲花连锁超市有限公司	超级市场零售	建宁路 16 - 18 号
21	南京药业股份有限公司	药品批发	升州路 416 号
22	南京大洋百货有限公司	百货零售	中山南路 122 号
23	江苏鹏润国美电器有限公司	家电电器零售	淮海路 68 号
24	南京欧尚超市有限公司	超级市场零售	汉中门大街 151 号
25	南京商厦股份有限公司	百货零售	龙蟠路 1 号
26	南京保福利投资管理有限公司	汽车零售	宁南大道 22 号
27	江苏华通汽车销售服务有限公司	汽车零售	卡子门大街 58 号
28	南京中升丰田汽车服务有限公司	汽车零售	宁南大道 10 号
29	南京华东医药有限责任公司	医药批发	太平门街 55 号
30	南京凡德汽车销售有限公司	汽车零售	大明路 278 号

表18—8　2009年销售额前30位企业排名

排名	企业名称	主要业务活动	地　址
1	中国石油化工股份有限公司江苏石油分公司	石油及制品批发	中山北路375号
2	苏宁电器股份有限公司南京采购中心	家用电器及配件批发	山西路8号
3	中国石油天然气股份有限公司江苏销售分公司	石油及制品批发	北京西路69-2号
4	江苏苏美达集团公司	机电产品批发	长江路198号
5	苏果超市有限公司	超级市场零售	解放路55号
6	南京华能南方实业开发股份有限公司	金属及建筑材料批发	石鼓路98号6楼
7	江苏省海外企业集团有限公司	机械批发	中山路55号
8	江苏五星电器有限公司	家用电器零售	中山北路241号
9	江苏博西家用电器销售有限公司	家用电器批发	中山路129号中南国际大厦
10	江苏省南京市烟草专卖局公司	卷烟批发	中山南路49号商茂世纪广场
11	江苏省燃料总公司	煤炭批发	中山北路283号
12	南京蓝燕石化储运实业有限公司	石油及制品批发	燕子矶街道太新路81号
13	江苏江浦经济贸易有限公司	石油及制品批发	浦口区公园北路5号
14	江苏苏豪国际集团股份有限公司	丝绸及服装进出口	宁南大道48号
15	江苏开元股份有限公司	纺织品进出口	白下区户部街15号
16	南京纺织品进出口股份有限公司	纺织品进出口	云南北路77号
17	苏宁电器连锁集团股份有限公司	家用电器零售	山西路8号
18	江苏高速公路石油发展有限公司	石油及制品批发	长江路188号3A层
19	南京医药股份有限公司	化学制剂药零售	白下区中山东路486号
20	江苏苏农农资连锁集团股份有限公司	化肥批发	莫愁路357号
21	江苏弘业国际集团有限公司	纺织品及原料批发	中华路50号弘业大厦
22	江苏恒信格力空调销售有限公司	家用电器批发	中山北路219号4楼
23	江苏天亿实业集团有限公司	木材进出口批发	山西路72号5楼
24	江苏金翔石油化工有限公司	石油及制品批发	开发区新港大道7号
25	南京宏图三胞企业发展有限公司	计算机网络设备零售	太平北路106号
26	江苏长三角能源发展有限公司	煤炭批发	黄埔路2号黄埔大厦
27	南京钢锋实业有限公司	金属材料批发	河路道1号3厅
28	江苏省新华书店集团有限公司	图书批发	百子亭34号
29	南京利丰英和商贸有限公司	食品批发	汉中路2号世贸中心1501
30	南京红太阳农资连锁集团有限公司	化学农药批发	淳溪镇宝塔路269号

表 18—9　2009 年成交额 10 亿元以上的商品交易市场排名

排名	市场名称	地　址
1	南京生产资料中心批发市场	下关区河路道 1 号
2	南京幕燕金属物流中心有限公司	燕江路 201 号
3	南京金桥市场	建宁路 12 号
4	南京红太阳商业大世界有限公司	大桥北路 48 号
5	南京玉桥市场管理有限公司	下关区建宁路 8 号
6	南京跨世纪装饰建材集团有限公司	雨花西路凤台南路 59 号
7	南京惠民桥农副产品市场	龙江路 135 号
8	高淳县水产批发市场有限公司	高淳县淳溪镇镇北路 36 号
9	金盛国际家居市场经营管理有限公司	大桥北路 24 号
10	南京金榜佰业贸易有限公司	平江府路 188 号
11	南京粮油交易市场经营有限公司	大马路 60 号
12	南京金箔集团金宝市场有限公司	金箔路 197 号
13	南京白云亭市场发展集团公司	二板桥 486 号
14	南京众彩农副产品批发市场有限公司	东山街道东麒路

主要统计指标解释

企业集团　企业集团是指以母子公司为主体，通过投资及生产经营协作等多种方式，与众多的企事业单位共同组成的经济联合体。企业集团的统计范围包括：一是由国务院批准的国家试点企业集团；二是国家重点企业（包括520户国家重点企业、重组为集团公司的原512户国家重点企业和国务院确定的建立现代企业制度原百户试点企业）；三是由国务院及国务院主管部门批准的企业集团；四是由省政府及省级主管部门批准的企业集团；五是列入全省产业经济结构调整规划的市重点企业集团；六是年营业收入和资产总计均在5亿元以上的其他各类企业（集团）；七是营业收入在十亿元以上的其他各类企业（集团）。上述企业集团中交叉重复的只报一套报表。企业集团内部的统计范围包括：企业集团的母公司、在中国境内和境外的全资子公司（单位）、绝对控股子公司（单位）和相对控股子公司（单位）。

上市公司　其统计范围是在沪深证券交易所上市的，在南京注册的上市公司。

所有者权益合计　指企业（集团）资产扣除负债后由所有者享有的剩余权益。执行新会计准则的企业（集团）按资产负债表中的的股东（所有者）权益合计填列。尚未执行新会计准则的企业（集团）由股东（所有者权益）合计与少数股东权益相加之后填列。

累计对外投资　指企业（集团）截止报告期期末母公司和子公司历年对本集团以外的投资之和。

本年对外投资　指企业（集团）在报告期内母公司和子公司对本集团以外的投资之和。

存货　指企业（集团）在生产经营过程中为销售或者耗用而储存的各种资产。

投资收益　指企业（集团）以各种方式对外投资所取得的收益。

出口销售总额　指企业（集团）直接向国外、境外出口的商品总额。包括主营业务收入和其他业务收入中直接向国外、境外出口的商品总额。

固定资产投资完成额　指企业（集团）在年度内建造和购置固定资产及有关费用的支出合计。包括：①建筑工程投资，②安装工程投资，③设备工器具购置，④应分摊计入固定资产的费用等。

研究开发费用　指报告年度在企业（集团）科技活动经费内部支出中用于基础研究、应用研究和试验发展三类项目以及这三类项目的管理和服务的费用支出。不论何种经费来源，只要实际用于上述三类项目的经费支出都应计算在内。具体计算办法：可将企业（集团）全部科技项目中确定为基础研究、应用研究和试验发展三类项目的经费支出加总，再加上按上述三类项目支出占全部科技项目经费支出比重计算分摊的科技管理和服务费用取得。